George Pattery S.J.

Gandhi als Glaubender

Herausgegeben von
Klaus Hagedorn und Thomas Nauerth

George Pattery S.J.

Gandhi als Glaubender

Eine indisch-christliche Sichtweise

Aus dem Englischen von
Ingrid von Heiseler

edition pace

Die Veröffentlichung dieses Werkes
haben unterstützt:
jesuitenweltweit - Nürnberg,
MISEREOR Aachen,
Fachstelle Weltkirche – Bistum Münster,
pax christi - Diözesanverband Münster,
pax christi - Deutsche Sektion e.V.

Englischsprachige Originalausgabe: ISPCK 1996.
Gandhi – The Believer: An Indian Christian Perspective.
Published by the Indian Society for Promoting Christian Knowledge,
1654 Madarsa Road, Kashmere Gate, Delhi-110006.
© *George Pattery S.J.*

© 2021

George Pattery S.J.
GANDHI ALS GLAUBENDER
Eine indisch-christliche Sichtweise

Aus dem Englischen von Ingrid von Heiseler.
Herausgegeben von Klaus Hagedorn & Thomas Nauerth

edition pace

Satz & Buchgestaltung: Peter Bürger
(Ökumenisches Institut für Friedenstheologie)

Umschlagbildnis: Studio photograph of Mohandas K. Gandhi,
London 1931 (https://commons.wikimedia.org)

Herstellung & Verlag: BoD – Books on Demand, Norderstedt
ISBN: 978-3-7557-0056-2

Inhalt

„Als ich ein Kind war, lehrte mich meine Betreuerin, immer wenn ich mich fürchtete oder elend fühlte, *Ramanama* zu wiederholen. Mit zunehmendem Wissen und fortschreitenden Jahren wurde es mir zur zweiten Natur. Ich kann sogar sagen: Das Wort ist alle vierundzwanzig Stunden des Tages in meinem Herzen, wenn nicht auf meinen Lippen. Es war mein Retter und ich bin dabei geblieben."
(www.mkgandhi.org/momgandhi/chap15.htm)

„Der Lebenssinn besteht darin, sich selbst zu erkennen; und das Selbst steht in unmittelbarer Verbindung mit dem Leben, dessen Gesamtheit Gott *(Sat)* ist und das deshalb mit dem gesamten Leben in Beziehung und somit zu dessen Diensten steht."

„Dem *Selbst* treu zu sein, das umfasst
den Dienst am Leben, das Gott ist."

„Gandhis Lebensphilosophie kann so zusammengefasst werden: Der Sinn des menschlichen Lebens ist Selbstverwirklichung. Das einzig und alleinige Mittel, sie zu erreichen, ist, dass man sein Leben im wahren selbstlosen Dienst an der Menschheit zubringt, sich selbst darin verliert und die Einheit des Lebens erkennt."
(2.1. *Satyagraha* und Selbstverwirklichung)

Bildnis des jungen Gandhi
https://www.loc.gov/pictures/collection/ggbain/

Gandhi und die aktive Gewaltfreiheit – eine Herausforderung

Vorwort zu dieser Übersetzung

Klaus Hagedorn / Thomas Nauerth

Gandhi - Vergessenheit

In der Friedensdenkschrift der Deutschen Bischöfe „Gerechter Friede" aus dem Jahr 2000 wird von Mahatma Gandhi und seinem gewaltfrei politischen Handeln nicht gesprochen. In der Denkschrift des Rates der Evangelischen Kirche in Deutschland „Aus Gottes Frieden leben – für gerechten Frieden sorgen" aus dem Jahr 2007 fehlt ebenfalls jede Erinnerung an und jeder Bezug auf Mahatma Gandhi.[1] Kirchlich, theologisch wie auch gesellschaftlich kann man hierzulande von einer deutlichen Gandhi-Vergessenheit sprechen.

Die Frage, ob Gandhi heutzutage für uns Christ*innen in Europa überhaupt noch eine Rolle spielen kann, drängt sich daher auf. Warum soll man sich mit dieser historischen Gestalt aus Indien heute noch beschäftigen? Ist das hier erstmals in deutscher Übersetzung präsentierte Buch des indischen Jesuiten George Pattery vielleicht doch vor allem ein Buch für Indien, wo die Erinnerung an und die Reflexion über Mahatma Gandhi verständlicherweise einen höheren Stellenwert haben? Oder haben wir hier in Deutschland, in Europa etwas verloren? Täte uns heute im Blick auf unsere Zukunft, kirchlich wie gesellschaftlich, eine Erinnerung an Gandhi gut?

Nun, die letzte Frage müssten jeder Leser und jede Leserin nach der Lektüre des Buches selbst beantworten. Die vorletzte Frage aber soll hier durch einige Erinnerungen beantwortet werden, die zeigen, dass wir in der Tat etwas verloren haben. Es gab eine Zeit intensiver

---

[1] Vgl. Die deutschen Bischöfe: *Gerechter Friede*, Bonn: Sekretariat der Deutschen Bischofskonferenz 2000 und *Aus Gottes Frieden leben – für gerechten Frieden sorgen*. Eine Denkschrift des Rates der Evangelischen Kirche in Deutschland, Gütersloh: Gütersloher Verlagshaus 2007.

Auseinandersetzung mit Gandhis Wirken. Dieses zu erinnern, kann helfen, die Frage besser zu beantworten, ob und was wir heute von Gandhi lernen können.

Gandhi - Faszination

1934 schrieb ein deutscher evangelischer Theologe einen langen Brief an Mahatma Gandhi. Dieser Theologe war in großer Sorge und er suchte Rat: „Wie ich weiß, haben Sie ein offenes Ohr für jede Notlage, [...] deshalb vertraue ich darauf, dass Sie es nicht ablehnen, mir Hilfe und Rat zuteil werden zu lassen, obwohl Sie mich nicht kennen." Der Brief gipfelt in einer bis heute bemerkenswerten und sehr nachdenklich stimmenden Zeitdiagnose:

> Die große Not in Europa und besonders in Deutschland besteht nicht in der wirtschaftlichen und politischen Unordnung, sondern es geht um eine tiefe geistliche Not. Europa und Deutschland leiden unter einem gefährlichen Fieber und sind dabei, sowohl die Selbstkontrolle als auch das Bewusstsein für das zu verlieren, was sie tun. Die heilende Kraft für alle menschliche Bedrängnis und Not, nämlich die Botschaft Christi, enttäuscht immer mehr nachdenkliche Menschen auf Grund ihrer gegenwärtigen Organisationsform. [...] Als christlicher Pfarrer finde ich diese Erfahrung enttäuschend und niederdrückend. [...] die Christenheit muss sehr anders werden, als sie sich gegenwärtig darstellt [...] wenn uns nicht alle Zeichen täuschen, läuft alles auf einen Krieg in naher Zukunft hinaus; und der nächste Krieg wird gewiss den geistlichen Tod Europas zur Folge haben. Deshalb brauchen wir in unseren Ländern eine wirklich geistlich geprägte und lebendige christliche Friedensbewegung. Die westliche Christenheit muss aus der Bergpredigt neu geboren werden; das ist der entscheidende Grund dafür, dass ich Ihnen schreibe.

Diese Überzeugung, dass die Christenheit insgesamt aus dem Geist der Bergpredigt neugeboren werden muss, hat dieser Theologe und Pfarrer nicht zuletzt von Gandhi und seiner Bewegung selbst gelernt. Er verweist in seinem Brief auf eine langjährige Beschäftigung mit Gandhis Wirken:

Aus all dem, was ich von Ihnen und Ihrer Arbeit weiß, nachdem ich Ihre Bücher und Ihre Bewegung über einige Jahre studiert habe, schließe ich, dass wir westlichen Christinnen und Christen von Ihnen lernen sollten, was mit dem Wirklichwerden des Glaubens gemeint ist und was ein Leben erreichen kann, das dem politischen Frieden und dem Frieden zwischen ethnischen Gruppen gewidmet ist. Wenn es irgendwo ein sichtbares Beispiel für das Erreichen solcher Ziele gibt, sehe ich es in Ihrer Bewegung.

Der Briefschreiber von 1934 ist also zu der Überzeugung gekommen, „dass wir westlichen Christinnen und Christen von Ihnen lernen sollten" und zwar in Bezug auf das „Wirklichwerden" unseres christlichen Glaubens. Vor diesem Hintergrund hat der Briefschreiber eine ganz besondere Bitte:

Die große Bewunderung, die ich für Ihr […] Eintreten für Frieden und Gewaltlosigkeit, für die Wahrheit und ihre Kraft empfinde, hat mich dazu gebracht, dass ich unbedingt im nächsten Winter nach Indien kommen möchte […]. In ganz Europa bin ich gereist und habe ich gelebt. Ich fuhr in die USA, um zu finden, wonach ich suchte; doch ich fand es nicht. Ich möchte mir nicht selbst vorwerfen müssen, dass ich eine große Gelegenheit in meinem Leben versäumt habe, um die Bedeutung christlichen Lebens, eines wirklichen Gemeinschaftslebens, von Wahrheit und Liebe in der Wirklichkeit zu verstehen. Die Frage, die ich Ihnen vorlegen möchte, ist, ob ich die Erlaubnis erhalte, mit Ihnen einige Zeit in Ihrem Ashram zu verbringen, um Ihre Bewegung zu studieren. Ich habe kein Vertrauen in kurze Interviews, sondern bin davon überzeugt, dass man miteinander leben sollte, wenn man einander kennenlernen möchte.

In heutiger Terminologie gesprochen: dieser Theologe und Pfarrer möchte dringend ein längeres Praktikum bei Mahatma Gandhi machen. Er ist sich nicht ganz sicher, ob solcher Wunsch offene Ohren findet, daher schließt er seinen Brief mit einer Selbstvorstellung – und mit Referenzen:

Ich bin 28 Jahre alt, Deutscher, Dozent der Theologie an der Berliner Universität, gegenwärtig Pfarrer von zwei deutschen Gemeinden in London. Zugleich bin ich internationaler Jugendsekretär des Weltbunds für internationale Freundschaftsarbeit der Kirchen; in der ökumenischen Bewegung arbeite ich seit einigen Jahren, woraus viele gute Freundschaften erwachsen sind. Ich habe einige Bücher geschrieben […]. Ich füge einen Brief von Mr. C. F. Andrews bei. Auch den Bischof von Chichester, Dr. Bell, habe ich gebeten, Ihnen ein paar Worte über mich zu schreiben.

Dieser 28jährige Theologe und Pfarrer war Dietrich Bonhoeffer.[2] Offensichtlich und für uns heute sehr ungewohnt: Bonhoeffer lebte in einer Zeitepoche, in der man auch in Europa um das ungewöhnliche politische Handeln dieses Mannes aus Indien gewusst hat, in der es diskutiert wurde in Kirche wie Gesellschaft. Bonhoeffer war ein großer Leser und lebenslang ein Lernender.[3]

Wie anders die damalige Zeit war, wird schlagartig deutlich, wenn man sich fragt, welchen Bischof man heute in Europa als Referenz bezüglich eines solchen Vorhabens eines Praktikums in Sachen Gewaltlosigkeit angeben könnte.[4] Auch die andere Referenz, die Bonhoeffer anführt, ist sehr interessant. C. F. Andrews (1871–1940)[5] war anglikanischer Geistlicher, Missionar, Sozialreformer und seit einer Begegnung in 1914 in Südafrika mit Gandhi in engem Kontakt stehend. Er arbeitete in Indien am St. Stephen's College und machte immer wieder Vortragsreisen durch Europa, auch durch Deutschland.[6] Er sorgte auch publizistisch in Europa für das Bekanntwerden

---

[2] Dietrich Bonhoeffer's Letter to Mahatma Gandhi. In: Journal of Ecclesiastical History, Cambridge (2020) 1-9; hier zitiert nach der Übersetzung von Wolfgang Huber: „Einige Zeit im Ashram verbringen …". In: Zeitzeichen April 2020; https://zeitzeichen.net/no de/ 8180. Der Brief ist auf den 27. Oktober 1934 datiert.

[3] Vgl. zur theologischen Entwicklung Bonhoeffers: Weissinger, Johannes: Die große Befreiung – Dietrich Bonhoeffers Wende vom nationalen Kriegstheologen zum ökumenischen Friedenstheologen 1930/1931. In: Nauerth, Thomas (Hg.): Was ist Friedenstheologie? Ein Lesebuch, Norderstedt: BOD 2020, S. 225-240.

[4] Vgl. zu dem von Bonhoeffer angeführten Bischof die biographische Skizze unter: www.dietrich-bonhoeffer.net/bonhoeffer-umfeld/george-kennedy-allen-bell/.

[5] Deutschsprachige Literatur ist über ihn kaum zu finden, vgl. neben dem (englischen) Wikipedia Artikel nur Eric Sharpe: The Legacy of C. F. Andrews. In: IBMR 9 (1985) 117–21.

[6] So nahm er 1926 an der Konferenz des Internationalen Versöhnungsbundes (IVB) in Oberammergau/Österreich teil und unternahm im Anschluss eine Vortragsreise durch Deutschland (u.a. Leipzig). 1928 ist seine Anwesenheit bei einem internationalem Jugendlager des IVB in Sandwich bei Canterbury belegt; vgl. „Welche Illusionen hatten wir vor 1933, den Kriegsgeist zu bannen" Der Internationale Versöhnungsbund (Fel-

von Leben und Werk Mahatma Gandhis. So war er der Herausgeber der 1930 in deutscher Übersetzung erschienenen Autobiographie Gandhis und veröffentlichte 1932 das Buch ‚Mahatma Gandhis Lehre und Tat'.

Ein anderer Botschafter Gandhis in Europa war der französische Intellektuelle Romain Rolland. Er veröffentlichte bereits 1923 im Rotapfel-Verlag München/Zürich das Buch ‚Mahatma Gandhi'. Dieses Buch wiederum inspirierte einen deutschen Dominikaner, der begonnen hatte, seine durch die Erfahrungen des Ersten Weltkriegs bedingte Wendung zu einer pazifistischen Position theoretisch grundlegend zu durchdenken. 1924 erschien das Ergebnis dann als Buch unter dem Titel „Weltkirche und Weltfriede".[7] Das Buch wurde umgehend – von Quäkern! – auch ins Englische übersetzt. Damit war ein entscheidender Anstoß für eine katholische Rezeption von Gandhis Leben und Werk gesetzt. Franziskus Maria Stratmann OP schreibt 1924:

> Daß die gewaltlose Methode als solche dem Geiste Christi mehr entspricht als die gewaltsame, kann nicht bestritten werden. Mahatma Gandhi und sein Kampf bedarf der Vollendung durch Christus, aber sein Leben und Sterben ist in den meisten Zügen schon jetzt von ergreifender Schönheit und der Nachfolge der Edelsten wert. Wer wissen will, ob das kriegerische Heldenideal durch ein unkriegerisches und doch eminent kämpferisches, im ausschließlichen Dienste des Vaterlandes und Gottes stehendes, ersetzt werden kann, der lese Romain Rollands Buch über Gandhi. (249)

Dieser Dominikaner ist fasziniert von dem, was er liest und hört über diese neuartige Form passiven Widerstands, die so gar nichts Passives an sich hat und die eine Lösung bieten könnte für all die Dilemmata katholischer Kriegsethik, mit der sich Franziskus Maria

---

lowship of Reconciliation) im Briefwechsel zwischen Arthur Pfeifer (Waldheim/Sa.) und Gerda Baumann (Agra/ Schweiz); online unter: http://www.freundeskreis-arthur-pfeifer.de/.

[7] Stratmann, Franziskus Maria OP: Weltkirche und Weltfriede. Katholische Gedanken zum Kriegs- und Friedensproblem, Augsburg: Haas und Grabherr 1924. Neuausgabe 2021 als Band 5 der Reihe „Kirche & Weltkrieg" (https://kircheundweltkrieg.word press.com/); Seitenangaben im Text beziehen sich auf diese Ausgabe.

Stratmann OP noch auseinanderzusetzen genötigt sah. So schreibt er weiter, der

> erhabene christliche Gedanke, daß Unrechtleiden auch für die Völker keine Schande, sondern Ehre bringe, wirkt in unserer Zeit der praktischen Staatsvergottung so unerhört, daß es nicht überrascht, wenn man heute kein [...] Moralbuch mehr findet, das diesen Gedanken bei dem Kapitel über den Krieg auch nur anklingen ließe! Man muß schon in das heidnische Indien Gandhis und Tagores gehen, um für diese christliche Weisheit Verständnis zu finden und auch ihre realpolitische Durchschlagskraft zu erweisen. (145)

Stratmann schließt sich auch der Meinung von Rolland an, wonach die Tatsache, dass „die zwanzigjährige Tätigkeit (Gandhis) in Südafrika keinen größeren Widerhall in Europa gefunden" hat, ein „Beweis für den unglaublich beschränkten Horizont unserer Politiker, Historiker, Philosophen und Religiösen" sei. Er selbst kommt in seinem langen Leben immer wieder auf das Beispiel Gandhis zurück:

> Unsere Gefühle gegenüber solcher politischer Ethik können nur Bewunderung und Scham sein.[8] Hier hat einer mit dem Evangelium Ernst gemacht, mitten im politischen Machtkampf, hier hat einer [...] den Beweis geliefert, daß mit der Bergpredigt auch Realpolitik zu treiben ist.[9]

In hohem Alter von 79 Jahren kommt dieser Dominikanerpater in seinem letzten, ganz spirituell gehaltenen Buch über die Gaben des hl. Geistes noch einmal auf das Beispiel von Mahatma Gandhi zurück:

> Es kann nur besser werden, wenn man die Weisheit Christi in die Politik hineinnimmt und [...] der Gewaltpolitik entsagt. Aus christlichem Geist hat der Hindu Mahatma Gandhi den christlichen Politikern ein Beispiel gegeben, wie man bei strenger Vermeidung von Gewalt allein durch moralischen Widerstand gegen das Unrecht große Politik machen kann. Sagte man: von

---

[8] Vgl. die Frage Bonhoeffers 1934 in seiner Rede auf der Konferenz in Fanö: „Müssen wir uns von den Heiden im Osten beschämen lassen?"; online zugänglich unter: www.dietrich-bonhoeffer-verein.de/dietrich-bonhoeffer/bonhoeffers-friedensverstaendnis/.
[9] Stratmann, Franziskus Maria OP: Krieg und Christentum heute, Trier 1950, 25f.

Abendländern könne man nicht erwarten, was bei den Morgen-
ländern möglich sei, dann wäre das ein Einwand gegen das ganze aus dem Morgenland stammende Evangelium, in welchem
die Sanftmut, die Demut, die Liebe bis zur Feindesliebe eine so
große Rolle spielt und ohne Fragen *allen* Menschen geboten
wird.[10]

Stratmann hat noch immer Hoffnung. Er spricht von der Ersetzung
,politischer Schlauheit' durch ,politische Weisheit', für die Gandhi
als Beispiel stehe und die der Welt so nottue:

Vielleicht arbeitet die Zeit für diese Weisheit. Wenn vorrausicht-
lich in vierzig Jahren die Erdbevölkerung auf etwa sieben Milli-
arden Menschen gestiegen ist, sodaß die Völker immer dichter
neben- und miteinander leben müssen, was bleibt ihnen dann
anders übrig, als sich gegenseitig zu bedrohen und auszuroten
[...], sich sanftmütig zu vertragen und gemeinsam das Land zu
besitzen? Die Gewalttätigen werden es verlieren. Sie werden es
physisch und moralisch ruinieren.[11]

In der katholischen Kirche immerhin, der Heimat eines Franziskus
Maria Stratmann OP, hat die Zeit für diese Weisheit gearbeitet. Zwei
Jahre nachdem sein Buch erschienen ist, fährt erstmals ein Papst
nach Indien. Noch wird nicht explizit auf Gandhi Bezug genommen,
indirekt aber schon recht deutlich. Im Dezember 1965 wird vom
Zweiten Vatikanischen Konzil die Pastoralkonstitution über die Kirche in der Welt von heute *Gaudium et Spes* verabschiedet, in der es
heißt:

Das ist ein eindringlicher Aufruf an alle Christen: „die Wahrheit
in Liebe zu tun" (Eph 4,15) und sich mit allen wahrhaft friedlie-
benden Menschen zu vereinen, um den Frieden zu erbeten und
aufzubauen. Vom gleichen Geist bewegt, können wir denen unsere Anerkennung nicht versagen, die bei der Wahrung ihrer
Rechte darauf verzichten, Gewalt anzuwenden, sich vielmehr auf

---

[10] Stratmann, Franziskus Maria OP: Gaben und Aufgaben. Über die religiöse Bedeutung der Sieben Gaben des Heiligen Geistes, Frankfurt: Josef Knecht 1962, 86.
[11] Ebd. 86f.

Verteidigungsmittel beschränken, so wie sie auch den Schwächeren zur Verfügung stehen.[12]

Es sollte bis 1978 dauern, bis ein Papst eine Botschaft in „Honour of
Gandhi" spricht. Zu allen indischen Menschen konnte Paul VI. sich
über das Radio wenden. Er sagte dabei unter anderem:

We feel that we are once again with the beloved people of India,
just as when we walked among you in Bombay. […] Yes, our
message is a message of Peace. […] ‚No to violence, Yes to Peace'.
We believe that our words have special meaning today for the
citizens of India, on this thirtieth anniversary of the death of Mahatma Gandhi. We associate ourself with all of you in rendering
solemn honour to this herald of non-violence, to this man of
peace.[13]

Diese Botschaft, die Paul VI. noch kurz vor seinem Tod nach Indien
gesandt hat, ist bis heute nicht ins Deutsche übersetzt worden. Ganz
ähnlich erging es seinem Nachfolger, Johannes Paul II., der 1986
nach Indien reiste und die Gedenkstätte zu Ehren Mahatma Gandhis, das RajGhat, den Ort der Einäscherung von Mahatma Gandhi
besuchte:

My visit to India is a pilgrimage of good will and peace, and the
fulfilment of a desire to experience personally the very soul of
your country. It is entirely fitting that this pilgrimage should
begin here, at Raj Ghat, dedicated to the memory of the illustri-
ous Mahatma Gandhi, the Father of the Nation and apostle of
non-violence.[14]

[12] Pastoralkonstitution über die Kirche in der Welt von heute „Gaudium et spes" Nr 78.
www.vatican.va/archive/hist_councils/ii_vatican_council/documents/vat-ii_const_1965
1207_gaudium-et-spes_ge.html.
[13] Paul VI.: Address to the Indian people in honour of Gandhi, 30.01.1978. (www.vati
can.va/content/paul-vi/en/speeches/1978/january/documents/hf_p-vi_spe_19780131_po
polo-indiano.html.) Vgl. zu Paul VI. und seiner Beziehung zu Gandhi die Übersicht bei
Peter Gonsalves: Paul VI. and Gandhi. Kindred Maha-Spirits; http://www.live encoun
ters.net january 2019 Celebrating 10th Anniversary Year.
[14] Johannes Paul II.: Ansprache anlässlich des Besuchs der Gedenkstätte zu Ehren
Mahatma Gandhis: www.vatican.va/content/john-paul-ii/en/speeches/1986/february/
documents/hf_jp-ii_spe_19860201_raj-ghat.html.

Weder diese Ansprache vom 1. Februar 1986 noch das Gebet, das
Johannes Paul II. bei dieser Gelegenheit sprach, sind bislang ins
Deutsche übersetzt worden. Die Gandhi-Vergessenheit hierzulande
auch und gerade in der deutschen Kirche und Theologie ist groß
und bedrückend. Die Diagnose Bonhoeffers von 1934, wir „haben
große Theologen in Deutschland, [...] aber keiner zeigt uns den Weg
zu einem neuen christlichen Leben in kompromissloser Übereinstimmung mit der Bergpredigt", dürfte auch heute ihre Gültigkeit
haben.

Gandhi - Bedarf

Die Zeit drängt, sich wieder mit Gandhi und seinem Ansatz der
Gewaltfreiheit zu beschäftigen. Wir erfahren täglich von unermesslichem Leid, das weltweit durch Gewalt verursacht wird: durch
Kriege in verschiedenen Ländern und Kontinenten; durch Nationalismen; durch Unterdrückung und Ausrottung mancher Völker;
durch Terrorismus, Kriminalität und unvorhersehbare bewaffnete
Übergriffe; durch Formen von Missbrauch, denen die Migrant*innen
und die Opfer des Menschenhandels ausgesetzt sind; durch Zerstörung der Umwelt; durch Aufrüstung und Bedrohung durch Atomwaffen u.v.a.m. Wir erkennen überdeutlich, dass zwischenmenschliche, gesellschaftliche und internationale Beziehungen von Liebe,
Gerechtigkeit und Gewaltfreiheit geleitet sein müssen, damit Ausgleich, Verständigung und Frieden möglich werden. Leben und
Werk von Mahatma Gandhi sind dabei Wegzeichen, die zu erinnern
sind. Er hat die christlichen Kirchen auf die politischen Implikationen in ihrem eigenen Glaubensgut, vor allem in der Bergpredigt Jesu, hingewiesen.

Deshalb haben wir uns engagiert für die Übersetzung dieses Buches des indischen Jesuiten und Gandhi-Forschers George Pattery,
der zu Beginn seiner Publikation sehr bewusst erinnert an den historischen Besuch eines Papstes in Indien im Jahre 1986 und dessen
Würdigung von Mahatma Gandhi.

Dieses Buch ist das Werk eines indischen Theologen in seiner
Auseinandersetzung mit Leben und Werk von Mahatma Gandhi;
und es ist geschrieben zunächst für Menschen in Indien. Aber wir in

Deutschland können dabei sein, lesend aufhorchen und lernen. Denn es geht George Pattery SJ mitnichten ausschließlich um eine indisch-christliche Perspektive; es geht ihm um eine handlungsleitende wie auch theologische Perspektive, die entscheidend für den Weg der christlichen Kirchen im 21. Jahrhundert weltweit ist. Papst Franziskus hat bekanntlich 2017 alle Katholik*innen und Menschen guten Willens dazu aufgefordert: „Machen wir die aktive Gewaltfreiheit zu unserem Lebensstil"[15]. Von wem sollte man solche Handlungsperspektive besser lernen können als von Mahatma Gandhi?

Zum Autor dieses Buches

George Pattery stammt aus einer christlichen Familie im katholischen Kernland Kerala in Südindien. 1950 geboren, studierte er Philosophie und Theologie in Pune/Indien und lernte dabei den Jesuitenorden und seine Spiritualität kennen. Nach der Priesterweihe in Kerala arbeitete er zunächst in einer Gemeinde seiner Diözese, danach war er Dozent am Priesterseminar in Kalkutta. Im Jahre 1985 trat er in den Jesuitenorden ein. 1990 schloss er sein Promotionsstudium an der Gregoriana in Rom mit einer Arbeit über Gandhi ab. Er gehörte als Dozent sieben Jahre dem Lehrkörper der Central Government University of Visva-Bharati in Santiniketan/Kalkutta an (von Rabindranath Tagore gegründet), wirkte danach als Gastdozent an verschiedenen Hochschulen, zuletzt als Assoziierter Professor am Vidyajyoti-College in Neu Dehli und übernahm ab 1994 ordensinterne Aufgaben als Oberer der Jesuitenkommunität in Santiniketan, sodann als Provinzial in Kalkutta und schließlich als Präsident der Süd-Asiatischen Jesuitenprovinzen mit der Zuständigkeit für die Jesuiten in Indien, Sri Lanka, Nepal, Bangladesch, Bhutan, Pakistan und Afghanistan. Seit Sommer 2021 lebt George Pattery im St. Xavier's College in Kalkutta, seiner Jesuitenprovinz.

Als Jesuit ist George Pattery geleitet von der Überzeugung, dass der Gott Jesu in der Welt und in allem Leben präsent ist und dass wir Menschen eingeladen sind, ihn zu entdecken und zu finden in

---

[15] Papst Franziskus: Botschaft zum Weltfriedenstag 2017 „Gewaltfreiheit: Stil einer Politik für den Frieden", Nr. 1. www.vatican.va/content/francesco/de/messages/peace/documents/papa-francesco_20161208_messaggio-l-giornata-mondiale-pace-2017.html.

allem, was in uns, um uns herum und mit uns geschieht und da ist. Unterscheidung der Geister (also Klugheit), Wachstum und Reifung (das ignatianische *magis*, also das ‚Mehr') sowie konkrete Schritte der Liebe sind entscheidend. „Gott in allem suchen und finden" – der Grundimpuls des Ignatius von Loyola: damit ist buchstäblich alles gemeint im Reden, im Denken, im Beobachten und Sehen, im Hören und Analysieren, im Arbeiten, im Schweigen und Stillwerden, im Kämpfen, im Beten. Mit solcher Grundhaltung kann der Mensch „Kontemplation in Aktion" leben. Hier sieht Pattery eine Schnittfläche zur Spiritualität des Hindu Gandhi, weshalb er seinem Buch auch den Titel gab: *Gandhi – the Believer*.

Pattery vertraut darauf, dass die uralte Weisheit in den verschiedenen Religionen Wege auch für die Zukunft zu weisen vermag. Deshalb stellt er die im Hinduismus verankerte Spiritualität von Mahatma Gandhi ausführlich dar und beschreibt seine Vision des friedlichen Zusammenlebens der Völker – allen ethnischen, religiösen und traditionellen Unterschieden zum Trotz. Pattery sieht die Menschheit in einem Transformationsprozess stehend hin zu einem Verständnis, dass alle aufeinander angewiesen und miteinander verbunden sind, dass alles mit allem zusammenhängt, wir also weltweit die Solidarität mit allen Suchenden und Fragenden auszubilden haben unabhängig von Religion, Kultur, Nation, Volkszugehörigkeit, Hautfarbe und Tradition. Die Menschheit bewohnt ein „gemeinsames Haus", unseren Planeten Erde, den es zu schützen und zu bewahren gilt und wo niemand berechtigt ist, auszuplündern, zu töten und zu verwüsten. Von daher ist sein Buch auch ein Beitrag zum interreligiösen Dialog – hier zwischen Hinduismus und Christentum. Die Auseinandersetzung mit und der Austausch zwischen Religionen und Weltanschauungen sind für Pattery fruchtbare Wege, um gemeinsames Urteilsvermögen zu stärken und Recht, Gerechtigkeit und Versöhnungsprozesse zu befördern in Zeiten, in denen weltweit sich die Welt immer stärker polarisiert und spaltet und immer gewalttätiger zu werden scheint.

George Pattery hat die Beschäftigung mit Mahatma Gandhi als Jesuit gesucht. Damit verbunden ist eine besondere Perspektive, die Dinge „anzuschauen". Mit Bezug auf Teilhard de Chardin S.J. leitet ihn die Grundüberzeugung, „dass nichts auf der Welt profan ist" und dass alle Realität mit den Augen Gottes anzuschauen ist. Das wiederum führt ihn zu einem Verständnis, sich als Weggenosse unter vielen Weggenoss*innen auf einem gemeinsamen Weg auf dieser Erde, in dieser Welt zu sehen, auf einem Weg mit Blick auf die gesamte Menschheit, auf alle Schöpfung und das Universum. Er leitet daraus für sich die Berufung ab, für Verständigung und Versöhnung zu arbeiten. Das bedeutet für ihn zum einen, Prozesse zu initiieren, die Menschen unterschiedlicher Herkunft zusammen- und in Dialog bringen. Zum anderen beinhaltet es die Offenheit für Kooperationen mit all denen, die ebenfalls solche Prozesse in den Blick nehmen – über alle nationalen, kulturellen, religiösen Grenzen hinweg. Er ist überzeugt, dass die Erfahrung, mit verschiedenen Kulturen, Traditionen und Religionen zusammenzuleben, einen neuen Blickwinkel schenkt, die aktuellen Herausforderungen mit einer viel weiterführenden universellen Perspektive zu betrachten, ohne sich sofort bedroht zu fühlen.

George Pattery sieht in solcher Arbeit einen Grundauftrag der Kirche, den das Zweite Vatikanische Konzil (1962-1965) in seiner Pastoralkonstitution *Gaudium et spes* so formuliert hat: „Freude und Hoffnung, Trauer und Angst der Menschen von heute, besonders der Armen und Bedrängten aller Art, sind auch Freude und Hoffnung, Trauer und Angst der Jünger Christi. Und es gibt nichts wahrhaft Menschliches, das nicht in ihren Herzen seinen Widerhall fände." (Nr. 1).

Dank

Diese Publikation wäre nicht zu verwirklichen gewesen ohne die tatkräftige Unterstützung vieler Menschen, denen wir unseren Dank aussprechen möchten:

Ingrid von Heiseler[16] leistete mit Akribie und innerer Anteilnahme die Übersetzungsarbeiten. Die deutschsprachige Fassung ist ihr Werk, und unser Wunsch, die Gedanken des Jesuiten George Pattery hierzulande einem neuen Leserkreis zu vermitteln, wäre ohne ihr großes Engagement nicht zu verwirklichen gewesen.

Peter Bürger hat dankenswerterweise Satz und Gestaltung übernommen.

---

[16] Zu ihrer Arbeit vgl. http://ingridvonheiseler.formatlabor.net/

Die Veröffentlichung des vorliegenden Buches wurde unterstützt von: jesuitenweltweit Nürnberg, MISEREOR Aachen, Fachstelle Weltkirche – Bistum Münster, pax christi – Diözesanverband Münster und pax christi – Deutsche Sektion e.V. (Berlin). George Pattery S.J. stimmte einer Übersetzung seines Gandhi-Buches ins Deutsche zu und übertrug das Copyright für die deutsche Übersetzung. Sebastian Painadath S.J. korrigierte und ergänzte das von uns erarbeitete Glossar. Wir haben dafür beiden sehr zu danken.

Danksagung

Eine der bleibenden Wirkungen der Erforschung Gandhis ist ein anhaltendes Gefühl der Demut: Demut vor den Wundern, die der Herr durch Gandhi in Indien getan hat, Demut vor der gewaltigen Arbeitsmenge, die dieser Mann für sein Volk ganz allein geleistet hat, Demut vor den zahlreichen Untersuchungen seiner Gedanken, die auf internationaler Ebene durchgeführt wurden.

Dieses Gefühl der Demut löst in mir ein tieferes Gefühl der Dankbarkeit gegenüber den vielen und unterschiedlichen Menschen, die mich während meiner Arbeit inspiriert, geleitet und unterstützt haben. Ich danke Jacques Dupuis S.J. für seine Führung, ich danke für die lebhaften Gespräche und den lebhaften Austausch mit Theologen und Gandhi-Wissenschaftlern, unter ihnen M. Amaladoss S.J., Raymund Schwager S.J., I. Jesudasan S.J., Dr. T.S. Ananthu und Dr. Pushparajan. Ihnen allen bin ich zutiefst dankbar. Besonders viel verdanke ich Ishanand Vempeny S.J., A. Huart. S.J. und Sr. Carmel O'Connor vom *Institute of the Blessed Virgin Mary* (IBVM), die das Manuskript geduldig lektoriert und Veränderung in Stil und Inhalt vorgeschlagen hat.

Wenn diese Arbeit in irgendeiner Weise die Leserschaft dazu inspirierte, in Gandhi und seinem Kampf Gottes Aufgabe für uns zu erkennen, wäre ich damit sehr zufrieden.

George Pattery S.J.

St. Xavier's College
30 – Park Street Kalkutta

Einführung

Am 1. Februar 1986 legte Papst Johannes Paul II. während seines zehntägigen Indienbesuchs einen Kranz am *Samadhi* Mahatma Gandhis nieder und grüßte ihn als den „Apostel der Gewaltfreiheit" und den „Helden der Menschheit".[1] Das geschah trotz der Tatsache, dass Mahatma Gandhi im Dezember 1931 bei seinem Besuch des Vatikans vom damaligen Papst ein Gespräch verweigert worden war.[2] Winston Churchill nannte am Beginn seiner parlamentarischen Karriere als Konservativer Gandhis Kampagne verächtlich „pantomimisches Märtyrertum"[3] und verspottete ihn als „aufrührerischen Fakir, der halbnackt die Stufen zum Palast des Vizekönigs erklimmt".[4] Albert Einstein dagegen sagte: „Es kann sein, dass künftige Generationen kaum werden glauben können, dass ein Mann wie dieser jemals in Fleisch und Blut auf dieser Erde wandelte."[5] Gandhi weckte sehr unterschiedliche Reaktionen in den Menschen.

Der altmarxistische Theoretiker E.M.S. Namboodiripad behauptet, Gandhi habe sich „vor den Armen auf dem Lande" gefürchtet und selbst zur Bourgeoisie gehört.[6] Der schwedische Wirtschaftswissenschaftler Gunnar Myrdal sagte, Gandhi stehe „unleugbar auf der Seite der Armen und Unterdrückten" und seine das flache Land betreffenden Ideen „erwiesen sich als weniger irrational, als sie zu-

---

[1] Johannes Paul II, zitiert nach: The Pope Speaks to India, Bombay: St. Paul Publications 1986, S. 15f. (Die Ansprachen Johannes Paul II. finden sich online unter http://www.vatican.va/content/john-paul-ii/en/speeches/1986/february/documents/hf_jp-ii_spe_198 60201_raj-ghat.html).

[2] Nehru, Jawaharlal: Mahatma Gandhi, Calcutta: Signet Press 1949, S. 118-119; Mirabehn: The Spirit's Pilgrimage, London: Longman's Green & CO. Ltd. 1960, S.151.

[3] Hunt, D. James: Gandhi and The Nonconformists. Encounters in South Africa, New Delhi: Promilla & Co. Publishers 1986, S. 86.

[4] Erikson, H. Erik: Gandhi's Truth. On the Origins of Militant Nonviolence, New York: W.W. Norton & Co. 1969, S. 447.

[5] Zitiert u.a. von HT Correspondent: The Greatest Indian Ever: Gandhi's life shaped India. The nation must preserve his values, *The Hindustan Times*, 2. Oktober 2019; vgl. bereits *The Hindustan Times*, 31. January 1948.

[6] Namboodiripad, E.M.S: The Mahatma and the Ism, Calcutta: National Book Agency 1981, S. 117.

nächst erschienen".[7] Von seinem Einfluss sagte ein eingeschworener Agnostiker wie Nehru am 2. Februar 1948:

> In den Zeitaltern, die Jahrhunderte und vielleicht Jahrtausende nach uns kommen, werden die Menschen an die Generation denken, als dieser Mann Gottes auf der Erde weilte, und sie werden an uns denken, an uns, die wir, so klein wir auch waren, seinem Pfad folgen durften und die wahrscheinlich denselben heiligen Boden betraten, auf den er seine Füße gesetzt hat. Lasst uns seiner wert sein, lasst es uns immer sein.[8]

Die Dalits im heutigen Indien dagegen halten Gandhi für verantwortlich für ihre Notlage und dafür, dass das Kastensystem beibehalten wurde.

Diese unterschiedlichen und sogar einander widersprechenden Sichtweisen auf Gandhi fordern uns dazu heraus, einen neuen Blick auf das Phänomen Gandhi zu werfen. Sehr oft wird die religiöse Dimension Gandhis für selbstverständlich gehalten oder ausgeklammert. Wir behaupten in diesem Buch, dass der Schlüssel zum Verständnis Gandhis eben in seiner Religiosität liegt.

0.1. Der Ansatz

Gandhi – seine Person, die Bewegungen, die er in Gang brachte, und seine Lehren – fesselt unsere Aufmerksamkeit, auch wenn wir nicht immer ganz und gar mit ihm übereinstimmen. In Gandhi finden wir Einfachheit und zugleich einen gewissen Adel, Tollkühnheit und zugleich tiefes Mitgefühl, Weltlichkeit und zugleich ein sicheres Gefühl der Heiligkeit. Der Bedeutungsüberschuss des Themas Gandhi kann eine Quelle der Inspiration und der Interpretation auch noch für unsere Zeit sein.

Wir versuchen, das Thema Gandhi im Kontext der heutigen indischen Christen zu lesen. Das gehen wir an, indem wir erstens den Bedeutungsüberschuss des Textes aus einem verständnisvollen Lesen hervortreten lassen. Die *Satyagraha*–Religiosität mit ihrem dreifachen Rahmen von „Verwurzelung in der Wahrheit, Einssein mit

[7] Maharashtra Rajya Sahkari Sakhar Karkhana Sangh (Hg.): Gandhi 1869-1948: darshan 2 Oct. 1969-22 Feb 1970: a centenary souvenir, Bombay o.J., S. 160.
[8] Nehru, Jawaharlal: Mahatma Gandhi, S. 157 (Rede im Parlament am 2. Februar 1948).

dem Leben und einer sozialen Vision und Praxis" ist offenbar aus einem ganzheitlichen Ansatz bei den sozio-politischen und religiösen Themen der Zeit hervorgetreten. Die Dynamik dieser Religiosität kann ein Licht auf Themen unserer Zeit werfen, auf Kommunalismus und Developmentalismus. *Satyagraha* hat einen geheiligten Charakter an sich, sie ersetzt nicht Religionen, sie weist das Säkulare nicht zurück. Sondern der pädagogische Wert der *Satyagraha*-Religiosität besteht in ihrem qualitativ verwandelnden Verständnis der religiösen und der säkularen Realitäten. Auf diese Weise vertieft sie unsere Auffassung von Religiosität und stellt durch ein verwandelndes Wissen und eine kommunikative Praxis unseren Glauben an die Säkularität infrage.

0.2. Soziokultureller Kontext des Themas Gandhi

Die Bewegung, die Gandhi sowohl in Südafrika als auch in Indien ins Leben rief und erfolgreich leitete, ist von enormer soziopolitischer und kultureller Bedeutung. Wenn man ihre Nuancen und ihre Bedeutsamkeit für heute einschätzen will, ist ein Verständnis der alten indischen Kulturen und der sozio-ökonomischen Realitäten vor Gandhis Zeit notwendig. Die kulturellen und sozialen Wurzeln von Indiens Vergangenheit stellen den hermeneutischen Schlüssel zum Verständnis Gandhis dar.

Im Laufe der Jahre entwickelte Gandhi einen starken Glauben an Indiens uralte Weisheit. Während seiner Zeit in London (1888-1891) kam er in Kontakt mit der Vegetarischen Gesellschaft und der Theosophischen Gesellschaft. Die Erstere zog ihn durch ihren Ruf, zur Natur zurückzukehren, an und die zweite erregte sein Interesse an den alten Traditionen der Hindu-Religion und der kulturellen Vergangenheit Indiens.[9] In seinen Jahren in Südafrika setzte er seine kulturelle und religiöse Suche durch regelmäßige Korrespondenz mit Freunden wie Rajchandra fort.[10] In seinem Appell an die *Natal Assembly* in Südafrika und in seiner Broschüre *The Indian Franchise:*

---

[9] Vgl. The Collected Works of Mahatma Gandhi, 92 Vols, N. Delhi: The Publication Division, Ministry of Information and Broadcasting, Government of India, 1958-1984, Vol.1, S. 23-27 (im folgenden zitiert als CW); Gandhi, M.K.: The Story of My Experiments with Truth. An Autobiography, London: Penguin Books 1985, S. 76.

[10] Gandhi, M.K.: The Story of My Experiments with Truth, S. 135.

An Appeal to Every Briton in S.Africa (Dezember 1895) zollte Gandhi den Leistungen von Indiens Vergangenheit, besonders auf den Gebieten Religion, Kultur und Verwaltung, hohe Anerkennung.[11] In *Hind Swaraj* (seinem 1909 geschriebenen politisch-religiösen Manifest) bemüht sich Gandhi, die indische Weisheit für die moderne Zeit zurückzugewinnen und wiederzubeleben. Die große Menge seiner späteren Schriften und Reden zwischen 1915 und 1948 zeigt, dass er sich rational auf die alte Weisheit bezieht, um seine Theorien und seine Praxis zu untermauern.

Man braucht Gandhi keine Synthese verschiedener philosophischer Schulen oder Religionsgemeinschaften zuzuschreiben. Hin und wieder besteht Gandhi darauf, er sei weder Theoretiker noch Philosoph. Und doch ist bei ihm die deutliche Bemühung zu erkennen, die alten sozio-kulturellen Werte auf dem Hintergrund und angesichts des Bankrotts der damaligen westlichen Kultur wieder zu beleben. Es ist wichtig, dass wir Gandhis Versuch, Indiens (richtige oder falsche) Vergangenheit zu rekonstruieren, erkennen, wenn wir ihn verstehen wollen. Darum ist es notwendig, einige wesentliche Merkmale der indischen Kultur und die sozio-kulturellen Faktoren, die vor der Zeit Gandhis in Indien herrschten, aufzugreifen.

0.2.1. Die alten Traditionen

Die Tatsache, dass es seit wenigstens dem 3. Jahrtausend v. Chr. innerhalb feststehender territorialer Grenzen eine reiche indische Kultur und Zivilisation gab (die Indus-Kultur), wird historisch weltweit anerkannt. Die arische Einwanderung fand wahrscheinlich zwischen 2000 und 1500 v.Chr. statt. Sie war ein kontinuierlicher Prozess, der sich über Jahrzehnte erstreckte.[12] Dies scheint ein typischer Fall zu sein, der die These bestätigt: „Die Sieger übernehmen die Kultur der Besiegten." Schließlich schuf der gegenseitige Einfluss eine gemeinsame reiche indische Kultur, die wunderbare religiöse Traditionen und Schriften hervorbrachte.[13]

---

[11] CW I, S. 170-190.

[12] Ghosh, Bata Krishna: The Origin of the Indo-Aryans. In: The Cultural Heritage of India Vol. 1, S. 129- 143. Die These, dass die Arier in Indien einwanderten, ist umstritten. Wissenschaftler haben diese Theorie neu untersucht, vgl. Manthan Vol. XV („Genesis of the Aryan Myth; A Historiographical Review") Nr. 2-3, 1994).

[13] S. Radakrishnan schreibt: „Man braucht nicht zu denken, dass die Arier immer eine überlegene Kraft waren. Es gibt Gelegenheiten, bei denen die Arier den Nichtariern zu

Diese gegenseitige Beeinflussung führte offenbar zu zwei fundamentalen religiösen und kulturellen Traditionen, nämlich der brahmanischen und der sramanischen. Die brahmanische Tradition, die hauptsächlich die Arier entwickelten, betonte den kultischen Aspekt der Religion. Rituale, Opfer und Priesterzunft haben größeren Einfluss auf das religiöse Leben der Menschen. Die *Veden,* darin die *Brahmanas* und die sogenannte rituelle Abteilung (*Karmakanda*) der Shruti-Literatur sind die Quellensammlungen dieses Teils des religiösen Denkens. Diese Tradition drückt mit der reichen Symbolik des vedischen Rituals die religiöse Intuition der Seher aus.

Die sramanische Tradition gehörte wahrscheinlich zur indigenen indischen Kultur. Diese indigene Spiritualität betonte mehr die Einheit mit der Natur, Innerlichkeit und eine innere Haltung zu Gott und der Welt. Asketische und mystische Bestrebungen spielen eine wichtige Rolle in der Wahrnehmung des Höchsten. Äußerliche Handlungen des Gottesdienstes haben auf dem Weg der Erkenntnis weniger oder nur symbolischen Wert. *Ahimsa* (Nichtverletzen) ist ein wichtiges Dogma der sramanischen Tradition. Durch die arische Einwanderung nach Indien und den Aufbau der brahmanischen Bewegung wurde die sramanische Tradition in den Hintergrund gedrängt. In einer späteren Epoche revoltierte die sramanische Tradition gegen den übertriebenen Ritualismus der brahmanischen Religion und das führte zu den drei mächtigen Strömungen, der upanischadischen, der buddhistischen und der Jain-Bewegung. Buddhismus und Jainismus lehnten die vedische Religion und die brahmanische Tradition ganz und gar ab und verwarfen sie. Sie brachen mit einer rituellen Haltung zur Religion und erfassten mit ganzem Herzen die sramanische Spiritualität. Die Upanischaden-Tradi-

---

Recht nachgaben. Die Epen erzählen davon, wie verschiedene nicht arische Götter ihre Überlegenheit über die arischen bewiesen. Krischnas, des Fürsten der vedischen Götter. Kampf mit Indra ist ein solches Beispiel. Der Aufstieg des Schiwa-Kults ist ein weiteres." (Radhakrishnan, Sarvepalli: The Hindu View of Life, London: George Allen & Unwir. Ltd. 1927, S. 40). Die Arier übernahmen die Bilderverehrung, die ein besonderes Merkmal des dravidischen Glaubens war. Daraus folgert der Autor: „Arier und Draviden lebten nicht Seite an Seite im Hinduismus, sondern sie schufen ein besonderes Kulturmuster, das eher eine Neubildung als ein Ergebnis war." (ebd., S. 41) Die Indus-Tal-Kultur hatte wahrscheinlich Verbindung zu der alten Kultur von Sumer, Ägypten und Babylon; auch sie weisen arische Merkmale auf, vgl. Pusalker, A.D: Cultural interrelationship between India and the Outside World before Asoka. In: *The Cultural Heritage of India* Vol. 1, S. 148.

tion andererseits verband in sich beide Traditionen. Hinduismus ist eine Mischung aus sowohl der brahmanischen als auch der sramanischen Tradition.[14]

Die Stärke dieser indischen *Kultur* war nicht ihre politische Einheit im modernen Wortsinn, sondern Ursprung und Entwicklung einer *Kultur*, die sich auf gesellschaftliche Hindu-Institutionen gründete. Diese wurden, bei einer erstaunlichen Vielfalt von Praktiken, von großen Bevölkerungsteilen allgemein angenommen.[15] Zwar gab es keine politische Einheit, Historiker weisen jedoch darauf hin, dass es vom 6. Jahrhundert v. Chr. bis zum 4. Jahrhundert n. Chr. nicht monarchische Staaten mit wesentlichen Merkmalen demokratischer Verfassungen gab, die denen im alten Griechenland ähnelten. Sanskrit- und Pali-Quellen bezeugen das.[16] Der bekannte buddhistische *Sangha* (Versammlung, Gemeinschaft) war erstaunlich egalitär. Ebenso wie in der Maurya-Zeit gibt es Beweise von sich selbst regierenden Dörfern; deren Verwaltung war demokratisch, deren Wirtschaft dezentralisiert und deren Religion indigen, und es gab keine Versuche, andere zu bekehren. Während der Regierung der ‚Cholas‘ und der ‚Chalukyas‘ in Südindien wurden neben der Entstehung einer reichen Kultur und Kunst (die vielen in die Felsen gehauenen Tempel wie der Kailasa-Tempel in Ellora und dazu die Ajanta-Malereien) politische Wissenschaft und Rechtsprechung neu entwickelt. Die ‚Pandya-Pallava‘-Zeit (550-850) erlebte die Entstehung der Bhakti-Bewegung des Saivismus und Vaishnavismus durch die Nayanaren und die Alvaren und die Entstehung von Sankara (etwa 788-820) mit den vedischen Auslegungen.

Nach T.M.P. Mahadevan war für die indischen Gesellschaftsinstitutionen bedeutsam, dass der Daseinszweck der Organisation der Gesellschaft „die Suche nach Brahma" war. Diese Suche war die einzige Rechtfertigung einer besonderen Lebensweise und einer be-

---

[14] Vgl. The Cultural Heritage of India Vol. 1 und dort vor allem die Aufsätze von Sastri, Pandit N. Aiyaswami: Sramana or-non-Brahmanical sects, S. 389-399, Raja, C. Kunhan: Vedic Culture, S. 199-220 und Anirvan, Shrimat: Vedic exegesis, S. 311-333.

[15] Panikkar, K.M.: A Critical Historians Interpretations of Indian History. In: Murthv Satchidananda (Hg.): Readings in Indian History, Politics and Philosophy, London: George Allen & Unwin Ltd 1967, S. 35.

[16] Law, B.C./ Beni Prasad: Democracy in Ancient India. In: Murty, K. Satchidananda (Hg.): Readings in Indian History, Politics and Philosophy, London: Allen & Unwin 1967, S. 55-58. 56.

sonderen Organisation der Gesellschaft.[17] Daraus ist wohl zu schließen, dass die Brahmanenklasse sich diese Gesellschaftsinstitutionen (*varnasrama dharma*) schließlich ideologisch zu ihrem Vorteil zu eigen machte. Die Übel des Kastensystems verewigten inhumane Gesellschaftspraktiken, die die Suche nach Brahma ad absurdum führten. Allerdings muss man anerkennen, dass die indische Gesellschaftsstruktur eine große Vielfalt von Praktiken zuließ, sodass sogar die zahlreichen Stammesgemeinschaften ihren Lebensstil weitgehend bewahren konnten. Nach Afrika gibt es in Indien den größten Anteil an Stammesbevölkerung an der Gesamtbevölkerung. Die Situation der Stämme in Indien ist jedoch viel weniger irritierend, wenn wir sie mit der kulturellen Auslöschung (Ethnozid) oder der physischen Ausrottung (Genozid) vergleichen, die den Stammesangehörigen in anderen Teilen der Welt widerfahren ist.[18]

Zwischen dem achten und dem zwölften Jahrhundert erlitt die nordindische Zivilisation einen Niedergang und konnte den Türken bei ihrer Invasion aus dem Nordwesten keinen Widerstand bieten. Schließlich wurde sie im sechzehnten Jahrhundert durch das Mogulreich erobert, und die Indo-Ganges-Ebenen kamen unter islamische Herrschaft. Der Hinduismus war in der Krise.[19] Mit dem Niedergang des Mogulreiches in der zweiten Hälfte des siebzehnten Jahrhunderts brach die indische Halbinsel in verschiedene Königreiche auseinander, die von verschiedenen Dynastien regiert wurden und oft miteinander im Kampf lagen.

0.2.2. Die Händler werden zu Herrschern

Die Zeit zwischen der Ankunft Vasco da Gamas 1498 in Calicut an der Malabarküste und dem ersten Unabhängigkeitskrieg 1857 bezeichnet einen Bruch in der kulturellen und religiösen Psyche Indiens. Die Ostindische Kompanie wurde durch ihre aggressive Wirtschafts- und Militärpolitik zur dominierenden Macht unter den rivalisierenden europäischen Mächten. Manchmal stellte sie sich als

---

[17] Mahadevan, T.M. P.: Social, Ethical and Spiritual Values in Indian Philosophy. In: Charles A. Moore (Hg.): The Indian Mind. Essentials of Indian Philosophy and Culture, Honolulu: The University of Hawaii Press 1967, S. 152-170. 152f.

[18] Sengupta, Nirmal (Hg.): Fourth-World Dynamics. Jharkhand, Delhi: Authors Guild Pub 1982, S. xiii.

[19] Panikkar, K.M.: Asia and Western Dominance. A Survey of Vasco da Gama Epoch of Asian History 1498-1945, London: George Allen & Unwin Ltd. 1954, S. 319.

wohlwollende Verweserin eines Krieg führenden lokalen König-
reichs dar und recht oft annektierte sie unter verschiedenen Vor-
wänden kleinere Königreiche.[20] Die Eroberung Indiens durch die
Briten wurde von indischen Herrschern, die sich um die Briten als
Verbündete gegen Rivalen bemühten, und von Anwärtern auf die
Macht gefördert.[21] Auf diese Weise wurden gegen Ende der ersten
Hälfte des 19. Jahrhunderts die Händler zu Herrschern.

0.2.3. Die wirtschaftliche Ausbeutung

Am Vorabend der britischen Herrschaft war Bengalen ein großes
indisches Handelszentrum, besonders für Baumwolle, Seide, Zu-
cker, Salz, Jute u.a. Es unterhielt ein Handelsnetzwerk mit den Küs-
ten von Koromandel und Malabar (den beiden anderen großen
Handelszentren in Indien) und auch mit dem Persischen Golf, dem
Roten Meer, China und der afrikanischen Küste.[22] Durch den Sieg in
der Schlacht von Plassey (1757) eroberte die Ostindische Kompanie
den Handel in Bengalen. Die bengalischen Weber konnten mit den
mechanischen Manufakturen Englands nicht Schritt halten. Die protektionistische Politik Britanniens errichtete hohe Zollschranken gegen indische Waren und forderte die Einfuhr von britischen Waren
nach Indien: von Waren, die aus indischen Rohstoffen hergestellt
waren. Der wirtschaftliche Druck vertrieb die Menschen aus ihren
traditionellen Industrien, und das brachte viele dazu, wieder zur
Landwirtschaft zurückzukehren. Auf diese Weise wurde Indien zu
einer Landwirtschafts-Kolonie des britischen Kapitalismus. Die direkte und indirekte wirtschaftliche Ausbeutung des Landes durch
die Briten wurde von den [christlichen] Missionaren aus Serempore
bezeugt. Ihnen zufolge betrug die jährlich von den Briten aus Indien
durch Dividenden und auf andere Weise herausgeholte Summe drei
Millionen Sterling. Dazu kamen weitere drei Millionen als Wirt-

---

[20] Vgl. Trevelyan, E. J.: The Imperial Gazetteer of India. The Indian Empire II (Historical), Oxford: The Clarendon Press 1928, S. 446-485; Allan, James u.a. (Hg): The
Cambridge Shorter History of India, London: Cambridge University Press 1934, S.
597.683; Majumdar, R.C.: British Paramountcy and Indian Renaissance. Part I, Bombay:
Bharatiya Vidya Bhavan 1963, S. 5-10.
[21] Moon, Sir P.: The British Conquest and Dominion of India, London: Gerald Duckworth & Co.Ltd 1989, S. 5.
[22] Majumdar, R.C. et al. (Hg.): An Advanced History of India, London: Macmillan &
Co 1953, S. 806.

schaftsprofit.[23] Die Not der Menschen in diesem Wirtschaftskrieg hat Karl Marx gut dargestellt, indem er schrieb: „Die Knochen der Baumwollweber bleichen auf den Ebenen Indiens."[24]

0.2.4. Bildungsreform und die indische Renaissance

Selbst als Indien wirtschaftlich unter der politischen Hegemonie eines Jahrhunderts britischer Herrschaft (1757-1857) ausgebeutet wurde, erlebte es einen Aufschwung an geistigen und gesellschaftlichen Aktivitäten, die zu einer radikalen Umwandlung im Hindu-Gemeinwesen führte. Das ist wohl drei Hauptursachen zuzuschreiben: 1) dem Ende der langen Moslemherrschaft, in der der Hinduismus niedergehalten worden war, 2) der Einführung des englischen Bildungssystems, das im Namen der Vernunft die traditionellen Wege und ebenso den Aberglauben infrage stellte, und 3) der Bedrohung durch Missionare, die auf Bekehrung aus waren.[25]

Die Bildungspolitik der britischen Regierung war unverhohlen englisch orientiert (das schwächte das Studium einheimischer Traditionen) und war auf die Ausbildung von Regierungsbeamten und das Aufzwingen britischer Kultur ausgerichtet. Auf der anderen Seite förderte sie kritisches Denken und Gesellschaftsreformen und korrigierte damit viele unmenschliche religiöse und gesellschaftliche Praktiken. Die Briten führten auch wichtige Gesellschaftsreformen ein, u. a. die Gesetze gegen Kindstötung und *Sati* (Witwenverbrennung) 1829, das Wiederverheiratungsgesetz 1856 und die Auflösung der Thuggee-Bruderschaft, die der Gottheit Kali Menschenopfer darbrachte.[26] Die Wiederbelebung des geistlichen Aspekts im Hinduismus verdankt ihren Ursprung Raja Ram Mohan Roy (1772-1833) und der Bewegung *Brahma-Sabha*, Swami Dayananda Saraswati (1824-1902) und der Bewegung *Arya-Samj* und Swami Vivekananda (1863-1902) und der *Ramakrishna*-Mission.[27]

Diese unterschiedlichen Bewegungen verhalfen dem Hinduismus einerseits dazu, der Bekehrungskampagne der Missionare entgegenzutreten, und andererseits, eine stille religiöse Revolution ein-

---

[23] Majumdar, R.C.: British Paramountcy and Indian Renaissance, S. 359.
[24] Ebd., S. 413f.
[25] Majumdar, R.C. et al. (Hg.): An Advanced History of India, S. 812; vgl. auch Panikkar, K.M.: Asia and Western Dominance, S. 320.
[26] Ebd., S. 826.
[27] Ebd., S. 826 und 878-885.

zuführen, die von den religiösen Institutionen verlangte, dass sie viele gesellschaftliche und religiöse Missstände abschafften. Indirekt förderte die Hindu-Renaissance gemeinsam mit der englischen Bildung die Schaffung eines Nationalbewusstseins. Die Briten gerieten immer mehr in die Kritik, und das führte schließlich zum Ausbruch des ersten Unabhängigkeitskrieges.[28]

0.2.5. Die nationale Bewegung

Ende des 19. Jahrhunderts erlebte Indien ein noch nie da gewesenes Hervortreten des Nationalgeistes. Die akute Armut der Massen, die rassistische Arroganz und die Diskriminierung, die die Regierung an den Tag legte, und die grausame Unterdrückung der Arbeiter durch die Indigo-Pflanzer bewirkten, dass sich die Menschen gegen die britische Regierung wandten und sich die gebildeten Mittelklassen ins Nationalleben einbrachten. Die neu entstandene indische Kapitalistenklasse unterstützte den Kampf. Die *India Association of Calcutta*, die schließlich 1885 zum Indischen Nationalkongress wurde, führte auf gesamtindischer Basis eine neue politische Agitation ein. Die Teilung Bengalens, die viel Widerstand erfuhr und die später widerrufen wurde, bot dem heraufkommenden Nationalgeist ein Ventil in Form der *Swadeshi*-Bewegung: dem Boykott britischer Waren und der Zunahme nationaler Schulen.[29]

0.2.6. Fundamentalistische Züge im Nationalkampf

Die *Swadeshi*-Bewegung war oft unter dem Schutz der Hindu-Göttin *Kali* begonnen worden. Die bengalischen Zeitschriften *Sandhya*, *Navasakti*, *Yunganthar* u.a. beschworen Kali und Durga gegen die ausländischen Unterdrücker. Die Tageszeitung *Kal* in Pune klang rassistisch, wenn es da heißt: „Wir Arier sind keine Schafe, wir haben unser eigenes Land, unsere Religion, unsere Helden, Staatsmänner [...] Lasst uns uns dem Dienst unserer Mutter weihen."[30] Derartige Bemerkungen haben zweifellos das Nationalgefühl [der Hindus] ge-

---

[28] Majumdar, R.C.: British Paramountcy and Indian Renaissance, S. 421-456.

[29] Majumdar. R.C.: The Struggle for Freedom, Bombay: Bharatiya Vidya Bhavan 1968, S. 40-50.

[30] Valentine, C.: Indian Unrest, London: Macmillan & Co 1910, S.18. stellt eine typisch westliche Auffassung des indischen Kampfes dar.

stärkt, aber gleichzeitig die Muslime entfremdet und in der muslimischen Gemeinschaft Gefühle der Unsicherheit geweckt.

Die Briten nutzten die Gefühle der Muslime bequemerweise aus, um ihre Regierungszwecke zu erreichen und ihre politischen Interessen zu retten. Dabei wandten sie die bekannte Politik des ,*divide et impera*', teile und herrsche, an, in diesem Fall zugunsten der Muslime gegen die Hindus.[31] Der fundamentalistische Geist der Muslime war bereits von der *Wahabi*-Bewegung aufgewiegelt, besonders von Syed Ahmed aus Raebareli (1786-1831), als er den Ungläubigen, nämlich den Briten und den Sikhs, den Krieg erklärte.[32] Die von Sayyid Ahmad Khan (1817-98) in Aligarh geführte Bewegung stärkte den fundamentalistischen Geist noch mehr und motivierte die Muslime, die Teilung Bengalens zu fördern. Das führte schließlich als Folge der Agitation für die Teilung 1910 zu kommunalen Aufständen in Peshawar, Ayodhya und Faizabad.[33]

Die von Bhagat Jawahar Mal in den Vierzigerjahren des neunzehnten Jahrhunderts gegründete *Kuka*-Bewegung befürwortete die Eigenständigkeit der Sikhs und leitete die Reinigung der Sikh-Religion ein, indem sie Missstände wie das Kastensystem, Götzenverehrung, brutale Einschränkungen für Witwen u. a. abschaffte. Die Bewegung hatte also viele Ähnlichkeiten mit der *Wahabi*-Bewegung. Politisch hielten die Briten die Sikhs schließlich zurück, aber ihre religiösen Bestrebungen erloschen nie. Diese religiösen Bewegungen mussten auch ihre wirtschaftlichen und politischen Interessen schützen.

0.2.7. Revolutionäre Aktivitäten in Indien und im Ausland

Die Agrarrevolten während der Zeit der britischen Herrschaft spielten für das Wecken eines politischen Bewußtseins eine wichtige Rolle. Die Indigo-Agitation gegen den Zwang, Indigo für die britischen Fabriken anzubauen, was zu einer neuen Form von Sklaverei geführt hatte, bewirkte ein kulturelles und politisches Erwachen.[34] Das indigene Volk der *Bhils* in den Westghats und in Kandesh revoltierte

---

[31] Majumdar. R.C.: The Struggle for Freedom, S. 58; 148.
[32] Majumdar, R.C.: British Paramountcy and Indian Renaissance, S. 883ff.
[33] Majumdar, .R.C.: The Struggle for Freedom, S. 151. 198. 206.
[34] Panikkar, K.M.: Asia and Western Dominance, S. 148; Majumdar, R.C.: British Paramountcy and Indian Renaissance, S. 921-935.

1818-1820 gegen die Briten im Protest gegen verschiedene Neuerungen und das unterdrückerische Steuersystem. In Oberindien gab es Unruhen; genannt werden sollten die Erhebung der *Gujar* 1824, die *Jat*-Revolte in Rohtak und die der *Kolis*. Die Ortsvorsteher von Bijapur und Dharwar führten Revolten gegen die Briten an. Die Stämme im Nordosten, die *Khasis*, die *Nagas* und die *Kukis*, kämpften gegen die Briten, weil diese in ihr Stammesleben eingegriffen hatten. 1885 und 86 kämpften die *Santals* in Bihar und Murshidabad gegen die *Babuloks* und *Sahibliks* im Protest gegen wirtschaftliche Unterdrückung und wegen der schlechten Behandlung ihrer Frauen.[35] Die Ursachen für diese Revolten variierten zwischen kulturellen Bestrebungen und wirtschaftlicher Unterdrückung. Alle enthielten ein Widerstandspotenzial, das die späteren Massenaufstände anheizen sollte.

Der nationale Kampf löste auch revolutionäre Tendenzen im engeren Sinne aus. Sie teilten sich in zwei große Bereiche: 1) bewaffnete Auseinandersetzung mit den Briten mithilfe anderer Nationen und 2) Ermordung von Beamten, um die Regierung zu lähmen. Die *Anusilan Samiti* mit Sitz in Bengalen war eine der ersten bekannten revolutionären Bewegungen in Indien. Erwähnt werden sollte auch Wasudeo Balwant Phadke (1845-1883), der stellvertretend für viele solcher Einzelkämpfer gegen die Briten stehen kann. Netaji Subhas Chandra Bose und Bhagat Singh versinnbildlichten den revolutionären Geist des wieder auflebenden Indiens.[36]

Der indische Nationalkampf wurde von Organisationen außerhalb Indiens aktiv unterstützt. Das *India House of Shyamji* in London und die *Ghadar*-Bewegung in den USA waren dabei führend. Letztere hatte Verbindungen sowohl zur Irischen Republik als auch zur Nationalen Armee von S.C. Bose.[37]

Als Gandhi 1915 die nationale Szene betrat, war das gesellschaftliche und politische Szenario recht dunkel. Der Indische Nationalkongress stand zwischen den Gemäßigten und den Extremisten und konnte die Massen nicht zu Unruhen aufrütteln. Gandhi betrat die

---

[35] Ein ausführlicher Bericht über die verschiedenen Revolten findet sich bei Majumdar, R.C.: British Paramountcy and Indian Renaissance, S. 430-456.
[36] Majumdar, R.C.: The Struggle for Freedom, S. 198; Ders.: The British Paramountcy and Indian Renaissance, S. 910-913.
[37] Majumdar, R.C.: The Struggle for Freedom, S. 205-230.

nationale Szene im klaren Bewusstsein der herrschenden sozio-politischen Situation. Mithilfe der verschiedenen *Satyagraha*-Kämp-fe, besonders denen in Champaran, Bardoli und Ahmedabad, ver-wandelte Gandhi den nationalen Kampf in eine Massenbewegung mit interreligiöser Schubkraft. Er definierte Indiens Freiheit in einem weiter gespannten kulturellen, gesellschaftlichen und politischen Sinn neu.

0.3. Den Gandhi-Text neu lesen

Vom Standpunkt der *Satyagraha* aus betrachtet, waren politische und religiös-kulturelle Themen miteinander verbunden und muss-ten daher zusammen angesprochen werden. Dabei entwickelte sich eine grundlegend religiöse Perspektive mit dreifachem strukturellen Rahmen: verwurzelt in der Wahrheit (*Satyagraha*), dem Einssein (*A-himsa*) und der gesellschaftlichen Vision und Praxis (*Swaraj*). Die ers-ten drei Buchkapitel stellen diesen Rahmen vor und kennzeichnen ihn als ,*Satyagraha*-Religiosität'.

Sowohl die Hindu- als auch die christliche Tradition fördern weitgehend *Satyagraha*-Religiosität, allerdings dürfen die Unter-schiede nicht übersehen werden (Kapitel 4 und 5). Daran anschlie-ßend denken wir über ihren hermeneutischen Wert im heutigen Kontext nach. Wir werden erkennen, dass ihre Pädagogik für Fragen der Moderne bedeutungsvoll ist, zum Beispiel hinsichtlich techni-scher Fortschritts- und Entwicklungsprojekten und ebenso für Fra-gen der Traditionen, zum Beispiel religiöse Bestrebungen und kul-turelle Wurzeln (Kapitel 6). Das letzte Kapitel verdeutlicht dann die Merkmale der Pädagogik der *Satyagraha*-Religiosität.

Die Liberalisierung der Wirtschaft und das Auftreten multinati-onaler Unternehmen haben eine neue Agenda und verschiedene Prioritäten gebracht und vielleicht der Mittelschicht auch neue Er-wartungen. Damit geht das Hervortreten religiöser Exklusivität ein-her und eine Neubestätigung kultureller Identitäten. Ein erneuerter Dialog zwischen Moderne und Tradition ist vonnöten. In diesem Dialog könnte *Satyagraha*-Religiosität als verwandelnde Pädagogik wirken, die ebenso wirksam auf individueller wie auf gesellschaftli-cher Ebene sein kann.

Gandhi, im August 1942
(https://commons.wikimedia.org)

Kapitel 1
Satyagraha: In der Wahrheit verwurzelt

Die Formel „Gandhi – minus Wahrheit und Gott" mag zu arrogant klingen. Arun Shourie hat jedoch überzeugend dargelegt, dass man, auch wenn man alle Erwähnungen Gottes untersucht, anerkennen sollte, dass Gandhis Begriffe von Gott und Religion so unbestimmt wie nur je bleiben.[1] Das gilt, auch wenn wir die Echtheit der religiösen Erfahrung Gandhis bewundern und wenn wir die sprachlichen Probleme anerkennen, die entstehen, wenn jemand seine religiöse Erfahrung mitteilen will. Shouries Schluss daraus ist, wir sollten hinter diese Worte zurückgehen und uns direkt auf die zentrale Botschaft von Gandhis Leben, das heißt auf die Befreiung des Menschen, konzentrieren. Dies ist jedoch nicht ganz gerechtfertigt.[2] T.S.

---

[1] In einem gut recherchierten Artikel unterteilt Arun Shourie Gandhis Reden über Gott in fünf Kategorien: a) Aussagen über die Unbeschreibbarkeit wie „Gott ist das Geheimnis der Geheimnisse", b) „Kombinationsformen" wie Gott ist Leben, Wahrheit, Licht, c) Tautologien wie Gott ist Wahrheit, d) Paradoxa wie „Gott ist gleichzeitig kreativ und nicht kreativ", e) verbindende Aussagen wie Wahrheit und Ahimsa sind miteinander verknüpft usw. Vom sprachlich-analytischen Gesichtspunkt aus teilen die meisten dieser Aussagen weder etwas Neues mit noch bringen sie das metaphysische Denken weiter. Das heißt jedoch nicht, dass sie keinem Zweck dienen oder dass die religiöse Erfahrung nicht authentisch sei. Bei Gandhi stirbt Gott mit diesen Aussagen nicht den „Tod der tausend Eigenschaften", wie Sprachpositivisten meinen. Shourie stimmt dem zu und darin ist er Rudolf Ottos Idee vom Heiligen näher als der Idee der Sprachpositivisten: Die religiöse Erfahrung (auch die Gandhis) ist zum großen Teil unaussprechlich. Shourie schreibt, und da stimmen wir ihm zu, dass weder Gandhis Aussagen noch die Beiträge der Kommentatoren den metaphysischen Begriffen Wahrheit und Gott irgendetwas hinzufügen, und sie bilden auch keine „Stützpfeiler" von Gandhis System (Shourie, Arun: Gandhi-Minus Truth and God, *Gandhi Marg*, April 1977, S. 81-97). Gandhis Aussagen über Religion sollten im gesamten Spektrum seines lebenslangen Kampfes gesehen werden.

[2] Shourie hat seine eigenen Gründe für eine solche Veränderung des Hauptaugenmerks, nämlich: a) „Das Endergebnis davon, die religiöse Ausdrucksweise zu benutzen, um unser Volk zu mobilisieren, ist nur, die Religiosität [im Sinne verschiedener Elemente falschen Bewusstseins] zu stärken, von der sie die Reformer befreien wollen. Sie vergessen die neuen Darlegungen. Alles, woran sie denken, ist, dass wieder ein großer Mann der Religion eine Bestätigung ausstellte" usw., b) „der gewohnheitsmäßige Einsatz von Wörtern wie Wahrheit und Gott behindert die Kommunikation", c) „der ständige Einsatz von Wörtern wie Wahrheit und Gott hält viele von Gandhi fern" usw. (ebd., S.92-94).

Ananthu hat zu Recht gezeigt, dass jede echte Befreiung des Menschen früher oder später auf die Frage nach Gott zurückkommen muss.[3] Unser Ansatz in diesem Abschnitt ist nicht, hinter die religiösen Äußerungen Gandhis zurückzugehen, sondern seine tief religiösen Erfahrungen und Äußerungen auf ihre Bedeutung für seinen grundlegenden Beitrag zur Befreiung des Menschen durch *Satyagraha* hin zu prüfen.

1.1. *Satyagraha:* gleichbedeutend mit Religiosität

Gandhis Religiosität entstand zu Füßen seiner gläubigen Mutter und aus den Belehrungen durch eine Dienerin. Sie war einfach, es war der ‚Vaishnavismus', der Glaube, der symbolisch und unverfälscht im *Ramanama* verbildlicht war und sich unmittelbar in gläubigem und wahrhaftigem Handeln bekundete.[4] Dieser einfache und unbedingte Glaube wurde in seiner Schulzeit rational und experimentell, als er Versuche mit dem Fleischessen unternahm, und führte schließlich zu einem wahrhaftigen Bekenntnis. In diesem Lebensabschnitt waren drei Elemente gegenwärtig: tiefe und emotionale Verbundenheit mit *Ramanama,* Wagemut beim Experimentieren mit Glaubensvorstellungen und Glaubenspraktiken und der aufrichtige Wunsch, wahrhaftig zu sein. Das würde später in die grundlegenden Dimensionen von *Satyagraha* eingehen. Man könnte sagen, *Satyagraha* als „Festhalten an der Wahrheit" nahm ihren Anfang schon in jungen Jahren in der Religiosität der Wahrhaftigkeit.

1.1.1. Die Entwicklung der Religiosität

Gandhis Jahre in London (1888-1891) waren von seiner religiösen Suche geprägt. Er war dort verschiedenen religiösen Traditionen

---

[3] Ananthu, T.S.: Gandhi – plus Truth and God, S. 100.

[4] Seine Frömmigkeit manifestierte sich in der Unbeirrbarkeit der Pflege seines Vaters und seine Wahrhaftigkeit ist in seinen aufrichtig durchgeführten Experimenten offensichtlich. Gandhis englische Schülerin Mary Barr erwähnt zwei Elemente als Quellen seiner frühen Religiosität: die ständigen Tempelbesuche seiner Mutter und die Ausdauer, mit der sein Kindermädchen den Namen Gottes wiederholte: Ramanama, vgl. Barr, F. Mary: Bapu. Conversations and Correspondence with Mahatma Gandhi, Bombay: International Book House Ltd. 1949, S. 10. Vgl. ansonsten Basham, A.L.: Traditional Influences on the Thought of Mahatma Gandhi. In: R. Kumar (Hg.): Essays in Gandhian Politics, Oxford: The Clarendon Press 1971, S. 18 und 27.

ausgesetzt, darunter auch seiner eigenen. Die ‚Zurück-zur-Natur'-Bewegungen der Vegetarier führten ihn zu einer persönlichen Suche nach rationalen Erklärungen des Glaubens und auf das Gebiet der Einheit allen Lebens. Trotz seiner ehemaligen Neigung zur Skepsis beobachtet man bei Gandhi dieselbe „Tendenz zum Experiment", mit der er schließlich eine solide Basis in der Philosophie der *Gita* und in einem Leben des Gebets fand. Der Kampf in Südafrika (1893-1914) wurde zur entscheidenden Zeit in Gandhis Leben und zur wesentlichen Phase für *Satyagraha*. Als Gandhi erst einmal im Glauben der *Gita* verwurzelt war, erweiterten sich seine religiösen Grundsätze durch Kontakte mit Christen in Südafrika, und diese fügten seiner Religiosität eine neue Dimension hinzu. Die ehrenwerte Arbeit eines Rechtsanwaltes entwickelte sich zu einem Dienst an der Gemeinschaft und ging später in die mitfühlende Sorge für Kranke und Verwundete über. Diese Ausweitung des religiösen Glaubens ins Gesellschaftliche hatte noch keine politische Dimension in dem Sinn, den er später bekommen sollte. Wichtig ist festzuhalten: In diesem Lebensabschnitt wird die gesellschaftliche und politische Dimension dem Glauben nicht einfach übergestülpt, sondern die natürliche Entwicklung einer Symbiose von Glauben und Wahrhaftigkeit hatte schon früh in Gandhis Leben begonnen. Mit seinen fortgesetzten Experimenten mit der Wahrheit bemühte sich Gandhi darum, sich die Gegenwart Gottes als Wahrheit in besonderem Handeln und durch besonderes Handeln klarzumachen. Weder seine Religiosität noch das Entstehen von *Satyagraha* waren das Ergebnis des einmaligen dramatischen Zwischenfalls, dass er aus dem Zug geworfen wurde, wie viele seiner Bewunderer behaupten. Dieser Zwischenfall allein schuf nicht *Satyagraha*.[5]

1.1.2. Religiosität und Gesellschaftsprotest

Es ist bezeichnend, dass Gandhis Betreten der gesellschaftlichen Szene die Konfliktsituation in der südafrikanisch-indischen Gesellschaft verschärfte, und dies geschah nicht durch irgendeine konven-

---

[5] Tatsächlich behauptet Gandhi selbst, dass seine aktive Gewaltfreiheit mit seiner Erfahrung bei der Eisenbahnfahrt von Pretoria nach Durban in Südafrika begonnen habe (vgl. CW LXVIII, S.171; Interview mit John R.Mott; *Harijan*, 10. Dezember 1938). Dieser schöpferische Augenblick sollte jedoch zusammen mit Wachstum und Entwicklung seiner Suche nach der Wahrheit im Ganzen gesehen werden.

tionelle politische Methode, sondern durch wahrhaftigen und furchtlosen Protest,[6] der, so Gandhi, der natürliche Ausdruck seines religiösen Glaubens war. Bei einem kurzen Besuch 1896 in Indien war Gandhi eifrig beschäftigt, „die Stadtviertel der Unberührbaren zu reinigen und die Kranken zu pflegen" und damit, den Fall Südafrika bekannt zu machen.[7] Gandhis Kriegsdienst (im Burenkrieg und bei der Zulu-Rebellion 1899) war ein weiterer Versuch, seinen Glauben auf der gesellschaftlichen Ebene wirksam werden zu lassen. Das steigerte seine persönlichen Konflikte, die schließlich in einem Leben „größeren Dienstes, unterstützt durch Armut und Zölibat und verstärkt durch mehr Vertrauen zur Fähigkeit des Menschen zum Heldentum" versöhnt wurden.[8] Die Ausweitung der gesellschaftlichen Dimension seines Lebens sollte im Zusammenhang mit dem Wachstum seines persönlichen Glaubens gesehen werden.

Die Komponenten des frühen Kampfes in Südafrika, nämlich die *Transvaal British Indian Association*, die Zeitung *The Indian Opinion* und die Phönix-Siedlung (alle im Zeitraum von zwei Jahren, 1903 und 1904, ins Leben gerufen) und der große Einfluss der Zeit, nämlich der Zeit von Tolstoi, Thoreau und Ruskin, bezeugen umfassend die fortgesetzte innige Verbindung zwischen gesellschaftlichen Auseinandersetzungen und Kämpfen und dem lebendigem Glauben, bzw. zwischen dem gesellschaftlichen Leben und den persönlichen Glaubenskämpfen.

Während des südafrikanischen Kampfes und später während des Fabrikarbeiterstreiks in Ahmedabad war der Protest gegen den Verlust der Ehre und gegen die Herabsetzung der menschlichen Würde durch die Gesetzgebung der Regierung mit religiösen Überzeugungen verbunden. In beiden Fällen verpflichteten sich die Teilnehmer im Namen Gottes, gegen Ungerechtigkeit zu kämpfen.[9] Das Thema Befreiung des Menschen entwickelte sich direkt aus der Glaubensstärke. In der Gesamtentwicklung von Gandhis Glauben und seinem gesellschaftlichen Engagement kann das als Stufe in seiner immerwährenden Suche nach Wahrheit erklärt werden, auch

---

[6] Gandhi, M.K.: Satyagraha in S.Africa, Ahmedabad: Navajivan Publishing House 1928, S. 44f.

[7] Gandhi, M.K.: The Story of My Experiments with Truth, S. 164.

[8] Gandhi, M.K.: Satyagraha in S.Africa, S. 79 und 98.

[9] Vgl. CW VII, S. 72f. 220-221.309; CW XIV, S. 272.

wenn Kritiker unheilvolle politische Ziele unterstellen mögen. *Satyagraha* war nicht nur auf persönlichem Gebiet, sondern auch im allgemeinen Vorstoß der Bewegung mit dem religiösen Glauben verbunden.

Im fortschreitenden Kampf befürwortete Gandhi offen „Missachtung des Gesetzes im Gehorsam gegen das Gesetz Gottes"[10], aber immer in Antwort auf die innere Stimme[11] und im Beiseitelassen aller Ängste über den Ausgang des Kampfes, indem er sagte: „Jeder, der Angst empfindet, hat wohl wenig Glauben an die Wahrheit und an Gott."[12] Also war *Satyagraha* als politische Waffe ein für alle Mal mit dem unbedingten Glauben an Gott besiegelt. Glaube an Gott bedeutete Hingabe an Wahrheit und Wahrhaftigkeit und infolgedessen wurde der politische Kampf ‚*Satyagraha*'[13] genannt. Später mag sich die Betonung des Kampfes verändert haben, aber sein religiöses Fundament wurde nie infrage gestellt, wenigstens nicht in Gandhis Sinn.

Die wahre Bedeutung von *Satyagraha* liegt im lebenslangen Widerstandskampf gegen jede Unwahrheit (Religionslosigkeit) und darin, zuerst das Reich Gottes (*Swaraj*) und seine Gerechtigkeit zu suchen.[14] Gandhi geht sogar so weit zu sagen: „Wenn wir durch diesen Kampf gelernt haben, uns mehr auf Ihn [Gott] zu verlassen, so ist das ein genügend großer Gewinn in sich selbst und alles anderes folgt daraus als Selbstverständlichkeit."[15] Der unglaubliche Marsch am 28. Oktober 1913, als Hunderte Männer, Frauen und Kinder mit Mut und

---

[10] Vgl. CW VII, S. 148 und 211.

[11] Ebd., S. 255.

[12] Ebd., S. 293.

[13] In einem frühen Stadium des Kampfes in Südafrika nannte Gandhi seine Bewegung PASSIVER WIDERSTAND. Als der Kampf fortschritt, wurde der Ausdruck als unpassend empfunden. The *Indian Opinion* veranstaltete einen Wettbewerb für einen passenden Namen für die Bewegung und Sri Manganlal Gandhi schlug SADAGRAHA vor, d. h. Festigkeit in einer guten Sache. Gandhi veränderte es zu Satyagraha, d. h. an der Wahrheit festhalten. Allerdings war er auch mit diesem neuen Ausdruck nicht ganz glücklich, vgl. CW VIII, S. 23; *Indian Opinion*, 2. Januar 1908.
„Satyagraha ist schlicht und einfach *soul-force*. Überall dort, wo und in welchem Ausmaß Raum für Gebrauch von Waffen oder physischer oder brutaler Gewalt ist, dort und in dem Ausmaß hat dementsprechend *soul-force* weniger Möglichkeiten. Meiner Ansicht nach sind das rein antagonistische Kräfte und mir war dieser Antagonismus vollkommen klar, schon bei Beginn von Satyagraha." (Gandhi, M.K.: Satyagraha in S.Africa, S. 113).

[14] CW XI, S. 91.

[15] CW XI, S.104.

Entschlossenheit die Grenze nach Transvaal überschritten und das Verbot missachteten, bewies Gandhi die Wirksamkeit seiner Methode auf überzeugende Weise: der absolute Glaube an Gott durch die innerlich empfundene Kraft übertragen in den Widerstand gegen das Böse.

Satyagraha entstand in und durch Religiosität und erweiterte sich deshalb gleichzeitig mit ihr im Leben Gandhis bis an sein Lebensende. Daraus ergibt sich: Gandhi minus Wahrheit und Gott ist gleich Gandhi minus Gandhi. Für Gandhi und für *Satyagraha*, wie er sie anwandte, ist die Befreiung des Menschen ein wesentlicher Bestandteil der religiösen Suche und umgekehrt, und sie ist nicht etwa ein leicht entbehrlicher Anhang.

1.2. *Satyagraha* und Politik

Mit *Satyagraha*-Politik und -Religion hatte Gandhi in Südafrika experimentiert und das Ergebnis grundlegend in der Schrift *Hind-Swaraj* festgehalten. Im multi-religiösen, neuhinduistischen und nationalistischen Indien der frühen 1920er Jahre musste er *Satyagraha* jedoch weiter fassen und neu gestalten. Auf der breiten Leinwand der politischen Szene Indiens forderte *Satyagraha* als Waffe des politischen Kampfes den Gegner heraus und wurde gleichzeitig von den Kräften der Gewalt, die einerseits die Kolonialmacht und andererseits – mit guten Absichten – die radikalen Elemente Indiens darstellten, herausgefordert. Als notwendiger Ausdruck von Religiosität forderte *Satyagraha* die religiöse Orthodoxie und die Gemäßigten in der politischen Arena heraus und wurde von ihnen herausgefordert. Diese Konfrontation schuf und verschärfte eine Konfliktsituation sowohl auf politischer als auch auf religiöser Ebene. Diese beiden Ebenen, die bis dahin mehr oder weniger unabhängig voneinander bestanden hatten, hielt nun die wohlmeinende Schirmherrschaft der Kolonialmacht auseinander. Diese enthielt unter ihrer politischen Vormundschaft viel von der gesellschaftlichen Schubkraft der ‚Hindu-Renaissance'. Die Konfliktlösung forderte eine neue Auslegung der Konzepte und Rollen von Politik und Religion in *Satyagraha*.

1.2.1. Politische *Sannyasins*

1915 drängte Gandhi Studenten in Madras, alle Furcht davor abzulegen, sie müssten leiden, wenn sie die Wahrheit aussprächen, und sie sollten „das politische Leben und die politischen Institutionen im Land spiritualisieren". Zur Begründung sagte er: „Politik kann nicht von Religion getrennt werden."[16] Ein Jahr darauf sprach er im CVJM in Madras und drängte die Studenten stark, sich am politischen Leben zu beteiligen, jedoch im beständigen Leben des religiösen Glaubens, der den Menschen ins Herz geschrieben sei:

> Zuerst wollen wir dieses religiöse Bewusstsein erkennen, und, sobald wir das getan haben, denke ich, steht uns der gesamte Bereich des Lebens offen, und es sollte dann ein heiliges Privileg der Studenten und aller anderen sein, an diesem gesamten Leben teilzuhaben, damit sie, wenn sie zum Mann werden und wenn sie ihre Colleges verlassen, dies als Männer tun können, die für den Lebenskampf richtig ausgerüstet sind.[17]

Im Entwurf der Satzung für den neuen Aschram schrieb Gandhi: „Politik, wirtschaftlicher Fortschritt usw. sind keine miteinander unverbundenen Dinge. Die Leiter wissen, dass alle diese Dinge ihre Wurzeln in der Religion haben, und deshalb werden sie sich bemühen, Politik, Wirtschaft, Gesellschaftsreformen usw. in einem religiösen Geist zu lernen und zu lehren."[18]

Gandhi wies auf Gokhales Vision der ‚spiritualisierten Politik' hin, indem er sagte:

> In dieser Zeit können nur politische Sannyasins das Ideal Sannyasa erfüllen und zieren, und andere werden höchstwahrscheinlich das safranfarbene Gewand des Sannyasi schänden. Kein Inder, der danach strebt, den Weg der wahren Religion zu gehen, kann es sich leisten, sich von der Politik fernzuhalten. Mit anderen Worten: Jemand, der ein wahrhaft religiöses Leben anstrebt, kann nicht umhin, den öffentlichen Dienst als seine Mission zu übernehmen, und wir sind heute so sehr in der politischen Maschinerie gefangen, dass der Dienst am Volk unmöglich ist, ohne an der Politik

---

[16] CW XIII, S. 65f.
[17] CW XIII, S. 234.
[18] CW XIII, S. 95.

teilzunehmen. Früher führten unsere Bauern, auch wenn sie nicht einmal wussten, wer sie regierte, ihr einfaches Leben frei von Angst. Jetzt können sie es sich nicht länger leisten, so unbekümmert zu sein. Unter den Umständen, die heute herrschen, müssen sie, wenn sie dem Weg der Religion folgen, die politische Lage mit berücksichtigen.[19]

Gandhi sagte, seine Neigung sei religiös, und er beteilige sich an der Politik, weil er das Gefühl habe, dass es keinen Lebensbereich gebe, der von Religion und Politik getrennt werden könne. Beide berührten das lebendige Wesen Indiens.[20] Am 23. September 1931 bekräftigte er in einer Rede in der Guildhouse-Kirche in London seinen Standpunkt mit den Worten: „Sie werden erstaunt sein, von mir zu hören, dass ich Sie bitten möchte, obwohl meine Mission allem Anschein nach politisch ist, meine Zusicherung zu akzeptieren, dass ihre Wurzeln [...] spirituell sind."[21] Er sagte: „ein Mensch, der versucht, den Willen Gottes zu entdecken und ihm zu folgen, kann unmöglich auch nur einen einzigen Bereich des Lebens davon unberührt lassen"[22]. Auf die Frage, ob politische Bildung der religiösen Erziehung übergeordnet sei, antwortete Gandhi:

politische Erziehung ist nichts wert, wenn sie nicht von einer festen Grundlage in der Religion getragen wird; damit ist kein partikularer oder sektiererischer Glaube gemeint. Ein Mensch ohne Religion ist ein Mensch ohne Wurzeln, denn Religion ist das Fundament, auf dem jede Lebensstruktur errichtet sein muss, wenn das Leben richtig sein soll.[23]

Gandhi appellierte an die innere Kraft, sich in direkten Aktionen zu verankern, und sagte, er stehe in den großen Traditionen Buddhas und Jesu Christi, die eine „größere Symbiose" von Religion und Politik bewirkt hätten. Er fragte:

Worin bestand die ‚größere Symbiose‘, die Buddha und Christus predigten? Buddha trug den Krieg furchtlos ins Lager des Feindes

---

[19] CW XIV, S. 201f.
[20] CW XVI, S. 5; Young India, 6. August 1919.
[21] CW LVIII, S. 50 (23. September 1931).
[22] Ebd.
[23] CW LXXXIV, S. 441.

und zwang die arrogante Priesterschaft in die Knie. Christus trieb die Geldwechsler aus dem Tempel in Jerusalem und zog den Fluch über Heuchler und Pharisäer vom Himmel herab. Aber auch wenn Buddha und Christus straften, zeigten sie unmissverständlich, dass hinter jeder ihrer Handlungen Freundlichkeit und Liebe standen. Sie hätten keinen Finger gegen ihre Feinde gerührt, sondern sie hätten lieber sich selbst als die Wahrheit, für die sie lebten, ausgeliefert.

Buddha wäre im Widerstand gegen die Priesterschaft gestorben, wenn die Majestät seiner Liebe der Aufgabe nicht gewachsen gewesen wäre, die Priesterschaft zu beugen. Christus starb am Kreuz mit einer Dornenkrone auf dem Kopf und widersetzte sich der Macht eines ganzen Reiches. Und wenn ich gewaltfreien Widerstand ausübe, trete ich einfach und demütig in die Fußstapfen der (von meinen Kritikern genannten) großen Lehrer.[24]

Die Politik gewann eine neue Dimension, als sie zum Schauplatz wurde, auf dem mit *Satyagraha* experimentiert wurde. Mit anderen Worten: Gandhi appellierte bei seinem Kampf für Gerechtigkeit an die Religiosität der Menschen und brachte damit Glauben und Gerechtigkeit zusammen. Durch ihre Religiosität stärkte er die breite Masse mit politischer Macht.

1.3. *Satyagraha* und Kern-Religion

Gandhi erklärte im CVJM in Madras die ‚Aschram-Gelübde'[25] und bekräftigte, dass ihnen allen Religion zugrunde liege. Dann erklärte er, was er unter Religion verstand. Es sind nicht die Religionen, die

---

[24] CW XVII, S. 408 (Klammern hinzugefügt).

[25] „Die elf Gelübde des Ashrams sind: 1. Wahrheit 2. Gewaltfreiheit 3. Keuschheit 4. Mäßigkeit im Essen 5. nicht stehlen 6. Besitzlosigkeit 7. Furchtlosigkeit 8. Aufhebung der Unberührbarkeit 9. Brotarbeit 10. Gleichwertigkeit der Religionen und 11. Swadeshi [inländische Produkte wählen]." (Narayan Desai: Feuer und Rose. Biografie Mahadev Desais, S. 134; pdf unter http:// ingridvonheiseler.formatlabor.net/?p=1809). Vgl. zur genaueren Erklärung: From Yeravda Mandir (Ashram Observances). Aus dem Gefängnis, online unter https://www.mkgandhi.org/ ebks/yeravda.pdf Schlüsselbegriffe: Ashram-Grundsätze. – Patanjali nennt in seinem Yoga-System Yamas (große universelle Gelübde), die für alle, unabhängig von Klasse, Kaste oder Alter, gelten. Die Yamas sind: Ahimsa (Nichtverletzen), Satya (Wahrhaftigkeit), Asteya (Nichtstehlen), Brahmacharya (Enthaltsamkeit) und Aparigraha (Unbestechlichkeit / Nichtbesitzen). (Anmerkung Ingrid v. Heiseler)

man beim Lesen aller heiligen Schriften erlernt, sondern Religion „ist etwas, das uns nicht fremd ist, sie muss sich aus uns heraus entwickeln. Sie ist immer in uns, einige sind sich dessen bewusst, andere sind sich dessen ganz unbewusst."[26] Gandhis politischer Guru Gokhale gab niemals vor, irgendwelche religiösen Praktiken auszuführen, schreibt Gandhi, und doch war er ebenso voll des wahren Geistes der Religion, wie er „weise in der Wahrheit des Ichs" war.[27] Gandhi widerlegt eine Fehlinterpretation seiner Gedanken, wenn er schreibt: „Es ist mein unerschütterlicher Glaube, dass es keine andere Religion als die Wahrheit gibt und dass man die Welt mit Wahrheit und Liebe erobern und jeden Fehler wiedergutmachen kann."[28] *Satyagraha* ist das Beharren auf Wahrheit und das Vertrauen zu *soul-force*[29] und gründet sich auf eines der Axiome dieser Religion, d. h. es gibt keine Religion neben der Wahrheit und Religion ist Liebe. Da es nur eine einzige Religion gibt, folgt für Gandhi daraus, dass Wahrheit Liebe und Liebe Wahrheit und Wahrheitskraft Liebeskraft ist.[30]

1.3.1. Wahrheit: Kontemplation im Vollzug

In einem persönlichen Brief an Mahadev Desai gibt Gandhi offen zu, dass seine *Tapascharya* und *Brahmacharya* sehr unvollkommen seien und dass *Satya* und *Ahimsa* in der Form von *Satyagraha* eine intensiv persönliche und unbeschreiblich enge Vermischung gefunden hätten. „Wahrheit ist dasselbe wie *Moksha*. Jeder, der nicht *Agraha* für *Moksha* aufweist, ist kein Mensch. Er ist ein Unmensch."[31] Unmittelbar danach schrieb Gandhi in *Young India*: „Mein Wunsch ist es, bis zu meinem Lebensende nach Wahrheit zu streben, Wahrheit zu tun und Wahrheit zu denken und nur das allein […]"[32] Er lehnte jeden Anspruch

---

[26] CW XIII, S. 226.
[27] CW XIV, S. 201.
[28] CW XV, S. 237.
[29] Den Begriff *soul-force* erklärt Gandhi folgendermaßen: *„Gewaltfreiheit bedeutet, seine Stärke im eigenen Inneren wahrnehmen, das wird auch soul-force genannt, kurz: Gott kennen." (CW LXVIII, S. 3; 15. October 1938). „Satyagraha ist schlicht und einfach soul-force." (Gandhi, M.K.: Satyagraha in S.Africa, S. 113)* (Anmerkung Ingrid v. Heiseler).
[30] CW XV, S. 248.
[31] CW XVI, S. 147. Der Herausgeber von *The Collected Works* erklärt, Moksha als Erlösung von der Welt der Erscheinungen werde als oberstes Lebensziel betrachtet und Agraha als festes Beharren. Für Gandhi bedeutet Satyagraha, an der Wahrheit als dem sicheren Mittel festzuhalten, um Moksha zu erreichen.
[32] CW XVI, S. 175; *Young India*, 4. Oktober 1919.

auf Heiligkeit für sich ab und gleichzeitig versicherte er, niemals habe der Politiker in ihm seine Entscheidungen bestimmt. Er habe Religion in die Politik eingeführt, um mit den Windungen einer Schlange in der Politik zu ringen. Er fügte hinzu:

Ich will erklären, was ich unter Religion verstehe. Es ist nicht die Hindu-Religion, die ich sicherlich mehr als alle anderen Religionen schätze, sondern die Religion, die den Hinduismus transzendiert, die das Wesen des Menschen verändert, die ihn unlösbar an die innere Wahrheit bindet und die ständig reinigt. Sie ist das unveränderliche Element der menschlichen Natur, das keinen Preis für zu hoch erachtet, um seinen vollen Ausdruck zu finden, und das die Seele in größter Unruhe lässt, bis sie sich selbst gefunden und ihren Schöpfer erkannt hat und die wahre Übereinstimmung zwischen dem Schöpfer und sich selbst anerkennt.[33]

In einem Artikel schreibt Gandhi unter der Überschrift „Gott und der Kongress", der Kongress möge ja das Wort „Gott" verwerfen, aber er habe nicht die Macht, die Wirklichkeit Gottes an sich abzuschaffen, und er fährt fort: „Für mich ist Gott Wahrheit und Liebe, Gott ist Ethik und Moral, Gott ist Furchtlosigkeit. Gott ist die Quelle von Licht und Leben und doch ist Er über und jenseits von alledem. Gott ist Bewusstsein. Er ist sogar der Atheismus des Atheisten."[34]

Nach der *Satyagraha* in Bardoli 1928 sagte Gandhi: „Wahre Religion ist kein enges Dogma. Sie ist der Glaube an Gott und an die Gegenwart Gottes, sie ist der Glaube an ein künftiges Leben, an Wahrheit und *Ahimsa*."[35] In einem Interview, das Gandhi 1935 christlichen Studenten gab, räumte er ein, dass er nichts anderem als der Wahrheit ergeben sei und wenn die Menschen es so wollten, könnten sie Gott als Wahrheit verehren. Und er erklärte dazu:

Gott ist Wahrheit, aber Gott ist auch vieles andere. Deshalb sage ich lieber: Wahrheit ist Gott. […] Wahrheit ist nicht eine Seiner vielen Eigenschaften, die wir nennen. Sie ist die lebendige Verkörperung Gottes, sie ist das einzige Leben, und für mich ist die Wahrheit das vollste Leben, und so wird sie zu etwas Konkretem, denn

---

[33] CW XVII, S. 406; *Young India*, 12. Mai 1920.
[34] CW XXV, S. 224; God and Congress; *Young India*, 5. März 1925.
[35] CW XXXVII, S. 193; Speech at Brahmosamaj centenary meeting; *Young India*, 30. August 1928.

Gott ist Seine ganze Schöpfung, die ganze Existenz und der Dienst an allem, was existiert. Wahrheit ist Gottesdienst.[36]

Die Austauschbarkeit der Begriffe Gott, Wahrheit und Religion sollten nicht als ontologische Kennzeichnungen missverstanden werden, sondern sie sind der „existenzielle und pragmatische Ausdruck" eines lebenslangen Strebens nach der Wahrheit und des Experimentierens mit ihr.[37] Seine lebenslangen *Satyagraha*-Kämpfe kann man als anhaltende, wenn auch unterbrochene kontemplative Erfahrung in Aktion verstehen. Darin wurde Gott erfahrbar in wahrhaftigem Handeln, das die wahre Religion eines Menschen ausmacht. In den Worten von James Douglass: „Es ist Kontemplation in Aktion: eine Suche nach Wahrheit und ihrem Ausdruck in den spirituell widerständigsten Lebensbereichen."[38] Deshalb konnte Gandhi sagen, Religion sei das Fundament, auf dem das Lebensgebäude errichtet werden muss, wenn das Leben richtig sein soll[39]; ein Leben, in dem Religion Wahrheit bedeutet, die wiederum Gott ist. Der Begriff Wahrheit war nach Gandhi von der „kontemplativ-aktiven Erfahrung Gottes" abgeleitet und gründete darauf. Er war so umfassend, dass Gandhi ihn gleichzeitig auf Religion, Gott und praktisches Leben anwenden konnte. Gandhi versicherte, Gott sei Wahrheit, und es sei leicht, sie zu verstehen. Aber, so schreibt er, man müsse sich innerlich einen Ruck geben, um zu sagen, Wahrheit sei Gott, denn Wahrheit nimmt die konkrete Form einer sicheren Wirklichkeit an, während Gott das Begreifen übersteigt.[40] Und er versichert auch, die Maxime „Gott ist Wahrheit" ermögliche ihm, Gott von Angesicht zu Angesicht zu sehen.[41] Erst am 10. Januar 1946 schrieb Gandhi: „Wenn man sagt, Gott führe einen auf den Weg der Wahrheit, so ist das eine Tautologie. Die Wahrheit an sich ist Gott. Darum ist die Hingabe an die Wahrheit an sich die Entdeckung des Weges der Wahrheit."[42] Darum sollte Gandhis Religion

---

[36] Vgl. CW LXI, S. 81. Bemerkenswert ist, dass Gandhi in der Zeit zwischen 1915 und 1920 weniger von Religionen sprach und bei vergleichsweise seltenen Gelegenheiten, wenn er über Religion sprach, mit Religion das Streben nach Wahrheit meinte.

[37] CW LXV, S. 136.

[38] Douglass, James W.: The Non-violent Cross. A Theology of Revolution and Peace, London: The Macmillan Company 1968, S. 45.

[39] *Harijan*, 21. Juli 1946. Vgl. auch CW LXXXV, S. 33.

[40] CW LXXV, S. 387.

[41] CW LXXVI, S. 358.

[42] CW LXXXII, S. 390.

vom Standpunkt dieser Religiosität als Experiment mit der Wahrheit und nicht getrennt oder als außerhalb davon stehend beurteilt werden.

1.3.2. Religion: Hingabe des Lebens

Gandhis Auslegung anderer religiöser Erfahrungen liefert uns den Schlüssel dafür, seine Religiosität auszulegen. Mit Bezug auf Jesus Christus schrieb er: „Meine Auslegung ist [...], dass Jesu Leben der Schlüssel zu Seiner Nähe zu Gott ist, dass Er, wie kein anderer es könnte, Geist und Willen Gottes ausdrückt. In diesem Licht sehe ich Ihn und erkenne Ihn als Sohn Gottes."[43] Gandhi sah sein eigenes Leben, auch die Khadi-Arbeit, als Streben nach Wahrheit an: „meine einzige Absicht ist es, durch Gedanken, Wort und Tat nach Wahrheit zu streben. Dafür schwärme ich, dafür lebe ich und dafür hoffe ich zu sterben."[44] Das, was er im einleitenden Teil seiner Autobiografie bekennt, gilt für sein ganzes Leben:

> Was ich erreichen will, wonach ich in diesen dreißig Jahren gestrebt und mich gesehnt habe, ist Selbstverwirklichung, Gott von Angesicht zu Angesicht zu sehen. Ich lebe, strebe und mein Wesen besteht im Verfolgen dieses Ziels. Alles, was ich tue, wenn ich spreche und schreibe, und alle meine Unternehmungen auf dem Feld der Politik sind auf dasselbe Ziel gerichtet.[45]

Diese unaufhörliche Suche nach Wahrheit, ihre Anwendung und Verehrung, war für ihn RELIGION. Vom funktionalen Standpunkt aus gesehen, ist Wahrheit RELIGION im Unterschied zu Religionen und kann als „Kernreligion" bezeichnet werden. Sie bezieht sich auf die Grundreligiosität, die in jeder Religion in Form von Wahrheit oder Wahrhaftigkeit vorhanden und tätig ist. Von Wahrheit als Religion sprechen, bedeutet, von der Gegenwart Gottes im täglichen Leben und im säkularen Menschen sprechen.[46] Indem wir den Begriff „Kernreligion" Gandhis Wahrheitssuche zuordnen, hoffen wir, einerseits die aktive

---

[43] CW LXXV, S. 69.

[44] CW LXVI, S. 187.

[45] Gandhi, M.K.: The Story of My Experiments with Truth, S. XIV.

[46] Darin steht Gandhi Bonhoeffer nahe, der von einem religionslosen Gott sprach; vgl. Bonhoeffer, Dietrich: Letters and Papers from Prison, London: The Macmillan Co. 1962, S. 162-64; ähnlich James Douglass im Kapitel „From Bonhoeffer to Gandhi" (Douglass, James W.: The Non-violent Cross, S. 26-46).

Glaubensdimension des Kampfes zu bewahren, und andererseits vor einer einseitigen ‚gnostischen' Bedeutung des Wahrheitsbegriffs zu schützen. Jedenfalls sollte man *Satyagraha* von sektiererischen religiösen Vorstellungen unterscheiden. Gandhi ließ eine große Vielfalt von Interpretationen seiner Begriffe Wahrheit und Religion zu. Er nannte Gott sogar den „Atheismus des Atheisten". Pyarelal berichtet: „Das Mitgefühl, das bewirkt, dass man sich wegen des Elends seines Bruders unglücklich fühlt, ist Frömmigkeit. Man mag sich selbst als Atheisten bezeichnen, aber solange man sich mit den Menschen verwandt fühlt, akzeptiert man praktisch Gott."[47]

Gandhi beanspruchte Buddha und Christus für diese „Kernreligion" und schrieb ihnen damit eine Universalität zu, die sich von der exklusiven und dominierenden Universalität unterschied, die ihnen ihre jeweiligen religiösen Traditionen zuschrieben. Außerdem appellierte Gandhi mit seiner „Kernreligion" einerseits an die Menschlichkeit in einem jeden und lud alle ein, am Kampf teilzunehmen[48], und andererseits hoffte er, die verschiedenen religiösen Traditionen zu zügeln und sie auf einer universellen, wenn nicht noch höheren Ebene des Kampfes zusammenzubringen. *Satyagraha* stellte bei der Anwendung dieser „Kernreligion" schließlich die verschiedenen religiösen Orthodoxien und die rein säkularen irreligiösen Imperien infrage.

1.4. *Satyagraha* und Religionen

Satyagraha bedeutet, dass alle Religionen ihren Platz haben und dass alle Religionen respektiert werden müssen. Alle Menschen sollten dabei unterstützt werden, ihre religiösen Überzeugungen und Praktiken zu vertiefen und andere Religionen ehrfürchtig zur Kenntnis zu nehmen. „Ich beschränke mich auf meine ererbte Religion; wenn sie Feh-

---

[47] Pyarelal: Mahatma Gandhi. The Last Phase I, Ahmedabad: Navajivan Publishing House 1956, S. 62.

[48] N.K. Bose würdigte diesen Wandel in Gandhi, der Gott und die Wahrheit austauschbar machte: „Mit diesem veränderten Glaubensbekenntnis konnte er leicht diejenigen als Mitsucher annehmen, die die Menschheit oder irgendetwas anderes als ihren Gott betrachteten, für die oder für das sie bereit waren, alles zu opfern. Indem Gandhi die Wahrheit auf den höchsten Sockel stellte, wurde er wahrhaftig katholisch, allumfassend, und verlor restlos das Getrenntsein von all den anderen ehrbaren Menschen, die andere Götter als die seinen anbeteten." (Bose, N.K.: Studies in Gandhism, Calcutta: Indian Associated Publishing Co. 1947, S. 269).

ler hat, reinige ich sie von innen heraus."[49] Ein solcher *Swadeshi*-Geist (das Gefühl für den Hinduismus ist wie das Gefühl für die eigene Frau) bedeutet, dass „ein Hindu ein besserer Hindu, ein Muslim ein besserer Muslim und ein Christ ein besserer Christ werden sollte. Das ist die grundlegende Wahrheit der Verbundenheit".[50]

Wahrer religiöser Geist erfordert die ehrfürchtige Zurkenntnisnahme anderer Religionen, denn in Gandhis Vorstellung von der Unabhängigkeit [Indiens] hat jede Religion ihren Platz[51]:

kein Mensch und keine religiöse Institution ist in dieser Welt vollkommen. Religiöse Institutionen sind eine Antwort auf die Herausforderung des jeweiligen Zeitalters und die besonderen Umstände, die zu dieser Zeit herrschten. [...] Theoretisch ist eine perfekte Religion möglich. Aber weder kennt die Menschheit bisher eine noch kann irgendein Mensch behaupten, er habe Gott gesehen. Dies ist in den letzten sechzig Jahren das Ziel meines Strebens und Bemühens gewesen. Ich kann nicht behaupten, einen vollständigen Erfolg erreicht zu haben, aber ich habe das Gefühl, dass ich ihm jeden Tag näher komme, und das genügt mir.[52]

Gandhi wurde gefragt, was man tun solle, wenn man der Bedrohung durch Bekehrung ausgesetzt sei, und er antwortete:

Religion ist der Lebensatem eines Menschen, und so wie niemand einverstanden damit sein kann, auch nicht unter Bedrohung und Zwang, das Atmen aufzugeben, so sollte niemand seinen Glauben aufgeben, nicht einmal wenn das eine Alternative zum Tod wäre.[53]

---

[49] Iyer, Raghavan: The Moral Political Writings of Mahatma Gandhi I-III, New York: Oxford University Press 1978 (zuerst 1973) und Oxford: Clarendon Press, 1987 (im folgenden MPW), Bd. III, S. 325; Missionary Conferences; *Young India*, 21. Mai 1919.

[50] CW XXXV, S. 461 (Klammern hinzugefügt); Discussion on Fellowship; *Young India*, 19. Januar 1928. Gandhi war der Ansicht, der Staat habe nichts mit den Religionen des Einzelnen zu tun: „Wenn ich ein Diktator wäre, würde ich Religion und Staat trennen. Ich schwöre auf meine Religion. Ich will dafür sterben. Aber sie ist meine persönliche Angelegenheit. Der Staat hat nichts damit zu tun. Der Staat soll sich um unser säkulares Wohlergehen, um Gesundheit, Nachrichtenübermittlung, Beziehungen zum Ausland, Währung usw. kümmern, aber nicht um deine oder meine Religion. Die ist eines jeden eigene Angelegenheit!" (CW LXXXV, S. 328).

[51] CW LXXXV, S. 33.

[52] CW XC, S. 337.

[53] CW LXXXVI, S. 411.

Alle Religionen sind Äste desselben mächtigen Baums, aber ich darf nicht aus Gründen der Zweckmäßigkeit auf einen anderen Ast übersteigen.[54] Die Religion eines Menschen stellt den unschätzbaren Geist des Vorsatzes dar, der aus dem tiefen Glauben aufsteigt. Wenn die Stärke des Vorsatzes im Herzen verwurzelt ist, wird er keiner Kraft und keinem Zwang, wie groß sie auch sein mögen, weichen oder sich ihnen unterwerfen.[55]

Gandhi war ein Anhänger des Hinduismus als einer besonderen Religion,[56] nicht weil „er darin geboren war, sondern auch, weil er eine Religion der Menschlichkeit ist und das Beste aller Religionen, die ich kenne, umfasst."[57] Wahrheit sei im Hinduismus das Wesen Brahmas. „Brahma ist ewige Wahrheit, unermessliche Einsicht (Taittiriya, II.I.I)." „Wahrheit ist das, was ist, und Unwahrheit ist das, was nicht ist. Wie Bhishma sagt: ‚Wahrheit ist der ewige Brahman ... Alles ruht in der Wahrheit' (Mahabharata, Shanti Parva, CLXII. 5)."[58] „Der Hauptwert des Hinduismus liegt in dem Glauben, dass alles Leben (nicht nur das menschliche, sondern das aller fühlenden Wesen) eines ist, d. h. alles Leben kommt aus der einen universalen Quelle, die Allah, Gott oder Parameshwara genannt wird."[59]

Aus dieser Perspektive sah Gandhi auch das Christentum, wenn er sagt, Jesus ließ sich für das kreuzigen, was er als die Wahrheit ansah, für das Wesen aller Religion.[60] Gandhi interpretierte Hinduismus und Christentum aus der Perspektive der „Kernreligion" und es erschien ihm nicht als Widerspruch, wenn einer der einen oder anderen

---

[54] CW LXXXVI, S. 155; Diskussion u.a. mit S.C. Bose; 24. November 1946.

[55] CW LXXXVIII, S. 423.

[56] „Je genauer wir Mahatma Gandhis Leben und Lehre untersuchen, um so sicherer wird es, dass die Hindu-Religion den größten Einfluss auf die Gestaltung seiner Ideen und Aktionen hatte. Er nimmt die Hindu-Schriften keineswegs wörtlich und ist kein Fundamentalist, aber er hält sich an sie." Andrews, C.F.: Mahatma Gandhi's Ideas (including selections from his writings), London: George Allen & Unwin Ltd. 1949, S. 60.

[57] CW LX, S. 106.

[58] Oriental Ideal of Truth; Indian Opinion, 1. April 1905. In diesem Artikel widerspricht Gandhi Lord Curzons Bemerkung in dessen Einführungsrede an der Universität Kalkutta. Dieser sagte, das höchste Ideal Wahrheit sei weitgehend ein westlicher Begriff. Gandhi zitiert aus Hindu-Schriften, um zu beweisen, dass Wahrheit für die Orientalen Brahman und damit das höchste Ideal war.

[59] Harijan, 26. December 1936. Vgl. ebenso CW LXIV, S. 188f.

[60] CW LXXVIII, S. 389; A Christmas Message; 25. December 1944.

angehörte, solange er der Religion der Wahrheit treu sei.[61] Zwar wurde Gandhis Sichtweise von den jeweiligen Orthodoxien nicht akzeptiert, aber er versuchte, die verschiedenen Religionen mit seiner „Kernreligion" – Wahrheit in Einklang zu bringen, um sie und die Anhänger der Wahrheit auf diese Weise in den *Satyagraha*–Kampf einzubeziehen.

1.4.1. *Satyagraha:* Kritik an Religionen

Da Gott in der lebendigen und befreienden Wahrheit verehrt wird, muss *Satyagraha* mit den rigiden und versklavenden dogmatischen Barrieren der bestehenden Religionen kollidieren. Das klassische Beispiel ist die Kritik an der Unberührbarkeit im Hinduismus. Der Kampf gegen Unberührbarkeit hatte drei Phasen: Das Aufheben der Unberührbarkeit durch ein konstruktives Programm, die Kampagne gegen getrennte Wahlbezirke und die Kampagne gegen den Hindu-Fundamentalismus.

1.4.2. Aufheben der Unberührbarkeit durch ein konstruktives Programm

Wenn wir den Kampf in Bardoli genauer untersuchen, sehen wir, dass für Gandhi schon 1921 in der ersten Phase des Kampfes das „Aufheben der Unberührbarkeit" eine der wesentlichen Bedingungen des von ihm vorgeschlagenen zivilen Ungehorsams war.[62] Auf der operativen Ebene sollten das konstruktive Programm und der zivile Ungehorsam (von Bardoli) an sich die Kasten-Einschränkungen beseitigen und das indische Gemeinwesen zu einer Einheit zusammenschweißen. Am Vorabend des Kampfes bemerkte Gandhi: „Unsere wahren Feinde sind *Dheds* und *Bhangis* in unseren Herzen. Sie sind wirklich unberührbar."[63] Er drängte dazu, die Kastenunterscheidungen in die *Ujla lok* (Hellhäutigen) und die *Kaliparaj* (Dunkelhäutigen)

---

[61] „Seine Überzeugungen sind zu eng mit dem Christentum verbunden, als dass sie rein hinduistische wären, und zu stark mit Hinduismus gesättigt, um christlich genannt zu werden, während seine Sympathien so weit und allgemein sind, dass man sich vorstellt, er hat einen Punkt erreicht, an dem die Formeln der Religionen bedeutungslos sind." (Doke, J. Joseph: M.K. Gandhi. An Indian Patriot in South Africa, Delhi: Publications Divisions of Government of India 1967 und 1976, S. 106).

[62] CW XXI, S. 424 und 470. 1920 verabschiedete der Kongress eine Resolution gegen Unberührbarkeit: „Congress Resolution on Non-cooperation". In: CW XIX, S. 578.

[63] CW XXII, S. 231.

zu verbannen. Dass Massen am Kampf in Bardoli teilnahmen, bewies, wie sehr das konstruktive Programm unter der guten Führung von Sardar Patel die Menschen geweckt und vereint hatte.

Beim vorzeitigen Ende der Bewegung des zivilen Ungehorsams unternahm Gandhi eine *All-India-Tour*, auf der er ein konstruktives Programm propagierte und für die Aufhebung der Unberührbarkeit eintrat, denn sie war, sagte er, *„Swadeshi Dyerismus"*.[64] Außerdem war die Aufhebung der Unberührbarkeit auch einer der Eckpfeiler des Lebens im Aschram.[65]

1.4.3. Kampagne gegen getrennte Wahlbezirke

Bei der Konferenz am Runden Tisch 1931 trat Gandhi für das allgemeine Wahlrecht ein und sagte:

Allgemeines Wahlrecht ist aus mehr als einem Grund notwendig. Für mich ist einer der entscheidenden Gründe, dass es die vernünftigen Ansprüche nicht nur der Muslime, sondern auch der sogenannten Unberührbaren, der Christen, der Arbeiter und aller Klassen befriedigen kann.[66]

Gandhi war gegen jede Form der Diskriminierung auf der Grundlage von Besitz oder Bildung. Er sagte: „Einige der feinsten Exemplare der Menschheit finden sich unter diesen armen Menschen, auch unter den ganz Unberührbaren." Im Interesse der Unberührbaren wies Gandhi jede Art besonderer Wahlbezirke und die Reservierung von Sitzen zurück, denn er dachte, das würde Widerstand gegen sie schaffen und sie der Wahlrechte, die einfache Hindus hatten, berauben.[67] Zwar räumte er besondere Minderheitenrechte für die Sikhs und die Christen ein, wollte aber nichts dergleichen für die Unberührbaren, denn er glaubte, das würde die Arbeit der Hindu-Reformer behindern und eine unnatürliche Spaltung in der Hindubevölkerung bewirken.[68]

---

[64] CW XXXIV, S. 454 und CW XXV, S. 428f.
[65] CW L, S. 221.
[66] CW XLVIII, S. 30.
[67] CW XLVIII, S. 179.
[68] CW XLVIII, S. 297. Die gegenwärtige Kontroverse hinsichtlich Gandhis Vernachlässigung des Themas Dalit ist verständlich, besonders wegen des fortdauernden Elends der Dalits. Gandhis Auffassung der Dalit-Frage sollte im größeren Zusammenhang mit seinen Kämpfen und der ganzheitlichen Perspektive von Satyagraha gesehen werden. Vielleicht ist ein nuancierteres Verständnis des Themas sowohl aus der Sicht der Dalits als

Der *Satyagraha*-Standpunkt brachte ihm einen Konflikt mit den *Harijan*-Führern, unter ihnen Dr. Ambedkar, und der Regierung ein. Der Konflikt steigerte sich bis zu einem „Fasten bis zum Tod", als die Regierung getrennte Wahlbezirke für die „unterdrückten Klassen" einführen wollte. Das Fasten im Gefängnis in Yeravda sollte sein „volles Gewicht mit dem Vertrauen auf Gott in die Waagschalen der Gerechtigkeit" werfen[69] und die „Verantwortung tragenden Hindus dazu einladen, die Befreiung dieser Klassen zu bewirken und damit den Hinduismus von einem Jahrhunderte währenden Aberglauben zu befreien."[70] Das *Satyagraha*-Fasten bewirkte „eine hohe Welle des Erwachens der Massen für die Frage der Unberührbarkeit" im ganzen Land und führte zum Yeravda-Pakt und schließlich dazu, dass die Tempel den *Harijans* zugänglich gemacht wurden.[71]

Bei der Wiederöffnung der Tempel für die *Harijans* sagte Gandhi: „Dass einige der großen Tempel spontan ohne Einschränkungen Unberührbare zuließen, ist für mich ein modernes Wunder. Erst jetzt haben sie Gott zugelassen."[72]

1.4.4. Unberührbarkeit und die Hindu-Orthodoxie

Die *Satyagraha*-Kampagnen für den Vaikom-Mahadeva und den Guruvayur-Sri-Krishna-Tempel brachten die Massen dazu, gegen die Missbräuche des Hinduismus zu protestieren. In etwa zwölf Abhandlungen über Unberührbarkeit stellte Gandhi die Gültigkeit der Interpretation der heiligen Schriften durch die Hindu-Orthodoxie radikal infrage und legte die Arroganz der Kasten-Hindus offen. Er erklärte unmissverständlich:

Ich finde in diesem Buch des Lebens [Gita] keine Rechtfertigung für Unberührbarkeit. Im Gegenteil zwingt es mich durch einen Appell an meine Vernunft und einen eindringlichen Appell an mein Herz in einer Sprache, die einen unwiderstehlichen Ton an

---

auch Gandhis möglich. Gandhi hat wohl Rolle und Funktion der sozio-ökonomischen Faktoren beim Thema ‚Dalit' unterschätzt, während die Dalits wohl den „religiösen" Faktor bei der gesamten Befreiung vernachlässigen.

[69] CW LI, S. 63.
[70] Ebd.
[71] Die Vaikom-Satyagraha und die Öffnung des Guruvayoor-Tempels können als klassische Beispiele für das Erwachen der Massen gelten, CW LI, S. 241 und 407-409.
[72] CW LI, S. 140.

sich hat, zu glauben, dass alles Leben eins ist und dass es durch [von] Gott ist und zu Ihm zurückkehren muss.[73]

Er suchte bei seinen Freunden und bei Experten Rat hinsichtlich der Auslegung von *Shastras* über Unberührbarkeit[74] und beklagte die Notlage der *Harijans:*

> Gesellschaftlich sind sie Leprakranke. Wirtschaftlich sind sie schlimmer daran als Sklaven. Religiös wird ihnen der Eintritt an Orte verwehrt, die wir fälschlich ,Gotteshäuser' nennen ... ein Wunder ist, dass sie überhaupt ihr Dasein fristen können und noch zu den Hindus zählen. Sie sind zu unterdrückt, um sich gegen ihre Unterdrücker in einem Aufstand zu erheben.[75]

Er zögerte auch nicht, die Kasten-Hindus dafür zu verurteilen, dass sie die Unberührbarkeit aufrechterhielten:[76]

> Ich habe wiederholt unmissverständlich erklärt, dass Kastenhindus Sünder sind, die gegen diejenigen sündigen, die als Unberührbare bezeichnet werden. Die Kastenhindus sind für die gegenwärtige Lage der Unberührbaren verantwortlich.[77]
> Unberührbarkeit ist ein Übel, das die Kastenhindus geschaffen haben. Deshalb müssen sie das Übel beseitigen und alles andere wird daraus folgen.[78]

---

[73] CW LI, S. 345.
[74] CW LII, S. 22 und 180.
[75] CW LI, S. 347. Der Prozess der Sanskritisierung zog sich durch die gesamte indische Geschichte und setzt sich weiter fort. Die mit der „Sanskritisierung" verbundene Mobilität war nur „positionell" und führte zu keinem Strukturwandel. Die Kastenhierarchie war eindeutig und unveränderlich und wurde durch die brahmanische Gesetzesauslegung durchgesetzt. Die bramahnischen Rechtsschriftsteller legten ein Kastensystem vor, in welchem sie an der Spitze standen und das ihnen das Privileg einräumte, die Pflichten der anderen Kasten, einschließlich der des Königs, festzulegen.
[76] Während Gandhi die Unberührbarkeit und die Übel des Kastensystems ablehnte, unterschied er das Kastensystem vom sog. varnashrama dharma (allerdings wird das Kastensystem zur Bequemlichkeit der englischen Benutzer oft als varnashrama bezeichnet). Letzteres, so Gandhi, erfülle die religiösen, sozialen und wirtschaftlichen Bedürfnisse einer Gemeinschaft, schütze die Gemeinschaft vor der tödlichen wirtschaftlichen Konkurrenz und böte ausreichend Zeit für die spirituelle Suche, vgl. CW LIII, S. 454f.
[77] CW LII, S. 151.
[78] CW LII, S. 97.

Satyagraha (als „Kernreligion") erfüllte also eine doppelte Funktion: Sie stellte die eigenen religiösen Wurzeln zur Verfügung und diente zur Kritik am Missbrauch von Religion. Gandhi nannte Unberührbarkeit „eine monströse Unwahrheit und Religionslosigkeit"[79] und riet den *Satyagrahis*, allergrößtes Mitgefühl zu zeigen und damit „das Beste, das es in den orthodoxen Hindus gibt, zu wecken".[80] Zu *Satyagraha* gehörten praktische Schritte, dass z. B. Kastenhindus *Harijans* als Freunde in die Familie aufnehmen und Reinigungsfasten durchführten, um den Schwung der Veränderung beizubehalten.[81]

1.4.5. *Satyagraha:* Beratungsgemeinschaften

Unmittelbar vor und nach dem Erlangen der Unabhängigkeit nahm *Satyagraha* in der Folge der kommunalen Aufstände eine vollkommen andere Gestalt an. Wenn man Gandhis Reaktion auf die Krise als *Satyagraha*-Reaktion versteht, war sie kreativ und herausfordernd. Zu Gandhis *Satyagraha*-Strategie gehörte, dass er das von Aufständen zerrissene Ostbengalen zu Fuß durchquerte, um den Menschen persönlich zu begegnen. Sein Rat an die von Furcht ergriffenen Hindus in Noakhali war: „Vor der Gefahr davonlaufen, statt ihr die Stirn zu bieten, heißt, dass man seinen Glauben an den Menschen und Gott und sogar ans eigene Ich verleugnet."[82] Sie sollten sich nicht unter den Schutz der Armee oder anderer äußerer Mächte stellen, sondern er forderte sie auf, kühn an Gott zu glauben, und verlangte von ihnen, sie sollten sich unter den Schutz Gottes stellen und sich der inneren Kraft anvertrauen, die von Ihm kommt. Gandhi sprach zu den Frauen in Ostbengalen, wies in den Himmel und sagte: „Glaubt an Ihn. Betet zu Ihm und fürchtet Ihn allein und keinen in dieser Welt."[83] Tatsächlich war das ein Appell an Muslime und Hindus, auf die „Kernreligion" der Wahrheit zurückzugreifen und damit die wahre Bedeutung der Religionen zurückzugewinnen.

Er verteilte die Mitglieder der kleinen *Satyagraha*-Gruppe und wies alle, auch die Frauen an, sich in einem betroffenen Dorf niederzulassen und sich zu Geiseln für Sicherheit und Geborgenheit der Hindu-

---

[79] CW LIV, S. 67f.
[80] CW LIV, S. 417.
[81] CW LV, S. 134f.
[82] CW LXXXVI, S. 97. „Talk to the Refugees", 7. November 1946.
[83] CW LXXXVI, S. 213.

Minderheit des betreffenden Dorfes zu machen. Sie mussten bereit sein, ihr eigenes Leben zum Schutz der Hindu-Bevölkerung des Dorfes einzusetzen. Er wollte, dass je ein guter Moslem und ein guter Hindu gemeinsam Bürgschaft für die Sicherheit derer leisteten, die ins Dorf zurückkehren würden.[84] Mit geschwisterlichem Zusammenleben, Sanierungsprogramm und konstruktivem Programm sollten sie *Satyagraha* fortführen.

Dieser Aufruf zur Entschlossenheit bis zum Äußersten in Noakhali war eine wahre Prüfung auf die Gesinnung der Gewaltfreiheit: Eine kleine Gruppe Freiwilliger musste einer unfreundlich, wenn nicht feindlich gesinnten Mehrheit entgegentreten, die sie umgab. Als Prüfung auf Gewaltfreiheit war es ein Höhepunkt von *Satyagraha*. Wo sich Gewalt als Gewaltfreiheit verkleidet, kann niemals Wahrheit gefunden werden. Gandhi sprach immer wieder seinen vollkommenen Glauben an Gewaltfreiheit aus: „Ich weiß ganz gewiss, dass *Ahimsa* das vollkommene Werkzeug ist. Wenn es mir nicht dient, dann liegt das an meiner Unvollkommenheit, dann war meine Technik fehlerhaft."[85]

Besonders in Ostbengalen und in Delhi begleiteten in dieser Zeit Gebetsversammlungen und andere Elemente den „*Satyagraha*-Kampf". Er war das Forum, auf dem *Satyagraha* in der äußerst brisanten Situation der kommunalen Spannungen wirksam wurde. Zwischen dem 21. Februar 1947 und dem 30. Januar 1948, also während eines Jahres, führte Gandhi mehr als 313 öffentliche Gebetsversammlungen durch.[86] Zum Leben im Aschram hatten auch zuvor schon Gebetsversammlungen gehört, die Anzahl der *öffentlichen* Gebetsversammlungen nahm jedoch während des Kampfes zu. Dass diese Gebetssitzungen im letzten Zeitabschnitt so häufig waren, zeigt deutlich, dass Gandhi damit die tröstende Rolle von *Satyagraha* beschwor. Durch sie wollte er den Glauben der Menschen an Gott vertiefen und die Menschen lehren, der Macht Gottes zu vertrauen, die allein die Furcht bannt und einen harmonischen Geist schafft.[87] Zur Disziplin

---

[84] CW LXXXVI, S. 114-116.

[85] CW LXXXVI, S. 183.

[86] Jedenfalls, wenn man Gandhis Berichten in CW Glauben schenkt. In der Zeit zwischen Juli 1928 und Februar 1929 (der Zeit des Bardoli-Kampfes) und zwischen 1942 und 1944 waren öffentliche Gebetsversammlungen vergleichsweise selten.

[87] Joseph Doke erzählt von einem Ereignis aus Gandhis früher Zeit in Südafrika. Gandhi besuchte gemeinsam mit einem muslimischen Maulavi und einem jüdischen Herrn die

der Gewaltfreiheit gehörte, dass die Massen *Ramdhun* sangen und den *Tal* schlugen; das Gemeinschaftsgebet diente als stärkste Bindekraft und führte Solidarität und Einigkeit der Menschen herbei. Die Gebetsversammlungen spielten eine wichtige Rolle dabei, die Gemeinden wieder zusammenzuführen: Sie stärkten den Glauben, dort wurde über verschiedene nationale und lokale Angelegenheiten gesprochen und die Flüchtlinge wurden ermutigt, in ihre Dörfer zurückzukehren.[88]

Die Religion Gandhis gehörte zur volkstümlichen Vaishnavais-mus-Tradition des Hinduismus. Die beliebte Religiosität des Volkes wurde auf der Makroebene wirksam und hatte für sozio-politische Themen der Zeit Bedeutung. Das persönliche Streben nach Selbstverwirklichung umfasste nun auch den politischen Kampf und bewirkte auf diese Weise einen Gesellschaftswandel.

Bei diesem Experiment nahm Gandhi die ländliche Bevölkerung Indiens mit, denn er sprach ihre *Religiosität* an. Da die *Religiosität* der Massen erwacht war und sich in der Praxis ausdrückte, wurden die politischen Mächte (die Imperialmacht und ihre indischen Agenten) und die religiöse Orthodoxie radikal infrage gestellt. Der Hindu-Gott wurde in *Daridranarayan* (Gott der Armen) umbenannt und die Imperialmacht machte *Swaraj* (Selbstregierung) Platz. *Satyagraha*-Religiosität bedeutete rückhaltloses Streben nach Wahrheit und die unaufhörliche Suche nach Selbstverwirklichung. Sie enthielt auch eine Kritik aller Unwahrheit und Religionslosigkeit.

---

kranke Frau des Hindu-Satyagrahi Thambi Naidoo und jeder betete auf seine Weise für die Kranke. Doke fügt hinzu: „Es war einer der flüchtigen Blicke, die wir in letzter Zeit auf die göttliche Liebe werfen durften, die der Einschränkungen des Glaubens und der Grenzen von Rasse und Farbe spotten." (Doke, J. Joseph: M.K. Gandhi. An Indian Patriot in South Africa, S. 108).

[88] Vgl. CW XC, S. 49-50. Einige der Muslime verließen die Gebetsversammlung, denn sie nahmen Anstoß daran, dass Gandhi Bhajans sang, und Hindus erhoben Einwände dagegen, dass er aus dem Koran vorlas (vgl. CW LXXXVI, S. 323). Wieder andere beschuldigten Gandhi, er gebrauche die Gebetsversammlungen für politische Zwecke (vgl. CW LXXXVII, S. 65). Er vertrat die Ansicht, wahres religiöses Leben könne nicht in verschiedene Abteilungen aufgeteilt werden. Damit folgte er den Traditionen, die Tilak und Aurobindo in Bewegung gesetzt hatten. Sein Genie lag teilweise darin, dass er Indien nicht als „eine homogene politische Gemeinschaft, sondern als eine lockere Vereinigung von Klassen, Gemeinschaften und religiösen Gruppen sah"; vgl. Kumar, R. (Hg): Essays on Gandhian Politics, Oxford: The Clarendon Press 1971, S. 4-5.

Studio photograph of Mohandas K. Gandhi, London, 1931
https://commons.wikimedia.org

Kapitel 2
Satyagraha: Einssein mit dem Leben

„Die Menschen sind gut. Aber sie sind die armen Opfer ihres falschen Glaubens, sie täten etwas Gutes, und machen sich damit nur selbst elend."[1] Gandhi meinte, Napoleon und der [deutsche] Kaiser böten traurige Beispiele solcher Opfer eines falschen Glaubens. In Wirklichkeit hängt das wahre Glück von der Freude im Innern ab, die auch ein Blinder, Sprachloser und Tauber genießen kann.[2] Um die Freude im Innern wahrzunehmen, muss man danach streben, das Tier in sich zu überwinden und es zu überdauern. Man muss die allerhöchste Lehre, die Lehre von *Ahimsa*, lernen und damit die eigene Würde verwirklichen, um schließlich *Moksha*[3] zu erreichen. Er war sich schmerzlich bewusst:

Die moderne Erziehung neigt dazu, den Blick vom Geist wegzulenken. Darum sprechen uns die Möglichkeiten der Geisteskraft oder *soul-force* nicht an und wir richten unsere Blicke folglich fest auf die vergängliche, dahinschwindende materielle Kraft. Das berührt sicherlich die Grenze zur dumpfen Ideenlosigkeit.[4]

2.1. *Satyagraha* und Selbstverwirklichung
Gandhi ging den entscheidenden und experimentellen Weg, die Vorherrschaft der *soul-force* über alles andere zu behaupten. Als „göttlicher Funke" hat die Seele Anteil am Göttlichen[5], ist unzerstörbar und hängt mit ihm zusammen wie ein Tropfen Wasser mit dem Ozean.[6]

---

[1] CW X, S. 127; Brief an A.H. West.
[2] CW XXIX, S. 397.
[3] CW XXX, S. 262; Brief an V.N.S. Chary.
[4] MPW, Bd. II, S. 26.; Academic versus Practical; *Young India*, 14. November 1929.
[5] CW XLIX, S. 231; Ein Brief.
[6] CW XLIV, S. 131; Brief an S.G. Mathew vom 8. September 1930. Die Seele wird als „ungeboren" bezeichnet und ihr Wesen und ihre Beziehung werden mit einem Wassertropfen im Ozean verglichen. Diese Bezeichnungen sollten nicht für „metaphysische Äußerungen" über das Wesen der Seele gehalten werden. Im Zusammenhang mit dem Privatbrief, in dem der Ausdruck erscheint, wird er gebraucht, um die enge Beziehung der Seele mit der letztgültigen Realität zu bezeichnen und Gandhi schreibt: „Die menschliche

Gandhi lädt jeden ein, die innere Schönheit des Göttlichen im Inneren zu erkennen und aus diesem Blickwinkel eine Gesamtschau der Schönheit der ganzen Schöpfung zu gewinnen. Eine solche Perspektive helfe die „Sehnsucht nach Aneignung der Dinge und Liebe zu ihnen" zu vertreiben, die das Grundübel der modernen Zivilisation seien.[7] Der Lebenssinn besteht darin, sich selbst zu erkennen, und das Selbst steht in unmittelbarer Verbindung mit dem Leben, dessen Gesamtheit Gott *(Sat)* ist und das deshalb mit dem gesamten Leben in Beziehung und darum zu dessen Diensten steht.[8] Die Göttlichkeit der menschlichen Natur bildet die letztgültige Basis des ständigen Friedens der Menschen miteinander und mit der Schöpfung. Der die Seele zerstörende Wettbewerb und das Ausufern der Wünsche hemmen die Möglichkeit des Menschen, die Göttlichkeit in sich und den anderen Menschen wahrzunehmen. Diese Möglichkeiten des Menschen sind dem gewöhnlichsten der menschlichen Art zugänglich und unterscheiden den Menschen von der übrigen Schöpfung Gottes.[9]

Dieser wahre Glaube an die Güte des Menschen hinderte ihn nicht daran zu sagen: „Ich weiß, dass ich nichts tun kann. Gott kann alles tun. Herr! Mache mich zu Deinem brauchbaren Werkzeug und benutze mich, wie Du es willst. Der Mensch ist nichts."[10] Gandhi vertraute auf Gott und interessierte sich für die Möglichkeiten, mit denen das Potenzial des Menschen hier und jetzt verwirklicht werden könnte. Gandhis Religiosität *(Satyagraha*-Religiosität), wie sie im ersten Kapitel dargestellt wurde, war die Erfahrung Gottes als der Wahrheitskraft und die bedeutete Treue zur Wahrheit, die das Selbst *(Atman)* ist. Dem *Selbst* treu sein umfasst den Dienst am Leben, das Gott ist. Wer ernsthaft die Wahrheit sucht, weiß, dass er ein Anhänger des Lebens werden muss, um der Wahrheit zu dienen. Vollkommenheit wird durch Dienst erlangt. „Wir erheben uns nur durch tatsächlichen Dienst und dadurch, dass wir die Gefahr auf uns nehmen, beim Die-

---

Sprache ist dem Ausdruck der Realität unangemessen" (ebd.) Wichtig zu bemerken ist, dass der letztgültige Grund für Selbstbeschränkung die Teilhabe des Menschen am göttlichen Wesen ist, vgl. CW XLIX, S. 231.

[7] CW L, S. 80; Ein Brief.

[8] In dieser „Agape" Entwicklung wurde Gandhi ganz gewiss durch seine Kontakte mit Christen in Südafrika und von seiner Faszination durch die Bergpredigt beeinflusst.

[9] Ebd.

[10] CW XXV, S. 222; My Refuge; *Young India*, 9. Oktober 1924.

nen Fehler zu machen."[11] Gandhis Lebensphilosophie kann folgendermaßen zusammengefasst werden: Der Sinn des menschlichen Lebens ist Selbstverwirklichung. Das einzig und alleinige Mittel, diese zu erreichen, ist, dass man sein Leben im wahren selbstlosen Dienst an der Menschheit zubringt, sich selbst darin verliert und die Einheit des Lebens erkennt.[12]

2.1.1. Wahrheit und *Ahimsa*

Dies kann als Gandhis theologische Anthropologie betrachtet werden,[13] doch wir sollten uns beeilen hinzuzufügen, dass Gandhi keine systematische Abhandlung geschrieben hat, sondern sich einer Pädagogik der Selbstverwirklichung verpflichtet fühlte: einer Art von EINS-MIT-DEM-LEBEN sein, gleichbedeutend mit dem Dienst am Leben. Wie kann der Mensch sich selbst treu sein und gleichzeitig dem Leben dienen und sich darin verwirklichen? Das Streben danach führte Gandhi durch zahllose Kämpfe.

Nach seiner Entscheidung, aufgrund des Massakers von Chauri Chaura die Bewegung des zivilen Ungehorsams abzublasen, schrieb Gandhi im März 1922 in einem Brief an Jamlal Bajaj:

Während ich auf meiner Suche nach Wahrheit voranschreite, wird mir bewusst, dass die Wahrheit alles umfasst. Ich habe oft das Gefühl, dass Ahimsa in der Wahrheit ist und nicht umgekehrt. Was wir mit reinem Herzen in einem bestimmten Augenblick wahrnehmen, ist für diesen Augenblick für uns die Wahrheit. Wenn wir diese festhalten, können wir die reine Wahrheit erlangen. Und ich kann mir nicht vorstellen, dass uns dies in irgendein moralisches Dilemma führen wird. Aber sehr oft ist es schwierig zu entscheiden, was Ahimsa ist. Selbst die Verwendung von Desinfektionsmitteln ist *Himsa*. Dennoch müssen wir inmitten einer Welt voller Himsa ein Leben in Ahimsa führen, und das können wir nur, wenn wir uns an die Wahrheit halten. Deshalb kann ich Ahimsa aus der Wahrheit ableiten. Aus der Wahrheit entspringen

---

[11] CW XXX, S. 430; Brief an Santhanam.

[12] CW XLI, S. 291; *Navajivan* (H), 15. August 1929.

[13] Man wird Gandhi nicht gerecht, wenn man seine Gedanken im westlichen Sinn in Theologie, Anthropologie, Kosmologie und Philosophie unterteilt. Gandhis Denken ist seinem Wesen als ‚ganzheitlicher Ansatz' nach pädagogisch, das heißt, es ist zugleich theologisch, anthropologisch, kosmologisch und philosophisch.

Liebe und Zartheit. Ein Verehrer der Wahrheit, einer, der sich gewissenhaft an die Wahrheit hält, muss äußerst demütig sein.[14]

Zwei Jahre später schrieb er:

Ich möchte Gott von Angesicht zu Angesicht sehen. Ich weiß, dass Gott die Wahrheit ist. Für mich ist das einzige Mittel, Gott zu erkennen, Gewaltfreiheit – Ahimsa – Liebe.[15] Keine Suche ist großartiger als die nach der Wahrheit. Das einzige Mittel, sie zu finden, ist Gewaltfreiheit in ihrer äußersten Form. Nur weil wir sie nicht kennen, wollen wir gewaltsam anderen das aufzwingen, was wir für Wahrheit halten.[16]

Unmittelbar vor der Salz-*Satyagraha* bekräftigte Gandhi seinen Glauben an *Ahimsa* und erklärte sie für den kürzesten Weg zur Freiheit[17]:

Meine Liebe zur Gewaltfreiheit ist allem Weltlichen und Überweltlichen überlegen. Sie kommt nur meiner Liebe zur Wahrheit gleich, die für mich gleichbedeutend mit Gewaltfreiheit ist, durch die ich und nur durch die allein ich die Wahrheit sehen und erreichen kann.[18]

Aus dieser Äußerung ist ersichtlich, dass den Experimenten Gandhis eine intensive Suche nach der didaktischen Beziehung zwischen Wahrheit und *Ahimsa* und deren allmählicher Entwicklung zugrunde lag. „Die Wahrheit kam auf natürlichem Wege zu mir, während ich *Ahimsa* durch Kampf erwarb. Aber *Ahimsa* ist das Mittel, das uns auf natürliche Weise in unserem Alltagsleben mehr angeht."[19] Die Verbindung zwischen beiden verdankt sich dem Umstand, dass die Wahrheit von der Auffassung des Suchenden abhängt (deshalb hat er nicht das Recht, die Wahrheit anderer zu zerstören).

Für die Wahrheit im Innern bedeutet die Wahrnehmung äußerer Gewalt die Weigerung, die Wahrheit im Innern anzuerkennen (ebenso wie eine Vernachlässigung der Wahrnehmung des „Feindes im In-

[14] CW XXIII, S. 97.
[15] CW XXIII, S. 340; *Young India* 3. April 1924.
[16] Ebd., S. 367.
[17] CW XXXII, S. 390.
[18] CW XXXII, S. 484; *Young India*, 20. Februar 1930. Hervorhebung hinzugefügt.
[19] Talk with a Friend; *Harijan*, 23. Juni 1946.

nern"). [20] Die Freiheitskämpfe der frühen Zwanzigerjahre, die zwischen dem Weckruf zum Handeln und dem schrecklichen Ruf, der Einhalt gebot, eingeklemmt waren, spiegeln die lebendige Verbundenheit von Wahrheit und *Ahimsa* wider. [21] Die erfolgreiche Beendigung des Bardoli-Kampfes und die Reaktion fast der gesamten Nation auf die Salz-*Satyagraha* haben Gandhi wohl der dynamischen Wechselbeziehung zwischen Wahrheit und *Ahimsa* als einer Beziehung zwischen Zweck und Mittel versichert. [22] Im Juli 1930 schrieb er an Narandas Gandhi:

Ahimsa und Wahrheit sind so sehr miteinander verflochten, dass es praktisch unmöglich ist, sie zu entflechten und voneinander zu trennen. Jedenfalls ist *Ahimsa* das Mittel und Wahrheit der Zweck ... Wenn wir Sorge für das Mittel tragen, müssen wir früher oder später den Zweck erreichen. [23]

Beide sind so sehr miteinander verbunden, dass Gandhi den gesamten Hindu-Glauben als eine „Suche nach der Wahrheit mit gewaltfreien Mitteln" definierte. [24] Gegen Ende seines Lebens waren für ihn die *Gita*, die *Upanischaden* und Patanjalis *Yoga* der Höhepunkt von *Ahimsa* und Einheit der Schöpfung, und er erklärte sie zur Lebensweise aller Menschen [25] und dem Gesetz unserer Art. [26] Die Verflochtenheit von Wahrheit und *Ahimsa* hat auch eine häusliche Dimension: Gandhis „reformierende" Wirkung auf seine Frau Kasturba und ihre „unvergleichliche Kraft der Beharrlichkeit" [27]. Er

---

[20] Gandhi, M.K.: From Yeravda Mandir. Ashram Observances, Ahmedabad: Navajivan Publishing House, 1986, S. 5.
[21] Die kursorische Lektüre der *Collected Works* aus der Zeit zwischen 1915 und 1925 zeigt, dass Wahrheit und Ahimsa recht regelmäßig und oft zusammen genannt werden.
[22] Der Satyagraha-Kampf in Südafrika war gewaltfrei. Im indischen Nationalkampf dagegen stand Gandhi wirklich dem Problem der Gewalt in ihren verschiedenen Formen gegenüber.
[23] CW XXXIV, S. 89. Vierzehn Tage danach schickte er einen weiteren Brief mit dem folgenden Diagramm an Narandas: Wahrheit // Ahimsa // Wahrheit // Ahimsa // Brahmacharya – Kontrolle des Gaumens // nicht stehlen // nicht besitzen // Furchtlosigkeit u.a. Auf diese Weise kann Ahimsa von Wahrheit abgeleitet werden oder sie kann mit Wahrheit und allen Beobachtungen, die in beiden oder in der Wahrheit allein enthalten sind, gleichgesetzt werden. (ebd).
[24] CW XXIII, S. 485, *Young India*, 24. April 1924.
[25] CW LXXXVI, S. 134, 20. November 1946.
[26] CW XVIII, S. 133.
[27] Gandhi, M.K.: The Story of My Experiments with Truth, S. 255f.

gab Salz und Hülsenfrüchte auf, um sie in ihrer Krankheit moralisch zu unterstützen,[28] sein Kompromiss (der seinem Gelübde widersprach), Ziegenmilch zu trinken, da Kasturba während einer seiner Rekonvaleszenz-Zeiten darauf bestand, u. ä.[29] bezeugen den Kampf und die Zunahme an *Ahimsa* durch häusliche *Satyagraha*. N.K. Bose meint, Gandhis Verständnis von Gewaltfreiheit leite sich von der Beziehung zu seiner Mutter ab, die eine unendliche Fähigkeit zum Selbstleiden und wertschätzenden Dienst für andere hatte. Diese Eigenschaften projizierte er zu Recht auf die breite Leinwand des sozialen Lebens.[30]

2.2. *Satyagraha* und Gewalt

Zwar ist *Ahimsa* das umfassende Lebensprinzip und das sichere Mittel der Selbstverwirklichung, doch wir sind wehrlos in zerstörerischer *Himsa* gefangen. Schon allein die Tatsache, dass wir leben – essen, trinken usw. – schließt *Himsa*, Vernichtung von Leben, ein und ist unvermeidlich.

Darum bleibt ein Verehrer von *Ahimsa* seinem Glauben treu, wenn die Quelle aller seiner Handlungen Mitgefühl ist, wenn er, so gut er kann, seine Fähigkeit zur Vernichtung auch nur des kleinsten Geschöpfes scheut, es zu retten versucht und auf diese Weise danach strebt, vom tödlichen Wirrwarr von *Himsa* frei zu sein.[31]

Gandhi akzeptierte, dass die Gewalt des täglichen Lebens unvermeidbar war: 1) Wegen Gesundheit und Hygiene müssen niedere Lebewesen vernichtet werden. „Zwar ist es Gewalt, aber es ist Pflicht".[32] 2) Um das Leben anderer zu schützen und größeres Übel zu verhindern, muss man Gewalt gebrauchen. 3) Man muss das Leben derer schützen, die einem anvertraut sind: „Wer einen Mörder nicht tötet, der im Begriff ist, den zu töten, der einem anvertraut ist, erwirbt keinen Verdienst, sondern begeht (wenn es nicht anders verhindert werden kann) eine Sünde. Er übt in dem Fall nicht *Ahimsa*, sondern aus

---

[28] Ebd., S. 298f.
[29] Ebd., S. 298f.
[30] Bose, N.K.: My Days With Gandhi, Calcutta: Indian Associated Pub. Co. Ltd. 1953, S. 144-146.
[31] Gandhi, M.K.: The Story of My Experiments with Truth, S. 318.
[32] *Young India*, 2. und 21. Oktober 1926.

einer törichten Auffassung von *Ahimsa* in Wirklichkeit *Himsa* aus."[33]
4) In einer äußerst hoffnungslosen Lage ist auch ein Töten aus Barmherzigkeit erlaubt.[34]

Größere Sorgen machte sich Gandhi über den tödlichen Wirrwarr
von *Himsa*, der verschiedene Stärkegrade erreicht hatte.

2.2.1. Moderne Zivilisation und kulturelle Gewalt

Schon 1908 hatte Gandhi die in der modernen Zivilisation vertretene
institutionalisierte Gewalt verurteilt. „Aufgrund der Versklavung
durch die Versuchung des Geldes und des Luxus, den man mit Geld
kaufen kann, versucht [die moderne Zivilisation] die körperliche Bequemlichkeit zu vergrößern" und ist insofern im Grunde „Religionslosigkeit".[35] Indem Indien dieser kranken Religion folgt, kehrt es sich
von Gott ab.[36] 1921 schrieb Gandhi in *Young India*, seine Verurteilung
der modernen Zivilisation sei stärker denn je, und er hoffe auf ein Indien, das davon frei sei.[37]

[Moderne] Zivilisation ist wie eine nagende Maus, die wir niedlich
finden. Wenn wir uns ihre Wirkung vollkommen klarmachen, sehen wir, dass religiöser Aberglaube im Vergleich mit moderner
Zivilisation harmlos ist.[38]

2.2.2. Fremdherrschaft und Gewalt

Bei seinem Prozess am 18. März 1922 sagte Gandhi, das gesamte britische Regierungssystem habe dem Land irreparablen Schaden zugefügt, indem es Indien „entmännlicht" habe.[39] Während der Barcoli-
Satyagraha, als die Regierung zu Terrorismus und Tyrannei gegriffen
und die Menschen eingeschüchtert habe, indem sie Pathanen in den
Dörfern[40] stationiert habe, entlarvte Gandhi die zugrunde liegende
Gewalt der Regierung und sagte: „Das ‚unbezweifelbare Recht' der
Regierung ist die unbeschränkte Erlaubnis, Indien bis zum Verhun-

---

[33] *Young India*, 4. November 1926.
[34] Ebd.
[35] Gandhi, M.K.: Hind Swaraj or Indian Home Rule, Ahmedabad: Navajivan 1938, S. 36f.
[36] Ebd. S. 44-60.
[37] Ebd. S. 16f.
[38] Ebd. S. 43.
[39] CW XXIII, S. 114 und 118.
[40] CW XXXVI, S. 353.

gern ausbluten zu lassen."[41] In seinem Brief am 2. Februar 1930 an C.F. Andrew schrieb Gandhi:

> Die zunehmende Gewalt der Regierung drückt sich auf verschiedene Weise aus, z. B. in der subtilen Ausbeutung und den Strafverfolgungen, die aus der Ausbeutung notwendig folgen. Du wirst dich an die Ausweitung der Bedeutung von Gewalt erinnern, von der ich gesprochen habe. Gier, Diebstahl, Unwahrheit, korrupte Diplomatie – alles das sind Phasen oder Zeichen oder Folgen gewalttätiger Gedanken und Handlungen. Die Auswirkungen dieser Gewalt auf das Denken Gebildeter ist bemerkenswert und nimmt von Tag zu Tag zu. Darum muss ich mich mit dieser doppelten Gewalt beschäftigen.[42]

Gandhi reagierte mit einem starken Artikel auf Kommentare in der britischen Presse über seinen Vorschlag, Indien solle den *Dominion*-Status bekommen, indem er schrieb: „Der Fortschritt in Richtung auf die sogenannte verfassungsmäßige Freiheit bedeutet bisher eine größere Last für die stummen Millionen und mehr Geld in die Taschen der Briten."[43] Das Geld kam „in Form von Darlehen oder Garantien der Regierung von Indien, die dem Militär und der Beamtenschaft übergeben wurden oder in Form von Vorteilen für die britischen Industriellen auf Kosten Indiens oder in Form von Konzessionen, die britischen Händlern, Kapitalisten oder Spekulanten gewährt wurden."[44] Er fährt fort:

> Aber damit dieser enorme Beitrag widerstandslos geleistet werde, organisierte die britische Regierung Gewalt in einem bis dahin unbekannten Ausmaß und manipulierte auf so heimtückische Weise, dass die Gewalt nicht leicht als solche empfunden werden konnte. Die britische Herrschaft erscheint mir als vollkommene Personifizierung von Gewalt.[45]

Dann stellt Gandhi dar, wie diese Gewalt ausgeübt wird:

---

[41] CW XXXVI, S. 442.
[42] CW XLII, S. 444.
[43] CW XLII, S. 450; *Young India*, 6. Februar 1930.
[44] Ebd., S. 451.
[45] CW XLII, S. 451.

Wir wollen verstehen, wie organisierte Gewalt funktioniert und wie sie als solche viel mehr Schaden tut als sporadische, gedankenlose, plötzliche Ausbrüche. Geordnete Gewalt versteckt sich oft hinter Tarnung und Heuchelei, die als gute Absichten, Aufträge, Konferenzen und dergleichen erscheinen oder sogar als Maßnahmen, die so aufgefasst werden, als sollten sie dem öffentlichen Wohl dienen, aber in Wirklichkeit sind sie nur für den Übeltäter von Vorteil. Gier und Betrug sind oft gleichermaßen Grund wie Folge von Gewalt.[46]

Er wusste, dass Gewalt, „die die Maske von Frieden und sogenanntem Fortschritt trägt", länger anhält als „nackte Gewalt". Das wird am deutlichsten durch das Vorhandensein „einheimischer Interessen, die der britischen Herrschaft folgen: die vermögenden Männer, Spekulanten, Aktionäre, Landbesitzer, Fabrikbesitzer und dergleichen." Sie leben als Werkzeuge und Agenten der britischen Chefs vom Blut der Massen.[47] Er spricht von der britischen Herrschaft als von „einem Fluch für Indien" und erklärt das so:

Sie hat uns zur politischen Knechtschaft herabgewürdigt, sie hat das Fundament unserer Kultur untergraben. Durch die Politik der grausamen Entwaffnung hat sie uns spirituell entwürdigt. Da uns die innere Stärke fehlt, sind wir auch durch alles andere über die allgemeine Entwaffnung hinaus zu einem Zustand erniedrigt worden, der an feige Wehrlosigkeit grenzt.[48]

2.2.3. Staat und Gewalt

Gandhi verurteilte Hitler, indem er sagte, der kenne „keinen Gott, sondern nur brutale Macht".[49] Er sprach gegen den Krieg und erklärte, er „würde die Freiheit keines Landes mit Gewalt erkaufen",[50] und gleichzeitig stellte er die Gewalt aller am Krieg Beteiligten heraus:

Ich sehe keinen Unterschied zwischen der faschistischen Nazi-Macht und den Alliierten. Alle sind Ausbeuter, alle greifen in ei-

---

[46] CW XLII, S. 452.
[47] CW XXXXII, S. 452.
[48] CW XLIII, S. 3. Vgl. auch den Text der Unabhängigkeitserklärung vom 26. Januar 1930 in CW XLII, S. 427f.
[49] CW LXX, S. 162.
[50] CW: WOC, S. 121.

nem solchen Maß auf Schonungslosigkeit zurück, wie sie es für
das Erreichen ihrer Zwecke brauchen. Amerika und Britannien
sind sehr große Nationen, aber ihre Größe wird vor dem Gericht
der stummen afrikanischen und asiatischen Menschheit zu Staub
zerfallen.[51]

Gandhi distanzierte sich vom russischen Bolschewismus (wie er ihn
auffasste) und sagte: „Soweit er auf Gewalt und der Leugnung Gottes
basiert, stößt er mich ab. Ich glaube nicht an gewaltsame Abkürzun-
gen [des Weges] zum Erfolg."[52] Gandhi wiederholte gegenüber dem
führenden indischen Kommunisten M.N. Roy, er könne „das Joch des
Bolschewismus, wie er es darstelle, nicht leichter ertragen als das des
Kapitalismus. [...] Herrschaft des Mobs ist die millionenfach verviel-
fältigte Alleinherrschaft."[53]

Der bolschewistische Versuch, die Institution Privateigentum abzuschaffen, könnte die Umsetzung des ethischen Ideals von Nichtbesitzen im Wirtschaftsbereich sein, wenn es durch friedliche Überzeugungsarbeit erreicht würde. Aber gewaltsame Enteignung des Privat-
besitzes und dessen Überführung in eine kollektive Eigentümerschaft
des Staates könne nicht von Dauer sein. Gandhi war auch die wirtschaftliche Ausbeutung zwischen und in Nationen bewusst:

Ein bewaffneter Konflikt zwischen Nationen erschreckt uns. Aber
der Wirtschaftskrieg ist nicht besser als ein bewaffneter Konflikt.
Damit ist es wie mit einer chirurgischen Operation. Ein Wirtschaftskrieg ist eine in die Länge gezogene Folter. Und seine Ver-
heerungen sind nicht weniger schrecklich als die in der Literatur
über Krieg beschriebenen beim Namen genannten Kriege. Wir
denken über den Wirtschaftskrieg nicht nach, weil wir seine tödlichen Wirkungen gewohnt sind.[54]

Gandhi sprach zwar vom gewaltfreien Sozialismus bzw. Kommunismus, aber er war der Meinung, dass Klassenkampf für Indien keine
angemessene Reaktion auf wirtschaftliche Gewalt sei, denn er sei dem
Wesen Indiens fremd. Sozialismus und Kommunismus des Westens
gründeten sich auf die Vorstellung, der Mensch sei *seinem Wesen nach*

---

51 Vgl. CW LXXVI, S.187.
52 CW XXV, S. 424; My Path; *Young India*, 11. December 1924.
53 CW XXV, S. 531; Meaning of Bolshevism; *Young India*, 1. Januar 1925.
54 MPW, Bd. II, S. 312; Non-Violence – The Greatest Force; *The Hindu*, 8. November 1926.

selbstsüchtig, während der Osten immer geglaubt habe, der Mensch sei fähig, sich über sich selbst zu erheben, um auf den Ruf des Geistes zu antworten.[55] Deshalb schrieb er:

> Mit der größten Furcht sehe ich die Zunahme der Macht des Staates, denn auch, wenn er mit der Verminderung der Ausbeutung anscheinend etwas Gutes tut, fügt er doch der Menschheit den größten Schaden zu, indem er die Individualität, die die Wurzel allen Fortschritts ist, vernichtet.[56]

Das tatsächliche Funktionieren der damaligen Demokratien enthielt diese gewalttätigen Elemente:

> Deshalb gründen sich die Demokratien, die wir in England, Amerika und Frankreich am Werk sehen, nicht weniger auf Gewalt als Nazideutschland, das faschistische Italien und selbst Sowjetrussland. Der einzige Unterschied ist, dass die Gewalt der drei zuletzt Genannten viel besser organisiert ist als die der drei demokratischen Mächte. Und doch sehen wir heute ein verrücktes Wettrennen, bei dem die Länder hinsichtlich der Bewaffnung einander ausstechen wollen.[57]

Die religionsfremde, konsumorientierte Wettbewerbskultur bzw. der Kapitalismus und der zentralisierte, vom Staat kontrollierte Sozialismus bzw. Kommunismus sind die modernen Akteure der Gewalt. Gandhi ging beiden aus dem Weg.

2.2.4. Missionsgewalt

Gandhi zeigt in seiner Darstellung des *Varna*-Systems, wie es im Hinduismus besteht, deutlich, dass sich Gewalt auch in Religion (Hinduismus) einschleichen und sie zu einer Farce machen kann. Davon war schon im ersten Kapitel die Rede. Hier wollen wir uns auf Gandhis Umgang mit Missionsgewalt beziehen. In seiner Autobiografie erinnert sich Gandhi daran, dass christliche Missionare an einer Straßenecke in der Nähe seiner weiterführenden Schule gestanden und öffentlich Hindus und ihre Gottheiten geschmäht hatten.[58] Er erzählt

---

[55] CW LVIII, S. 248; Answers to Zamindars; *The Pioneer*, 3. August 1934.
[56] Interview mit Nirmal Kumar Bose, *The Hindustan Times*, 17. Oktober 1935.
[57] CW LXVIII, S. 389f.; Working of Non-Violence, *Harijan*, 11. Februar 1939.
[58] Gandhi, M.K.: The Story of My Experiments with Truth, S. 46.

auch von einem zum Christentum Bekehrten, der „Rindfleisch essen, Alkohol trinken, andere Kleider anziehen und in europäischer Kleidung gehen musste".[59] Diese frühen Erfahrungen regten ihn zu späteren Äußerungen über missionarische Aktivitäten an. In seiner Rede vor christlichen Missionaren in Kalkutta sagte Gandhi im CVJM:

Ihr Missionare kommt nach Indien und denkt, ihr kämet in ein Land von Heiden und Götzenanbetern, von Menschen, die Gott nicht kennen. Einer der größten christlichen Theologen, Bischof Heber, schrieb zwei Zeilen, die mir immer einen Stich versetzen: „Wo jede Aussicht gefällt und nur der Mensch abscheulich ist." Ich wünschte, er hätte sie nie geschrieben.[60]

In derselben Rede sagte er, christliche Missionare seien nach Indien gekommen „im Schatten, oder, wenn man will, unter dem Schutz der gegenwärtigen Macht. Diese schuf eine unmögliche Schranke".[61] Gandhi sagte ihnen deutlich, es sei weder ihre Mission, die Menschen zu bekehren, noch ihnen etwas zu geben. Ihre Aufgabe sei weit höher, nämlich wahre Männer und Frauen als ebenfalls Suchende kennenzulernen und von ihnen zu lernen. Er fügte hinzu: „Ich vermisse Empfänglichkeit, Demut, die Bereitschaft eurerseits, euch mit den Massen Indiens zu identifizieren."[62] Er sagte, die indischen Christen hätten mit ihrer Nachahmung der Europäer ihrem Land und selbst ihrer neuen Religion Gewalt angetan. In seiner Rede vor Christen in Colombo sagte Gandhi, vieles von dem, was als Christentum durchgehe, stehe im Widerspruch zur Bergpredigt.[63] Er sagte: „Wir brauchen weder mit unserer Rede noch mit unseren Schriften Proselyten zu machen. Tatsächlich können wir das nur mit unserer Lebensführung tun."[64] Er bat die Missionare: „Bitte tut den Menschen, mit denen ihr

---

[59] Ebd., S. 47.
[60] CW XXVII, S. 436; Speech at Meeting of Christian Missionaries in Calcutta; Young India, 28. Juli 1925. Gandhi versicherte, sie würden in den zahlreichen Hütten der Unberührbaren Gott finden. Vgl. auch CW LXVIII, S. 252f.; Harijan, 7. Januar 1939.
[61] CW XXVI, S. 438.
[62] CW XXVII, S. 438. C.F. Andrews räumt ein, dass es eine „Überschneidung der christlichen Missionsarbeit mit dem eindringlichen und allgegenwärtigen Umfeld der britischen Verwaltung" gegeben habe. (Andrews, C. F.: Mahatma Gandhi's Ideas, S. 85).
[63] CW XXXV, S. 248; Speech at Y.M.C.A., Colombo; Young India, 8. Dezember 1927.
[64] Ebd., S. 249.

euer Schicksal teilt, keine Gewalt an. Es gehört nicht zu eurer Berufung, das versichere ich euch, das Leben der Menschen im Osten aus seinen Wurzeln zu reißen."[65] Gandhi betrachtete die Missionsarbeit seiner Zeit als Gewalt gegen den Geist Indiens, sein Volk und den Begriff Religion an sich.[66] 1940 sagte Gandhi in einem Interview mit Francis G. Hickman:

[Und hier] lassen Sie mich ein Wort über Ihre Missionare sagen. Sie schicken sie umsonst hierher, aber auch das gehört zur imperialistischen Ausbeutung. Denn sie wollen uns euch gleich machen, zu besseren Käufern Ihrer Waren und unfähig, ohne Ihre Autos und ihren [übrigen] Luxus auszukommen. Das Christentum, das Sie uns schicken, ist verfälscht. Wenn Sie Schulen, Colleges und Krankenhäuser einrichten würden, ohne dass Sie dabei darauf abzielten, den sogenannten Christen eine weitere Anzahl hinzuzufügen, wäre Ihre Philanthropie makellos.[67]

Die christlichen Missionare erkannten nicht, dass es im „Land der Heiden" Fromme mit tiefer und grundlegender Gotteserfahrung gab, die mit der ihren gleichwertig war. Der größte Ärger mit einem christlichen Missionar ist nicht, dass er sich auf seine eigene Erfahrung verlässt, sondern dass er bestreitet, dass ein Hindu ein frommes Leben führen kann. Ebenso wie der Missionar spirituelle Erfahrung und Freude an der Gemeinschaft hat, so hat sie auch ein Hindu.[68] Gandhi hielt es für absurd und gefährlich, in Glaubenssachen von Überlegenheit zu sprechen. Man sollte dies der Absolutheit Gottes überlassen und die Verbindung zu seinem Nächsten vertiefen.[69] Alleinanspruch auf die Wahrheit zu erheben sei eine arrogante Haltung, der es an Demut fehle und die Gottes Absolutheit nicht erkenne.[70]

---

[65] Ebd., S. 250.
[66] CW XXXV, S. 251. In seinem Brief (1.3.1923) an Louise Cruppe (Frankreich) schrieb Romain Rolland: „Ich rücke immer weiter von der Kirche ab. Die Monate, in denen ich bei Gandhi gelebt habe, haben mich ihren Niedergang noch stärker empfinden lassen. Eigentlich tut Gandhi nichts weiter, als instinktiv Christi Lehre und Geist wieder aufzunehmen." (Romain Rolland: Gandhi Correspondence, S. 368f.)
[67] CW LXXXHI, S. 29; *Harijan*, 29 September, 1940.
[68] *Harijan*, 18. Juli 1936.
[69] *Harijan*, 15. Dezember 1933.
[70] *Young India*, 8. November 1927.

Heute erzählen sie den Leuten, es gebe kein Heil außer in der Bibel und im Christentum. Es ist üblich, andere Religionen zu verunglimpfen und die eigene als die einzig wahre anzubieten, die allein Erlösung bringen könne. Diese Haltung muss radikal geändert werden.[71] Ein Missionar gehe zu den Leuten [besonders zu den *Harijans*] wie jeder andere Warenverkäufer. Er habe keine besonderen spirituellen Verdienste, die ihn von denen unterschieden, zu denen er gehe.[72] Alle Hauptreligionen der Welt haben große Heilige hervorgebracht.[73] Man sollte die Heiligkeit einer Religion nicht zu einem Werkzeug der Trennung und Unterwerfung verfälschen. Die Tatsache, dass es in jeder Religion Heilige gibt, sollte die fundamentale Wahrheit einer jeden Religion und ihre Gültigkeit an sich und nicht im Vergleich mit anderen bestätigen.

2.2.5. Gewalt gegen die Schöpfung

Die Auffassung Gandhis von Gewalt geht tiefer und weiter als die der marxistischen Analyse der Ausbeutung. In den *Ashram Observances* lesen wir:

Das Prinzip *Ahimsa* wird durch jeden bösen Gedanken, jede unangemessene Eile, durch Lügen, durch Hass und dadurch, dass man irgendjemandem Böses wünscht, verletzt. Es wird auch dadurch verletzt, dass wir etwas für uns behalten, was die Welt braucht. Aber die Welt braucht sogar das, was wir Tag für Tag essen. Auf der Stelle, auf der wir stehen, sind Millionen von Mikroorganismen, denen die Stelle gehört und die wir durch unsere Anwesenheit dort verletzen.[74]

Aber Gandhi verlief sich nicht im Labyrinth der Jainas, indem er die Moral vom Töten von Schlangen und Keimen erörterte. Am Ende einer langen Kontroverse über das „Töten eines Kalbes, um sein schreckliches Leiden zu beenden", schrieb Gandhi:

---

[71] *Harijan*, 14. Juli 1947.
[72] *Harijan*, 3. April 1937.
[73] Gandhi, M.K.: From Yeravda Mandir. Ashram Observances, S. 24.
[74] Gandhi, M.K.: From Yeravda Mandir. Ashram Observances, S. 6.

Die geläufige (und meiner Meinung nach falsche) Ansicht über *Ahimsa* hat unser Gewissen betäubt und unempfindlich gegen heimtückischere Formen von Gewalt gemacht: gegen harte Worte, harte Urteile, Böswilligkeit, Zorn, Gehässigkeit und Lust an der Grausamkeit. Sie lässt uns vergessen, dass viel mehr Gewalt in dem langsamen Foltern von Mensch und Tier, in Verhungernlassen und Ausbeutung liegt, denen sie aus selbstsüchtiger Gier unterworfen werden, in der schamlosen Demütigung und Unterdrückung der Schwachen und im Abtöten ihrer Selbstachtung, die wir heute um uns her erleben müssen, als im gnädigen Beenden eines Lebens.[75]

Gandhi war die Gewalt gegen nicht menschliche Geschöpfe und die Natur, die letzten Endes eine Verletzung der menschlichen Existenz ist, immer bewusst:

Wir wissen nicht, welche Rolle die sogenannten schädlichen Geschöpfe in der Ökonomie der Natur spielen. Wir kennen Berichte über Menschen, deren Liebe die Grenzen ihrer Art überschreitet und die sogar unter wilden Tieren vollkommen sicher leben.[76]

Auf diese Weise nahm das Verständnis Gandhis von Gewalt nicht nur die moderne Sorge um die Ökologie voraus, sondern bedeutete eine Herausforderung an die Menschen, ihre Liebe auf die gesamte Schöpfung auszudehnen und eine ökologiefreundliche Lebensweise zu entwickeln.

2.2.6. Persönliche Gewalt

Schon im obigen Zitat zeigt sich Gandhis Besorgnis über Gewalt, die durch Wort, Tat und Gedanken dem Nächsten angetan wird. Eifersucht und Lust sind unterschiedliche Schattierungen von Gewalt, und Gandhi gibt zu, dass es sie im frühen Zusammenleben mit seiner Frau gegeben habe.[77] Auch jede Heimlichkeit hielt er für Sünde: „Heimlichkeit ist meiner Ansicht nach Sünde und ein Zeichen von Gewalt und muss deshalb durchaus vermieden werden, besonders, wenn die

---

[75] CW XXXVII, S. 312; The Fiery Ordeal; *Young India*, 4. Oktober 1928.
[76] CW XXXIV, S. 131; Ages Old Problem; *Young India*, 7. Juli 1927.
[77] Gandhi, M.K.: The Story of My Experiments with Truth, S. 38.

Freiheit der schweigenden Millionen das Ziel ist. Folglich ist jede Untergrundaktivität tabu."[78] Geld abnötigen, Züge aufhalten, Plündern und den Gegner beschimpfen wurden während eines *Satyagraha*-Kampfes als Formen von Gewalt behandelt.[79] Unnötiger Konsum[80] und das, was die Welt braucht, für sich zu behalten, läuft auf Gewalt hinaus.[81]

Pyarelal berichtet von einem Gespräch Gandhis mit Louis Fischer, in dem Gandhi sagte: „Feigheit ist doppelt destillierte Gewalt."[82] Er bewunderte die Tapferkeit und Hingabe von Subhas Chandra Bose und Jayaprakash Narayan, aber wandte ein, dass ihre Gewaltmethode keine dauerhafte Lösung für Indiens Probleme bringe.[83] Jede Art bewaffneter Erhebung betrachtete er als ein Heilmittel, das schlimmer als die Krankheit sei, die es habe kurieren sollen.[84] Terrorismus und Täuschung seien, außer dass sie gewaltsam sind, Waffen der Schwachen,[85] ebenso wie Anarchismus ein „Zeichen von Angst" sei.[86]

Kurz gesagt: Gandhi war überzeugt, dass jede Form von Gewalt eine Form von Sünde und deshalb Religionslosigkeit sei. Wir sollten nach vollkommener Gewaltfreiheit streben und Gewalt auf ein Mindestmaß reduzieren.[87] *Satyagraha* ist Einssein mit dem Verletzten, um Eins mit dem Leben zu sein.

2.3. *Satyagraha* und Gewaltfreiheit

Auch wenn Gandhi den tödlichen Wirrwarr der Gewalt kannte, der jede Faser des Menschen bedrohte, vertraute er der Gewaltfreiheit als „der stärksten Kraft in der Welt, als der sichersten Methode, die Wahrheit zu entdecken, und dem schnellsten und einzigen konstruktiven Prozess der Natur, um Gewalt zu begegnen".[88] In einem seiner Gespräche mit Khan Abdul Ghaffar Khan sagte Gandhi:

---

[78] Pyarelal: Mahatma Gandhi. The Last Phase, S. 37.
[79] CW XV, S. 221; CW XVIII, S. 462.
[80] CW XIII, S. 37.
[81] CW XLIV, S. 58; Brief an Narandas Gandhi; 28. Juli 1930.
[82] Pyarelal: Mahatma Gandhi. The Last Phase, S. 248.
[83] CW LXXI, S. 113-115.
[84] CW XVII, S. 483.
[85] CW XVIII, S. 271.
[86] CW XVIII, S. 214.
[87] CW XXX, S. 538; Navajivan, 6. Juni 1926.
[88] CW XXV, S. 322f.

Gewaltfreiheit ist ein aktives Prinzip höchster Ordnung. Es ist *soul-force* oder Kraft der Gottheit in uns. Der unvollkommene Mensch kann nicht das Ganze dieses Wesens fassen, er könnte seinen ganzen Glanz nicht ertragen, aber selbst ein unendlich kleiner Teil davon kann, wenn er in uns tätig wird, Wunder wirken. ... Wir werden in dem Maße gottähnlich, wie wir Gewaltfreiheit verwirklichen. Aber wir können niemals ganz und gar wie Gott werden.[89]

Gewaltfreiheit ist wie Radium: es ist selbsttätig und wirkt unaufhörlich, still und auf subtile und unsichtbare Weise. Gandhi gebrauchte lieber den Ausdruck *Ahimsa*, Gewaltfreiheit, als Liebe. Der negative Begriffsinhalt *a-himsa* = nicht töten ist in Wirklichkeit ein positiver und sachgerechter Blick auf die Realität. Wir haben gesehen: Realität ist von Gewalt zerrissen und die positive Art und Weise, mit Gewalt umzugehen, besteht darin, sie durch aktiven Widerstand gegen sie auf ein Minimum zu reduzieren. In diesem Sinne spiegelt *Ahimsa* besser die Feinheiten des Begriffs Gandhis wider. In der negativen Form bedeutet das Wort auch: kein lebendes Wesen an Körper oder Geist verletzten, in seiner positiven Form bedeutet es höchste Liebe.[90] Zwar kommt die paulinische Vorstellung von Liebe der Vorstellung Gandhis sehr nahe, diese unterscheidet sich jedoch insofern, als *Ahimsa* die gesamte Schöpfung einschließt[91] und dem menschlichen Leben keine Sonderstellung einräumt.[92]

2.3.1. Gewaltfreiheit als selbstloses und furchtloses Handeln

Anders als andere Anhänger von *Ahimsa* seiner Zeit machte Gandhi nicht blindlings aus dem Nichttöten einen Fetisch, sondern verwandelte sie in ein *Widerstandsinstrument*, um damit „seine ganze Seele gegen den Willen des Tyrannen zu stellen, um sich gegen die Macht

---

[89] Harijan, 12. November 1938. Vgl. Auch die Reihe von Gesprächen, die er mit den Khudi Kidmatgaran (Pathanen der Nordwestgrenzprovinz) führte: CW LXVIII, S. 1, 35., 41, 58, 63, 81, 83, 102 etc.

[90] CW XIII, S. 295.

[91] Harijan, 14. März 1936. Für die ethische Debatte bezüglich Gewaltfreiheit und der Vergleich mit anderen indischen religiösen Traditionen, vgl. Tahtinen, U.: Non-violence as an Ethical Principle with special reference to the views of Mahatma Gandhi, Turku: Turun Yliopisto 1964. Besonders wichtig sind die Kapitel III, VI, VII u. XI, wo er die frühe Geschichte von Ahimsa, das Verhältnis von Ahimsa and Nishkama karma, die Modi von Ahimsa und die Frage von Ahimsa in Bezug auf nicht menschliche Wesen behandelt.

[92] Religion versus no Religion, Harijan, 9. Juni 1946.

eines jeden ungerechten Imperiums zu wehren",[93] und in eine *Haltung des Mitgefühls*, des „guten Willens gegenüber allem Leben", die „auch nicht menschliches Leben in reiner Liebe" umfasst.[94] Das unermüdliche Streben nach Wahrheit inmitten von allgegenwärtiger Unwahrheit (Gewalt) verpflichtet zu einem Handeln, in dem man gegen die Unwahrheit Widerstand leistet und dabei an der eigenen Wahrheit festhält. Dazu bietet Gandhis innovatives Lesen der *Gita* das wichtigste Heilmittel. Die *Gita* lehrt nach Gandhi:

Niemand erreicht sein Ziel, ohne zu handeln. Selbst Männer wie Janaka erlangen erst durch Handeln das Heil. Wenn auch nur ich allein faul mit der Arbeit aufhören würde, würde die Welt untergehen. Wie viel wichtiger ist es dann also für die Menschen im großen Ganzen, sich beim Handeln zu engagieren?[95]

Allerdings führt nicht alles Handeln zur Freiheit.[96] Die Einzigartigkeit der *Gita* besteht darin, dass sie ein unvergleichliches Heilmittel zum Erreichen von Freiheit bietet: „den Verzicht auf die Früchte des Handelns". Das bedeutet Abwesenheit vom Verlangen nach der Frucht. Der Verzicht gemäß der *Gita* ist der Härtetest des Glaubens.[97] Gandhi fügte hinzu, einer, der über Ergebnisse brüte, sei wie einer, der sich Sinnesobjekten hingibt und immer abgelenkt ist und dem jedes Mittel recht ist.[98] Gandhi musste zugeben, dass die *Gita* nicht geschrieben wurde, um *Ahimsa* einzuführen; deshalb erneuerte er die Lesart der *Gita* so, dass sie *Ahimsa* einschloss. „Wenn nicht die Frucht begehrt wird, gibt es keine Versuchung zu Unwahrheit oder *Himsa*. Man nehme jedes Beispiel von Unwahrheit oder Gewalt und man wird an seiner Quelle den Wunsch finden, den ersehnten Zweck zu erreichen."[99]

---

[93] CW XVIII, S. 133; *Young India*, 11. August 1920.

[94] CW XXIII, S. 25; Non-Violence; Young India, 9. März 1922.

[95] Anasaktivoga: The Message of the Gita. In: Desai, Mahadev: M. K.Gandhi. The Gospel of Selfless Action or The Gita According to Gandhi, Ahmedabad: Navajivan Publishing House 1984, S. 131.

[96] Mit Handeln meinte Gandhi die Dharma oder Ahimsa jedes Menschen körperlich gesehen, dazu gehörten auch die Handlungen von Händen, Füßen, Geist etc., vgl. CW XL, S. 192; *Navajivan*, 31. März 1929.

[97] Desai, Mahadev: M. K.Gandhi. The Gospel of Selfless Action or The Gita According to Gandhi, S. 131.

[98] Ebd., S. 132.

[99] Ebd., S. 132.

In einem Gespräch mit B.G. Kher (1940) sagte Gandhi:

Einer, der *anasakta* (selbstlos) sein will, muss unbedingt Gewaltfreiheit ausüben, um den Zustand der Selbstlosigkeit zu erreichen. Deshalb ist *Ahimsa* eine notwendige Vorbedingung. Sie ist in *anasakti* eingeschlossen, sie geht nicht darüber hinaus.[100]

Also bietet die *Gita* die Schrift-Grundlage für selbstloses Handeln, das Gewaltfreiheit einschließt. Das Vertrauen auf *soul-force* bietet die praktische Grundlage für furchtloses Handeln. In seinem Gespräch mit den Pathanen (bemerkenswerterweise die kriegerischste aller Volksgruppen des indischen Subkontinents) sagte Gandhi:

Ich wünsche mir Kraft, die mich befähigt, mich niemandem außer Gott zu unterwerfen, Gott, meinem einzigen Herrn und Meister. Nur wenn ich das kann, kann ich den Anspruch erheben, Gewaltfreiheit zu verwirklichen.[101]

Die Stärke der Furchtlosigkeit leitet sich von der *soul-force* her, die letztendlich die wahre Menschlichkeit ist:

Gewaltfreiheit verwirklichen bedeutet, ihre Stärke in sich zu fühlen, dies wird auch *soul-force* genannt, d. h. Gott. Ein Mensch, der Gott kennengelernt hat, ist unfähig, Gefühle von Zorn oder Furcht in sich zu beherbergen, ganz gleich, wie überwältigend der Grund dafür auch sein mag.[102]

Soul-force ist die Waffe der Starken, denn sie ist die Macht Gottes im Inneren. In den Tagen der Nichtzusammenarbeit in den frühen 1920er Jahren erklärte Gandhi:

Gewaltfreiheit macht die [Nichtzusammenarbeits-] Bewegung sofort zu einer religiösen Bewegung und verweist den Menschen auf Gott als seinen einzigen Felsen und seine einzige Zuflucht. Durch Nichtzusammenarbeit erscheint der Nichtzusammenarbeitende vor Seinem Schöpfer in seiner Nacktheit und verfügt über göttliche Hilfe.[103]

100 CW LXXII, S. 393; *Harijan*, 25. August 1940.
101 CW LXVIII, S. 46; 23. Oktober 1938.
102 CW LXVIII, S. 3; 15. Oktober 1938.
103 CW XXI, S. 445; Young India, 17. November 1921.

In den dunklen Tagen der Spannungen zwischen den religiösen Gemeinschaften und der unglückseligen Teilung des Landes bekräftigte Gandhi sein Vertrauen auf Gewaltfreiheit als Vertrauen auf Gott:

Ich habe weder einen Zauberstab noch besitze ich ein Schwert. Ich habe nur eines und das ist, ich rezitiere den Namen Gottes und arbeite im Namen Gottes. Alles wird dadurch vollbracht, dass man diesem Pfad folgt. […] Ich kämpfe nicht mit dem Schwert, sondern mit den Waffen Wahrheit und Gewaltfreiheit.[104]

Es ist dieser unerschütterliche Glaube an Gott und an die *soul-force*, der ihn dazu anregt, alle diese verschiedenen gewaltfreien Kämpfe der Freiheitsbewegung auf sich zu nehmen und die Furcht zu verbannen.

Wenn wir heute unmännlich sind, sind wir das nicht, weil wir nicht zuschlagen könnten, sondern weil wir uns vor dem Sterben fürchten. Einer, der sich vor dem Sterben fürchtet, der vor jeder realen oder erdachten Gefahr flieht und der wünscht, ein anderer möge die Gefahr entfernen, indem er die Person, die sie darstellt, vernichtet – ein solcher Mensch ist weder ein Anhänger des Apostels des Jainismus Mahavira noch Buddhas noch der Veden.[105]

Gandhi spielt auf Kapitel XVI der *Gita* an, wo Furchtlosigkeit die Liste der göttlichen Tugenden anführt und schreibt:

Furchtlosigkeit bedeutet Freiheit von aller äußeren Furcht, Furcht vor Krankheit, physischer Verletzung und Tod, vor Eigentumsverlust, vor dem Verlust der Nächsten und Liebsten, vor Verlust des guten Rufes und davor, beleidigt zu werden, usw. […] Manche von uns fürchten den Tod nicht, aber sie fliehen vor kleinen Übeln im Leben. […] Der Wahrheitssucher muss alle diese Ängste besiegen.[106]

Gandhi sagte: Wenn er zwischen Chaos und ständiger Sklaverei wählen müsste, würde er eher das Chaos einer „vergoldeten Sklaverei" vorziehen.[107] Gewaltfreiheit ist für die Tapferen, und Gandhi dachte

[104] CW LXXXIX, S. 247.
[105] CW XIII, S. 296.
[106] CW XLIV, S. 114; Brief an Narandas; 2. September 1930.
[107] CW XLII, S. 388.

sogar, dass die vollkommene Entwicklung der Körperstärke ein *sine qua non* der vollen Wertschätzung und Aneignung von *Ahimsa* sei.[108] „Mit dem Schwert kämpfen fordert die Tapferkeit der einen Art, aber sterben ist viel tapferer als töten. Nur der ist wirklich tapfer, der als Märtyrer im wahren Sinne des Wortes ohne Furcht im Herzen und ohne seinen Feind verletzen zu wollen, stirbt."[109] Er war überzeugt, dass keine Macht der Erde einen Menschen unterwerfen könne, der mit *Ahimsa* „bewaffnet" ist, weil diese sowohl den Sieger als auch den Besiegten adelt. Gandhi unterschied drei Ebenen der Gewaltfreiheit: Gewaltfreiheit der Tapferen sei ihre höchste Form. Dann gibt es noch die Gewaltfreiheit der Schwachen: „Der Schwache und der Wehrlose handeln gewaltfrei, weil sie nicht anders können. Aber in Wirklichkeit wohnt Gewalt in ihrer Brust und sie warten nur auf eine Gelegenheit, sie auszuüben."[110] Die schlimmste Form ist die Gewaltfreiheit des Feiglings. Einem Feigling Gewaltfreiheit beibringen ist unmöglich. „Ein Feigling ist weniger als ein Mensch. Er verdient es nicht, ein Mitglied der Gesellschaft von Männern und Frauen zu sein."[111]

Ist *Ahimsa* so anspruchsvoll, dass sie Sehern und Weisen und außergewöhnlichen Menschen vorbehalten ist? Weit gefehlt! In den Tagen der Nichtzusammenarbeit und des Kampfes in Bardoli rief er „die Blinden, die Verstümmelten, die Bettlägerigen, Männer, Frauen und Kinder auf", sich *Ahimsa* anzuschließen, denn sie sei das Gesetz unserer Art und durchdringe jeden Bereich unseres Lebens.[112] Er riet den Pathanen, sie in ihren Häusern auszuüben, von ihren Frauen und Müttern zu lernen.[113] Allerdings gab er 1939 betrübt zu, Indien habe die Gewaltfreiheit der Opportunität des berechnenden *Bania* und nicht die des tapferen *Kshatriya* .[114] Nehru räumte ein, dass erst „die ruhige und entschlossene Stimme Gandhis (‚Fürchtet euch nicht!') den

[108] CW XIV, S. 476; Brief an C.F. Andrews.
[109] CW LXVII, S. 422; Address to the Officers of Red Shirts; 10. Oktober 1938. [„*Rothemden" wurde die gewaltfreien islamischen Kämpfer von Badshah Khan in der Nordwestgrenzprovinz genannt.*]
[110] *Harijan*, 26. März 1938.
[111] *Harijan*, 15. September 1946.
[112] CW XVIII, S. 133; *Young India*, 11. August 1920.
[113] CW LXVIII, S. 46.
[114] CW LXIX, S. 312; *Harijan*, 17. Juni 1939.

Menschen das allgegenwärtige schwarze Sargtuch der Furcht von den Schultern nahm".[115] Das Erwachen der Massen in den gewaltfreien Kämpfen und durch sie inmitten der tödlichen Gewalt aller Art war einmalig – einerseits dadurch, dass die Religiosität der Massen für den politischen Kampf mobilisiert wurde, und andererseits dadurch, dass die Politik der Elite durch die religiöse Reaktion und die enorme Leidensfähigkeit der Massen herausgefordert wurde.[116]

2.3.2. Gewaltfreiheit und Leiden

Selbstloses und furchtloses Handeln verlangt [die Bereitschaft zum] Leiden und führt oft dazu. Gandhi war weniger daran interessiert, das philosophische Rätsel des Leidens zu lösen, als daran, sich mit dem Leiden zu verbinden, um der vielfältigen und verschlingenden Gewalt entgegenzutreten. Die *Satyagraha*-Gelübde bringen tägliche Opfer mit sich, durch die das Herz gereinigt werden soll. „Ohne innerliche Reinigung, kann die Arbeit nicht im Geiste des Nichtanhaftens getan werden."[117] Die Selbstbeherrschung, die für die Selbstreinigung erforderlich ist, sollte als Antwort auf die innere Stimme erfolgen und von der soul-force abhängen.[118]

In einer der ersten Bezugnahmen Gandhis auf das Leiden in Beziehung zu *Satyagraha* erwähnt er, dass die Leidensfähigkeit und die

---

[115] Nehru, Jawaharlal: Freedom From Fear, New-Delhi: Gandhi Smarak Nidhi 1960, S. 25. Nehru stellt die herrschende Stimmung der Furcht so dar: „Aber der herrschende Antrieb in Indien unter britischer Herrschaft war Furcht, tiefgreifende, unterdrückende, erstickende Furcht, Furcht vor der Armee, der Polizei, dem weit verbreiteten Geheimdienst, Furcht vor der Beamtenklasse, Furcht vor dem Gesetz, das unterdrücken sollte, und vor dem Gefängnis, Furcht vor den Beauftragten der Landbesitzer, Furcht vor den Geldverleihern, Furcht vor Arbeitslosigkeit und Verhungern, die immer drohten." (ebd.)

[116] Arvind Sharma gibt einen kurzen Überblick über die Rolle von Ahimsa in der indischen religiösen Tradition und meint, Gandhi habe dem Begriff Ahimsa zwei neue Elemente hinzugefügt, indem er den Begriff häufig und politisch gebraucht habe (Sharma, Arvind: Ahimsa. An Explanatory Reinterpretation, *Gandhi Marg*, Januar 1976, S. 59). Doch ich denke, dass der Verfasser Gandhis Ideen überstrapaziert, wenn er Ahimsa in einen geistigen und einen körperlichen Bestandteil zerlegt und den Schluss zieht, dass eine gewaltfreie Revolution körperliche Gewalt enthalten könne und dass eine gewalttätige Revolution gewaltfrei genannt werden könne, wenn sie nur geistig gewaltfrei sei (ebd., S. 59-61).

[117] MPW, Bd. II, S. 109; Mahadevbhaini Diary I, S. 378.

[118] CW XXXVI, S. 314f.; *Navajivan*, 10. und 13. Juni 1928.

Bereitschaft zu freiwilliger Armut für *Satyagraha* wesentlich seien[119] und dass Leiden die für die Ungerechtigkeit Verantwortlichen von der Sache an sich und vom Ernst der Forderung überzeugen werde.[120] *Satyagraha* als *soul-force* ist Liebe: „Liebe verbrennt nicht andere, sie verbrennt sich selbst. Deshalb wird ein *Satyagrahi*, ein ziviler Widerständler, selbst bis zum Tod, freudig leiden."[121] Er nannte einmal *Satyagraha* „das Geheimnis, durch sterben zu leben".[122] In seinem Brief an Narandas schrieb Gandhi: Ein Anhänger von *Ahimsa* werde sich große Mühe geben, Mittel und Wege zu erdenken, sogar Diebe durch stetiges Leiden und endlose Geduld freundlich zu stimmen; das sei der sichere Weg zu Gott.[123] Die Wahrheitssuche verlangt ständig *tapasharya*, Selbstleiden.[124] In der Gewaltfreiheit solle man einen so hochgradigen Opfergeist entwickeln, dass man nicht zögere, seine Familie, sein Eigentum und selbst sein Leben zu opfern. Zu einem solchen gewaltfreien Opfer gibt es keine Alternative, wenn man seine eigene und des Übeltäters Ehre retten und schließlich dessen liebevolle Reaktion bewirken will.[125]

Gewaltfreiheit in ihrer Dynamik bedeutet bewusstes Leiden. Sie bedeutet durchaus nicht kleinlaute Unterwerfung unter den Willen des Übeltäters, sondern sie bedeutet, dass man seine Seele gegen den Willen des Tyrannen setzt.[126]

Der *Satyagrahi* bewahrt auf diese Weise durch sein Leiden seine Ehre, seine Religion und seine Seele. Es ist kein Programm zur Machtergreifung, sondern zur Verwandlung von Beziehungen, die den Untergang eines „bösen" Reiches vorbereitet. Gandhi war überzeugt, dass Leiden wirksamer und männlicher sei als jede andere Methode der Darbietung: „Mein Glaube an die Wirksamkeit von schweigendem, aber ständigem Leiden ist viel größer als an Verhandlungen und öffentliche Agitation; allerdings ist mir bewusst, dass beide zum Kampf gehören, denn im Kampf sind gleichermaßen starke und schwache

---

[119] CW IX, S. 489f.
[120] CW IX, S. 520.
[121] CW XLII, S. 491.
[122] CW XLIII, S. 380.
[123] CW XLIV, S. 58.
[124] CW XLIV, S. 41.
[125] CW LXXXVII, S. 407.
[126] *Young India*, 11. August 1920.

Teile enthalten."[127] Wahrscheinlich lernte Gandhi das schon als Kind durch die Reaktion seines Vaters darauf, dass er einen Diebstahl bekannt hatte. Als sein Vater sein Bekenntnis las, weinte er schweigend. Gandhi schrieb darüber: „Diese Perlentropfen der Liebe reinigten mein Herz und wuschen meine Sünde weg [...] Dies war für mich ein Musterbeispiel von *Ahimsa*."[128] Furchtlosigkeit und Selbstleiden in *Ahimsa* gehen in unendliches Mitfühlen (*Karuna*) und gütige Freundschaft (*Maitri*) über. Sie tun auch dem Übeltäter gut und wollen ihn mit Liebe erreichen.[129]

2.3.3. Gewaltfreiheit und Fasten

Fasten könne aus verschiedenen Gründen unternommen werden, z.b. um Geld zu sparen,[130] die Gesundheit zu verbessern oder als Buße für ein getanes Unrecht. Diese Arten von Fasten dienen dem persönlichen Gewinn und werden nicht ausdrücklich im Glauben an *Ahimsa* unternommen, während ein Fasten eines Anhängers von *Ahimsa* ohne Anhaften unternommen wird,[131] als „letztes Mittel, um gegen ein Unrecht zu protestieren".[132] Sein Zweck ist es, den Geist des Gebetes (Fasten ist eine spirituelle Handlung) zu beleben, „das schlafende Gewissen zu wecken", entweder das derer, die man liebt, oder der Gesellschaft oder des Herrschers.[133] Gandhi war sich zweier Gefahren des Fastens bewusst: dass die Leute aus falsch verstandenem Mitgefühl versuchen könnten, das Leben der geliebten (fastenden) Person durch unangemessenen Druck zu retten und dass der Machthaber sich unter dem Druck durch das Fasten gezwungen fühlen könnte nachzugeben (ohne dass er wirklich bekehrt worden wäre oder Sinn für Gerechtigkeit entwickelt hätte).[134]

---

[127] CW IX, S. 400.

[128] Gandhi, M.K.: The Story of My Experiments with Truth, S. 27f.

[129] *Young India*, 25. August 1925.

[130] *Young India*, 30. September 1926.

[131] *Young India*, 30. September 1926.

[132] CW XC, S. 202; *Harijan*, 21. Dezember 1947.

[133] Die ursprüngliche Bedeutung von tapas ist „Hitze", die aus der aufrichtigen Hingabe hervorgeht.

[134] Gandhi dachte, dass das Fasten während des Fabrikarbeiterstreiks in Ahmedabad und dem von Rajkot gegen Thakore Sahet (CW LXXXIX. S. 234-35; *Harijan*, 5. Oktober 1947) unter diesen beiden Gefahren gelitten habe, vgl. auch CW XV, S. 285f.; Satyagraha Leaflet, No.17 (7. Mai 1919).

Gandhis Mittel, diese Gefahren zu vermeiden, war es, das Fasten „im Gehorsam gegen das Diktat der inneren Stimme" zu unternehmen und zeitlich zu begrenzen.[135] Ein echtes Fasten ist eine direkte Widerstandshandlung gegen Unwahrheit, es ist ein unmittelbarer Appell an das Gewissen des Übeltäters, es vertraut auf die innerliche spirituelle Stärke. In diesem Sinne verkörpert Fasten die Bedeutung des Leidens im gewaltfreien Widerstand als eine eminent verwandelnde pädagogische Handlung.[136] S. K. Saxena hat diese pädagogische Handlung aus einem anderen Blickwinkel überzeugend dargestellt: Es ist auch ein Ausdruck der Liebe zu Gott, „dem Gebet einen Körper zu geben", den eigenen Willen Gott zu unterwerfen, sich selbst Seinem Gesetz zu widmen und die Fähigkeit, „mit vollkommenem Gleichmut und Frieden den Tod zu erleiden".[137]

2.3.4. Gewaltfreiheit und Frauen

Gandhi war überzeugt, der endgültige Sieg der Gewaltfreiheit hänge von Frauen ab.[138] Dass ihn seine Mutter und seine Frau stark in der Kunst der Gewaltfreiheit beeinflusst hatten, veranlasste ihn dazu zu sagen: „Die Fähigkeit der Frau zu Gottes Arbeit ist durchaus der des Mannes nicht unterlegen, sondern in *Ahimsa* und dergleichen ist sie tatsächlich überlegen."[139] Die Frau ist aufgrund ihres liebevollen Herzens die verkörperte Gewaltfreiheit:[140]

Ich sage, die Frau ist die Inkarnation von *Ahimsa*. *Ahimsa* bedeutet unendliche Liebe und die wiederum bedeutet Leidensfähigkeit. Wer als die Frau, die Mutter des Mannes, zeigt diese Fähigkeit im größten Ausmaß? […] Lasst sie diese Liebe (zum Kind und zur Familie) auf die gesamte Menschheit übertragen, lasst sie vergessen, dass sie jemals das Lustobjekt des Mannes war oder sein kann. Und sie wird ihren Stolz in die Stellung an der Seite des Mannes als seine Mutter, Erzeugerin und verschwiegene Führerin setzen. Ihr ist gegeben, die Krieg führende Welt die Kunst des

[135] CW XC, S. 408 u. 202; *Harijan*, 21. Dezember 1947.
[136] Ein christliches Verständnis des Leidens nach Gandhi findet sich bei Douglass, James W.: The Non-violent Cross, S. 48-76, und Jesudasan, Ignatius: Gandhian Theology of Liberation, Anand: Gujarat Sahitya Prakash 1987, S. 207-226.
[137] Saxena, S.K.: Suffering, the Good Life, and Gandhi, *Gandhi Marg*, Januar 1977, S. 17-19.
[138] CW XLIV, S. 136.
[139] CW XLIV, S. 269.
[140] CW LXXXVII, S. 97.

Friedens, die nach diesem Nektar dürstet, zu lehren. Sie kann die Führerin zu *Satyagraha* werden. Das muss sie nicht erst aus Büchern lernen, sondern dazu ist ein durch Leiden und Glauben gestärktes Herz nötig.[141]

Im Gespräch mit einem amerikanischen Journalisten sagte Gandhi: „Gott hat die Frauen mit einem von Liebe überfließenden Herzen beschenkt. Sie sollten dieses Geschenk angemessen gebrauchen. Diese Kraft ist umso wirksamer, je verschwiegener sie ist. Ich denke, Gott hat Frauen als Botinnen des Evangeliums der Gewaltfreiheit gesandt."[142] Gandhi schreibt Frauen diese besondere Rolle aus dem Grund zu, dass sie, da sie dem Leben nahe seien, Gewalt in all ihren Ausmaßen erkennen würden und deshalb um der Gewaltfreiheit willen zum Leiden fähig seien. „Wenn die Frauen von Asien aufwachen, werden sie die Welt überwältigen. Mein Experiment mit Gewaltfreiheit wäre auf der Stelle erfolgreich, wenn ich mir die Unterstützung der Frauen dafür sichern könnte."[143] Manu Gandhi berichtet, Gandhi sei für sie gegen Ende seines Lebens zur „Mutter" geworden, und das geschah auf dem Hintergrund zunehmender Gewalt und zunehmenden Hasses zwischen den Religionsgemeinschaften.[144]

Die ihn umgebende Gewalt weckte zunehmend das Weibliche in ihm. Der Einsatz gegen kommunale Gewalt verlangte größere Transparenz in Reinheit und tiefere Verbundenheit mit gewaltfreier Weiblichkeit. Gandhis Beziehung zu Frauen wird oft als puritanisch betrachtet, jedoch kann der Beitrag der *Satyagraha*-Bewegung zur Emanzipation der indischen Frauen gar nicht genug hervorgehoben werden. Gandhis *Satyagraha* tadelte die hinduistische Religion einerseits wegen der Entmenschlichungen durch *Sati* (Witwenverbrennung) und Kinderheirat, und andererseits zog sie Frauen in die Hauptströmung des nationalen Lebens, indem sie Frauen dieselbe aktive Rolle zuteilte wie Männern. Hinsichtlich *Ahimsa* schrieb Gandhi den Frauen sogar eine übergeordnete Rolle zu.

---

[141] *Harijan*, 24. Februar 1940.
[142] CW LXXXVII, S. 235.
[143] CW LXXXVIII, S. 366.
[144] CW XC, S. 481. Vgl. auch Manubehn Gandhi, Bapu-My Mother, Kapitel 1 (online unter https://www.mkgandhi.org/bapumymother/bapumymother.htm).

2.3.5. Zusammenfassung

Gandhis Erneuerung der Mittel des gesellschaftlichen Kampfes bestand im Widerstand gegen das Böse durch *soul-force*. Indem Gandhi soul-force (und nicht Gewalt) als Mittel des Widerstandes wählte, erwartete er einerseits, dass jeder Einzelne der auf dem Lande lebenden Massen fähig sei, Widerstand gegen Unwahrheit zu leisten, und andererseits, dass er jede Form von Gewalt als Unwahrheit aufdeckte, als etwas, das die Seele zerstört. So forderte er die *soul-force* des Einzelnen heraus und stellte sie jedem System der Gewalt gegenüber; gleichzeitig konfrontierte er die Vertreter der Gewalt mit dem Appell von *soul-force* und zwang sie damit, ihre eigene soul-force zu erkennen und anzuerkennen. Er stellte die Religiosität des Einzelnen und der Massen der Religionslosigkeit des Übeltäters und des ungerechten sozio-politischen Systems gegenüber. Durch Gandhis Mittel, die Gewaltfreiheit, verlagerte sich der Schwerpunkt der Selbstverwirlichung vom Zweck auf die Mittel: in den Bereich der Unwahrheit hier und jetzt, wenn sie als Zweck-im-Werden oder Zweck-in-Arbeit verstanden wurde. Auf diese Weise interpretierte er in aller Stille den hinduistischen Glauben neu, indem er ihn in einen alles absorbierenden Widerstand gegen Gewalt und in eine durch Selbstleiden allumfassende Liebe verwandelte. Als Zweck-im-Werden ersetzte Gandhis Pädagogik das marxistische Dilemma der erhofften klassenlosen Gesellschaft, die durch historisch vorbestimmten Klassenkampf erreicht würde, durch einen engagierten (verwirklichten) voraussetzungslosen klassenlosen Widerstand und allumfassende Liebe. Die *Satyagraha*-Religiosität wirkte so als Kritik an der Gewalt und als Möglichkeit transzendierender gewaltfreier selbstleidender Liebe.

Affichage sauvage rue de l'Arbalète à Paris
(Roman Romanceor, 2009 – https://commons.wikimedia.org)

Kapitel 3
Satyagraha: Theorie und Praxis für gesellschaftlichen Wandel

3.1. *Satyagraha* – Gesellschaftstheorie

„*Die* Regierung ist die beste, die am wenigsten regiert."[1] Diese Überzeugung liegt anscheinend Gandhis Gesellschaftstheorie und -praxis zugrunde, die stark von Tolstoi, Ruskin und Thoreau beeinflusst wurden (neben dem Einfluss der religiösen hinduistischen und christlichen Traditionen). Sie alle und auch Gandhi lehnen den Staat als absolutes Prinzip ab. Der *Satyagrahi* lernt, Ungerechtigkeit durch Gewaltfreiheit, Unwahrheit durch Wahrheit und Gewalt durch Leiden zu besiegen, und arbeitet auf einen Zustand hin, in dem der Staat am wenigsten notwendig wird und wo „erleuchtete Anarchie" herrscht, in der jeder Mensch sein eigener Herrscher ist.[2] Daher ist die Gesellschaft ohne Staat durch Selbstherrschaft das Ideal und *Satyagraha* ist das sichere Mittel, diese zu erreichen – allerdings behält man im Blick, dass sowohl Ziel als auch Mittel weit entfernt sind. Erst am 11. Januar 1947 gab Gandhi zu, Indien als Ganzes habe nur den passiven Widerstand der Schwachen (und auch den nur als Taktik) angenommen und die Technik der unbesiegbaren Gewaltfreiheit der Starken müsse erst noch entdeckt werden.[3]

3.2. *Satyagraha* und *Swaraj*

Gandhi formulierte seine Gesellschaftstheorien im Grunde schon 1908, als er auf der Rückreise von London nach Südafrika als Antwort auf die Ansichten der indischen Anarchisten, die er in London kennengelernt hatte, *Hind Swaraj* schrieb.[4] Im Gegensatz zu der auf Macht

---

[1] CW VII. S. 305; *Indian Opinion*, 26. Oktober 1907. Schon Thoreau sagte: „Die Regierung ist die beste, die gar nicht regiert." (Thoreau, H.: The Portable Thoreau (hg. von Carl Bode) New York: Viking Press 1947, S. I.

[2] CW LXVIII, S. 265; Enlightened Anarchy – A Political Ideal (H).

[3] MPW, Bd. III, S. 28; Ahimsa Never Fails; *Harijan*, 11. Januar 1947.

[4] So Mahadev Desai im Vorwort zur Neuauflage von Gandhi, M.K.: Hind Swaraj or Indian Home Rule (1939), S. 14.

und Geld (Gier) gegründeten modernen Zivilisation, die Gandhi ablehnte, arbeitete er seine Gesellschaftstheorie aus, die sich auf „Wahrheit und Gewaltfreiheit" gründete.[5] Wahre Freiheit gründet sich auf
Wahrhaftigkeit und Gewaltfreiheit; sie kann nicht durch physische
Stärke erreicht werden, sondern nur durch „Leiden der eigenen Person". Alle anderen Methoden sind Vereinnahmungen und führen zur
Selbstzerstörung. Seit einer Ewigkeit schreien die Unterdrückten nach
Freiheit und doch ist es tausend von Menschen gemachten Satzungen
nicht gelungen, sie ihnen zu geben: „Nur sie selbst können sie sich
geben; sie werden sie nur im Gehorsam gegen die göttlichen Satzungen finden, die in ihr Herz eingeschrieben sind. Sie sollen sich der inneren Freiheit zuwenden und der Schatten der Unterdrückung soll
die Erde nicht mehr verdunkeln."[6]

Swaraj besteht in dem Streben nach dieser vollkommenen Freiheit
im nationalen Maßstab, diese verbürgt wahre Selbstständigkeit und
echte gegenseitige Abhängigkeit. Gandhis Begriff von der Unabhängigkeit Indiens bedeutet: Jedes Dorf wird eine Republik, ein
Panchayat, sein und den Einzelnen als sich selbst tragende und selbst-
ständige Körperschaft zur letztendlichen Einheit haben, und dieser
Einzelne wird frei und mit Freuden seinen Beitrag leisten. Die letztgültige Grundlage der Dorfgesellschaft und des Einzelnen sind Wahrheit und Gewaltfreiheit, und also ist sie fest in Gott verwurzelt.

In dieser aus unzähligen Dörfern zusammengesetzten Struktur
wird es immer weitere, einander nicht übersteigende Kreise geben.
Das Leben wird keine Pyramide sein, deren Spitze von der Basis getragen wird. Sondern es wird ein ozeanischer Kreis sein, dessen Zent-

---

[5] „*Swaraj*", schrieb Gandhi 1921, „lehrt das Evangelium der Liebe statt des Hasses. Er
ersetzt Gewalt durch Selbstopfer. Er stellt soul-force gegen brutale Stärke. Ich nehme kein
einziges Wort daraus zurück und das aus Hochachtung vor einer Freundin. [...] Das
Büchlein wurde 1908 geschrieben. Ich bin heute mehr denn je davon überzeugt." (Young
India, 1. Januar 1921; zitiert in: Gandhi, M.K.: Hind Swaraj or Indian Home Rule, S. 16;
vgl. auch CW XIX, S. 177-78). Gandhi gab zu, dass Swaraj in Indien bislang weit entfernt
sei. Zwar sei ein Versuch unternommen worden, einen Teil der Swaraj-Theorie in die
Praxis umzusetzen, doch der vollkommene Geist fehle noch (ebd., S. 16). 1938 schrieb
Gandhi: „in den ganzen stürmischen dreißig Jahren, die seitdem vergangen sind, habe
ich nichts erlebt, das mich dazu veranlasst hätte, die Ansichten, die ich darin [Hind
swaraj] dargelegt habe, zu ändern." (Zitiert in der Einleitung zur Neuausgabe von *Hind
Swaraj* [1939], S. 18).
[6] CW XXXVIII, S. l; Notes; *Young India;* 1. November 1928. Gandhi zitiert hier James Allen.

rum das Individuum ist. Dieses ist immer bereit, für das Dorf zugrunde zu gehen, und das Dorf ist bereit, für den Kreis der Dörfer zugrunde zu gehen, bis schließlich das Ganze zu einem einzigen aus Einzelnen bestehenden Leben wird, von Einzelnen, die nie von aggressiver Arroganz erfüllt, sondern immer demütig sind und die an der Majestät des ozeanischen Kreises teilhaben, in dem sie wesentliche Einheiten sind.[7]

Der äußerste Kreis in diesem Plan sollte nicht die Macht haben, die inneren Kreise zu zerbrechen, sondern er würde alle Kreise innerhalb von sich stärken und seine eigene Kraft davon ableiten. Weder würde Maschinenarbeit die menschliche Arbeit ersetzen, noch würde die Macht in wenigen Händen konzentriert sein. Gandhi wollte, dass Indien nach diesem Ideal strebe und damit zu sich selbst komme, indem es die schwächeren Menschen der Erde vor der Ausbeutung der westlichen Zivilisation und vor einer zu engen Vorstellung von „Unabhängigkeit" bewahrte.[8]

Eine solche Freiheit wäre politisch: Freiheit von der unterdrückerischen Herrschaft der kapitalistischen Technik, Freiheit von jedem Zwang im Innern. Am Vorabend der Unabhängigkeit erkannte Gandhi das Wettrennen um die Macht und schrieb: „Soll ich es als meine eigene Tragödie, die Tragödie unserer Kämpfer für Wahrheit und *Ahimsa* beschreiben?"[9]

Das ‚bloße Streben' nach *Swaraj* durch gewaltfreie Aktionen werde für *Swaraj* (Mittel als Zweck-im-Werden) sorgen und deshalb brauche man sich nicht im Voraus darauf festzulegen, wie *Swaraj* im Einzelnen aussehen solle. Die Beziehung zwischen *Satyagraha* und *Swaraj* gleicht der zwischen Wahrheit und *Ahimsa*. *Satyagraha* als Streben nach Wahrheit macht *Swaraj* als das letztgültige Ziel sichtbar und *Satyagraha* als Kampf um Gewaltfreiheit verwirklicht *Swaraj* hier und jetzt. *Swaraj* kann als „persönliches und gesellschaftliches Ideal" gesehen werden, auf das *Satyagraha* hinwirkt.

---

[7] CW LXXXV. S. 33; Independence; *Harijan*, 28. Juli 1946.
[8] Gandhi zog das Wort ‚Swaraj' dem Wort ‚Unabhängigkeit' vor, vgl. CW XXXV, S. 457; Independence versus Swaraj; *Young India*, 12. Januar 1928 und CW XXXVIII, S. 296f.; ‚What's in a Name?'; *Young India*, 3. Januar 1929;.
[9] CW LXXXVIII, S. 76, A Letter (G), 5. Juni 1947.

3.2.1. Kulturelle Interpretation von *Swaraj*

Die moderne Zivilisation mache das körperliche Wohlergehen zum Lebensziel. Der Verlust der Einheit laufe auf schlechte Gesundheit hinaus. Diese Zivilisation sei im Grunde religionslos.[10] Indien habe dieselbe Verführung durch Gold und Silber erfahren und sich England ausgeliefert.[11] Die Grundursache liege in uns selbst. Wir kämpften mit uns selbst und suchten Hilfe von Außenstehenden. Die Engländer kämpften für ihre Geschäfte, denn Geld war ihr Gott, und wir hielten sie wegen unserer niedrigen Interessen in Indien fest.[12]

Dieselbe religionslose Zivilisation halte Indien die ganze Zeit nieder. Das weltliche Streben habe das göttliche Streben verdrängt.[13] Indien würde frei werden, wenn wir frei würden, und es wäre *Swaraj*, wenn wir lernten, uns selbst zu regieren und darum kämpften, *Swaraj* durch soul-force zu erlangen.[14]

Wahren *Swaraj* könnten wir erfolgreich in unseren Familien verwirklichen. In Familien und in Nationen sollte dasselbe Gesetz angewendet werden: Man weigere sich, etwas, das falsch sei, zu tun, und

---

[10] Gandhi, M. K.: Hind Swaraj or Indian Home Rule, S.35. Edward Carpenter beeinflusste Gandhi mit seinem Buch „Civilization" sehr stark. Carpenter nennt die moderne Zivilisation eine Krankheit und zitiert Ruskin, um die moderne Haltung abzubilden. „Was wir auch besitzen mögen – wir wollen mehr; wo wir auch sein mögen – wir wollen woanders hingehen. Dieses Gefühl der Unruhe durchdringt auch die tiefsten Regionen des menschlichen Wesens." (Carpenter, E.: Civilization. Its Cause and Cure and other Essays, London: Swan Sonnenschein & Co. 1889, S. 1-3).

[11] Gandhi, M. K.: Hind Swaraj or Indian Home Rule Gandhi 1938, S. 38f.

[12] Ebd., S. 40.

[13] Edward Carpenter kritisiert wie Gandhi die moderne Zivilisation und sagt, unsere Unruhe sei die Strafe, die wir für die Ausweitung unseres Lebens zahlen, und dieses Gefühl des Verlustes der Einheit bedeute Verlust von Gesundheit, Ganzheit und Heiligkeit (vgl. Carpenter, Edward: Civilization. Its Cause and Cure, S. 10-12). Weiter schreibt er: „Die wesentliche Tatsache heute ist eine von außen kommende Kraft, während es in der Vergangenheit der Mensch selbst war. Beide Seiten sind wichtig und deshalb sollten der kleine sterbliche Mensch und der göttliche universale Mensch eine Einheit bilden. Die Bedingungen für die Gesundheit im Sinn zu behalten, ist zugleich Treue zum göttlichen Menschen im Innern." (ebd., S. 13f.) Über die moderne Lebensweise schreibt er: „Der moderne Mensch kehrt dem Sonnenlicht absichtlich den Rücken zu und versteckt sich in Schachteln mit Luftlöchern (die er Häuser nennt), lebt mehr und mehr in Dunkelheit und Luftmangel und kommt vielleicht einmal am Tag raus, um in den hellen Gott zu blinzeln und dann beim ersten Windchen aus Angst vor Erkältung in seine Schachtel zurückzukehren" (ebd., S. 26).

[14] Gandhi, M. K.: Hind Swaraj or Indian Home Rule Gandhi 1938, S. 65.

erleide freudig die Folgen der Weigerung.[15] Es ist der Schlüssel zu *Satyagraha*. Wir sind nicht an von Menschen gemachte Gesetze gebunden. Deshalb lehnen wir fest und stark ab, irgendeinem ungerechten Gesetz zu gehorchen, leiden tapfer dafür und trotzen sogar dem Tod. „Wahre Selbstherrschaft ist nur möglich, wo der passive Widerstand die den Menschen antreibende Kraft ist. Jede andere Herrschaft ist Fremdherrschaft."[16] Einer, der von Hass frei sei, brauche kein Schwert. Die Menschen müssten verstehen lernen, dass das wahre Wachstum darin bestehe, seine Pflicht aus innerer Freiheit zu tun. Wirkliche Selbstherrschaft gebe es nicht umsonst; sie müsse durch passiven Widerstand [*Satyagraha*] verdient werden.

3.2.2. *Swadeshi* als Gegenkultur

Swadeshi ist ein spirituelles Ideal, das sich auf Gewaltfreiheit und *Sarvodaya*, auf die Einheit des Lebens und den Wunsch, Einheit mit allem Leben zu erreichen, gründet. Da in der gesamten Schöpfung alles mit allem verbunden ist, besteht die rechte Art, der Schöpfung zu dienen, darin, dass man seiner unmittelbaren Umgebung treu bleibt. Diese Treue zur eigenen Erde und zum eigenen Wasser wird einen schließlich für die endgültige Befreiung vorbereiten und dafür, allen und allem die Hand hinzustrecken und auf diese Weise Einheit mit der gesamten Schöpfung zu erreichen.[17]

Auf der gesellschaftlichen Ebene laufe *Swadeshi* auf Eigenverantwortlichkeit und Selbstständigkeit hinaus. Man falle nicht der Gesellschaft zur Last, sondern sorge für seinen eigenen Lebensunterhalt. Das führe nicht etwa dazu, dass man sich ausschlösse, denn das eigene Wohlergehen beruhe auf dem Wohlergehen aller. Sich auf die eigene Kraft – die von Körper, Geist und Seele – verlassen, sei die Lebensregel.[18]

Dann bedeutet *Swadeshi*,

---

[15] Carpenter sagt, dass man für Harmonie, Integrität und Selbsterkenntnis *fallen* können muss; um zu erkennen, muss man verlieren usw. (Carpenter, Edward: Civilization. Its Cause and Cure, S. 25).

[16] Gandhi, M. K.: Hind Swaraj or Indian Home Rule, S. 83.

[17] Gandhi, M. K.: From Yeravda Mandir. Ashram Observances, S. 35.

[18] CW IX, S. 118; New Year; *Indian Opinion*, 2. Januar 1909.

den Geist in uns, der uns auf die Nutzung der unmittelbaren Umgebung und den Dienst an ihr beschränkt, sodass wir das Entferntere ausschließen. Ich beschränke mich auf die Religion meiner Vorfahren. Wenn sie fehlerhaft ist, reinige ich sie von innen. In der Politik gebrauche ich die Institutionen meines Landes. Wenn sie fehlerhaft sind, verbessere ich sie. In der Wirtschaft greife ich auf meine unmittelbare Umgebung zurück.[19]

Swadeshi-Geist ist das Gegenteil von Gier; er ist weder feindselig noch beruht er auf Wettbewerb; er ist ein religiöses Prinzip, das sich auf Demut und Liebe gründet und deshalb eine tätige Kraft ist. Er ist dem Menschen natürlich und das ursprüngliche *Dharma*. „*Swadeshi* ist *Svadharma*, auf die eigene unmittelbare Umgebung angewandt."[20] Indien kann seine Krankheit, seinen Hunger und seine Nacktheit durch die richtige Anwendung von *Swadeshi* überwinden. *Swadeshi* ist nicht gegen solche Maschinen, die uns, unseren Häusern und unserer Arbeit als Ergänzung helfen.[21] Zum Beispiel war Handspinnen eine Freizeitbeschäftigung für Frauen zu Hause, wo sie geschützt waren, und das Werkzeug war nicht teuer. Es ist das Geheimnis von *Swaraj*.[22] Maschinen mögen eingesetzt werden, wenn sie Indien sein Elend erleichtern.

---

[19] MPW, Bd. III, S. 326f.; Missionary Conference; *Young India*, 21. Mai 1919. Carpenter befürwortet die Rückkehr zur Natur und schreibt: „In einem solchen neuen Leben – seinen Feldern, seinen Bauernhöfen, seinen Gottesdiensten, seinen Städten –, in dem ständig die Arbeit des Menschen vervollkommnet, die Landschaft verschönert, den Bemühungen von Sonne und Boden nachgeholfen und dem Wunsch der stummen Erde eine Stimme gegeben wird – in einem solchen neuen naturnahen Gemeinschaftsleben, das weit von Askese und Unwirtlichkeit entfernt ist, sehen wir gerne mehr Menschlichkeit und Geselligkeit als je zuvor: eine unendliche Hilfsbereitschaft und Sympathie wie unter den Kindern derselben Mutter". (Carpenter, Edward: Civilization. Its Cause and Cure, S. 41).
[20] Gandhi, M. K.: Satyagraha in S.Africa Gandhi 1928, S. 36. Er meint, allein der Hinduismus habe den wahren Swadeshi-Geist, da er tolerant sei, nicht missioniert und erweiterbar sei.
[21] MPW, Bd. III, S. 352; Swadeshi versus Machinery; *Young India*, 17. September 1919. „Man mag mit den Worten Ruskins fragen, ob diese Maschinen so beschaffen sein werden, dass sie Millionen Menschen in einer Minute vernichten können, oder ob sie so beschaffen sein werden, dass sie Ödland in fruchtbares Ackerland verwandeln. Wenn die Gesetzgebung in meinen Händen läge, würde ich die Produktion arbeitssparender Maschinen verbieten und die Industrie, die schöne Pflüge herstellt, die jeder bedienen kann, fördern." (Carpenter, Edward: Civilization. Its Cause and Cure, S. 52-57). Carpenter kritisiert die moderne Wissenschaft dafür, dass sie das Logische und Rationale vom Emotionalen und Instinktiven trennt und die Wirklichkeit eingrenzt.
[22] CW XIX, S. 241; The Secret of Swaraj; *Young India*, 19. Januar 1921.

Der größte Teil der indischen Bevölkerung lebt in Dörfern und Handspinnen ist für sie äußerst praktisch. Das *Khadi*-Programm kann, wenn es als „angewandter *Swadeshi*" gesehen wird, von den Millionen in Indien leicht verstanden und angewandt werden und es kann ihnen ihr Leiden erleichtern.[23] *Swadeshi* ist eine ewige religiöse Pflicht, auch wenn sich ihre Befolgung der jeweiligen Zeit entsprechend verändern kann und soll. *Swadeshi* ist die Seele, *Khadi* der Leib. Wenn der Leib im Laufe der Zeit vergeht und die Seele einen neuen Leib annimmt, so bleibt doch das Prinzip dasselbe.[24] *Swadeshi* ist am besten im Zusammenhang mit *Swaraj* zu verstehen, d. h. mit vollkommener Unabhängigkeit von jeder Fremdherrschaft: ein wahres NACH HAUSE KOMMEN. *Charka* (Spinnrad) ist ein Gegenstand, mit dem man sich identifizieren kann und der die Massen eint. Es sollte nicht vereinfachend als etwas „gegen Ausländisches" Gerichtetes bezeichnet werden.

Ein wahrer Verehrer von *Swadeshi* wird niemals Feindschaft gegenüber einem Fremden empfinden. Er wird nicht von Feindseligkeit gegen irgendjemanden auf der Erde angetrieben. *Swadeshismus* ist kein Kult des Hasses. Es ist eine Lehre vom selbstlosen Dienen und wurzelt im reinsten *Ahimsa*, d. h. in der Liebe.[25]

Als 1947 der Geist von *Swadeshi* erlosch, sagte Gandhi, Indien werde ,*paradeshi*' (ausländisch) und höre auf, das Licht Asiens zu sein.

3.2.3. *Sarvodaya:* Wirtschaftliche Interpretation von *Swaraj*

Die moderne Wirtschaft laufe auf eine politische Wirtschaft hinaus, die versuche, die unbeständigen, gesellschaftlichen Faktoren (Faktoren, die mit dem Netzwerk der menschlichen Beziehungen zu tun haben, die das echte Wohlsein fördern) auszublenden und stattdessen die stabilen Faktoren des materiellen Fortschritts zu festigen. Dabei verwandelt es den Menschen in eine Geld verdienende Maschine.[26]

---

[23] Gandhi, M. K.: Satyagraha in S.Africa Gandhi 1928, S. 37.
[24] CW XXXIV, S. 26; Swaraj versus Foreign; *Navajivan*, 19. Juni 1927.
[25] Gandhi, M. K.: Satyagraha in S.Africa Gandhi 1928, S. 38.
[26] Gandhi, M. K.: Unto This Last. A Paraphrase of Ruskin, Ahmedabad: Navajivan Publishing House, 1951, S. 1. Nach Carpenter wirkt die Zunahme an Eigentum durch die Vergrößerung der Produktionskraft des Menschen auf drei Weisen auf den Menschen: 1) Es zieht den Menschen von der NATUR weg, schafft ein künstliches Leben und schließt ihn so von der Natur ab, er hängt immer mehr allein von seiner Macht über Materielles

Jedoch muss das Gleichgewicht der Zweckmäßigkeit, die der modernen Ökonomie zugrunde liegt, nicht die einzige Norm der Wirtschaft sein.[27] Eine Mutter wird, auch wenn sie selbst hungert, lieber verhungern, wenn sie ihr Kind nur ernähren kann. Dementsprechend meinte Gandhi, dass *soul-force* in alles Ökonomische eintreten und die Höchstmenge produzieren könne. Wenn der Geist des Arbeiters zu seiner größten Stärke gebracht wird, indem seine Liebeskraft motiviert wird, kann er mehr produzieren.[28] Arbeit mit stabilen Löhnen und einer konstanten Anzahl Beschäftigter (beide Elemente sind Vorteile des *Varna*-Systems) funktioniert im Sinne von Dienst, nicht im Sinne von Profit, da die Löhne eine notwendige Ergänzung, nicht aber Lebensziel sind.[29] Der Ökonom betrachtet gesellschaftliche Neigungen (spirituelles Wohlergehen) im Rahmen der Wirtschaftswissenschaft als unwichtig (oder er betrachtet sie nur insofern als wertvoll, als sie die Wirtschaft fördern).

Der Trugschluss aus dem allen kommt vom Verständnis des Wortes „reich".[30] Geld hat seinen Wert dadurch, dass man mit ihm Macht kaufen kann. Die politische Ökonomie ist an Produktion, Haltbarmachung und Verteilung am rechten Ort zur rechten Zeit interessiert, also an dem, was für Bauern, Künstler, Hausfrauen, die alle an dieser Art Ökonomie teilhaben, nützlich und erfreulich ist. Die Handelswirtschaft ist an der Anhäufung von Wohlstand in den Händen einiger weniger interessiert und an rechtlichen Ansprüchen an die Arbeit anderer und an Macht über sie. Ihr Eigeninteresse schafft Armut und Schulden auf der einen Seite und Reichtümer und Macht auf der an-

---

ab, 2) zieht ihn weg von seinem wahren Ich, je größer die Macht über Materielles, umso mehr befriedigt er seine Leidenschaften, verlässt sein wahres Ich zugunsten seiner Hilfsmittel, 3) zieht ihn von seinem Mitmenschen weg, gerät mit ihnen in Konflikt, um mit einem falschen Gefühl für Individualität Eigentum zu erwerben und dann zu beschützen. (Carpenter, Edward: Civilization. Its Cause and Cure, S. 27f.)

[27] Eine auf Eigentum beruhende Zivilisation hat die Einheit der alten Stammesgesellschaft zerbrochen, so Carpenter, Edward: Civilization. Its Cause and Cure, S. 29.

[28] Gandhi, M. K.: Unto This Last. A Paraphrase of Ruskin, S. 8.

[29] Das vorrangige Motiv, Eigentum zu schaffen, führte zunächst zur Versklavung des Menschen und nach Jahrtausenden Erfahrung mit Sklaverei bewirkte dann die Entdeckung, dass ein freier Mensch eine besser funktionierende, Eigentum schaffende Maschine war, schließlich die Abschaffung der Sklaverei. (Carpenter, Edward: Civilization. Its Cause and Cure, S. 31 (er beruft sich dabei auf Morgan).

[30] Gandhi, M. K.: Unto This Last. A Paraphrase of Ruskin 1951, S. 22.

deren. In diesem Zusammenhang bedeutet deshalb Reichtum Macht über andere und die steht in unmittelbarem Verhältnis zur Armut der Menschen, über die diese Macht ausgeübt wird.

Den Geldumlauf in einer Nation kann man mit dem Blutumlauf im menschlichen Körper vergleichen. Die Geschwindigkeit des Flusses kann entweder freudige Erregung und Lebenswärme oder Scham und Fieber und Fäulnis bedeuten. Geldverdienen ohne Blick darauf, ob die Quellen moralisch sind oder nicht, ist äußerst nutzlos. Der beschämende Sachverhalt in der Geschichte des Menschen ist: „Auf dem billigsten Markt kaufen und auf dem teuersten verkaufen." Der oberste Wert des Geldes ist anscheinend, „Macht über Menschen haben". Aber Macht über Menschen kann man auch mithilfe anderer Mittel als Geld bekommen. Am Ende kommt heraus: Menschen, nicht Silber und Gold, sind Reichtum.[31]

Die wahren Adern des Reichtums sind purpurn – und nicht aus Felsen, sondern aus Fleisch. Die letzte Vollendung allen Reichtums liegt im Hervorbringen so vieler gesunder Menschen mit strahlenden Augen und frohen Herzen wie möglich. Ich kann mir sogar vorstellen, dass in irgendeiner weit entfernten und noch nicht erträumten Stunde England als christliche Mutter, statt die Turbane seiner Sklaven mit Diamanten aus Golkonda zu schmücken und damit seinen materiellen Reichtum zu zeigen, vielleicht schließlich die Tugenden und Schätze eines Nichtchristen erwerben und fähig sein wird, seine Söhne anzuführen und dabei zu sagen: ‚Dies sind meine Juwelen'.[32]

Wenn Menschen der Reichtum sind, dann ist die moderne Wirtschaft der Ungehorsam des Systems gegen diese ersten Prinzipien aller Religion.

Wahre Wirtschaft ist die Wirtschaft der Gerechtigkeit. Die Menschen werden in dem Maße glücklich sein, in dem sie lernen, Gerechtigkeit zu üben und rechtschaffen zu sein. […] Menschen auf Biegen und Brechen beizubringen, reich zu werden, heißt, ihnen einen Bärendienst erweisen.[33]

---

[31] Ebd., S. 41f.
[32] Ebd., S. 42.
[33] Ebd., S. 53.

Die Reichen sind in der Tat schuld an der Unmoral der Armen. Die Armen beneiden die Reichen und ahmen sie nach. Wenn es ihnen nicht gelingt, sind sie zornig oder ergreifen jedes Mittel, um reich zu werden. *Swaraj* bedeutet zuerst Selbstbeherrschung und die richtige Wahrnehmung davon, was echter Reichtum ist. Er wird nicht dadurch erreicht, dass alle Engländer getötet oder riesige Fabriken gebaut werden. Indien muss durch rechtschaffene Mittel reich werden, nicht durch Gewalt oder Industrialisierung. Industrialisierung verursacht Entfremdung der Arbeiter von ihrer natürlichen und familiären Umgebung und führt damit zu Gewalt im weiteren Sinne. Wenn wir uns an Wahrheit und Gewaltfreiheit halten, kommt *Swaraj* von selbst.

Ein Verehrer von *Ahimsa* akzeptiere nicht die utilitaristische Formel „Das größte Glück der größten Zahl", sondern seine Formel heiße: „Das größte Glück aller und die Bereitschaft, dafür zu sterben." Ein solches Ziel sei schwer zu erreichen, wenn es eine so große Kluft zwischen Reich und Arm gebe. Das Erreichen dieses Ziels stehe in unmittelbarem Verhältnis zur Reinheit der angewandten Mittel.[34]

Eine gewaltfreie ausgleichende Verteilung des Reichtums wäre auf der Grundlage der Brotarbeit möglich (bei der sich jeder an der körperlichen Arbeit beteiligt, die notwendig ist, um das tägliche Brot zu produzieren) sowie einer Treuhandverwaltung, durch die Horten vermieden würde. Gandhi war überzeugt, *Sarvodaya* sei durch gewissenhaftes Engagement für *Satyagraha* erreichbar.

3.2.4. *Varnadharma:* Sozio-politische Interpretation von *Swaraj*

Unsere Vorfahren zogen V*arnadharma*, kleine Dörfer und einheimische Gerichtshöfe, vor, um ungesunden Wettbewerb zu vermeiden und Leidenschaften zu kontrollieren. Sie stellten wahres *Swaraj* in einer einheitlichen und gesunden Lebensweise dar. Im Laufe der Jahrhunderte wurden diese missbraucht und entarteten. Mit V*arnadharma* versuchten die Alten, Rivalität auszurotten, und sie schufen verschiedene *Varnas*, die für die verschiedenen Funktionen in der Gesellschaft zuständig waren, jede *Varna* diente der gesamten Gesellschaft. Es war die ganzheitliche Theorie der Gesellschaftsbeziehungen, und diese gründete sich auf Gewaltfreiheit.[35]

---

[34] CW XXIV, S. 402 und 406; Young India, 17. Juli 1924.
[35] CW LIX, S. 63-64; CW LXXX, S. 22-24.

In einer Zeit, in der Wettbewerb für das Gesetz des Lebens und der Besitz der größten Menge an weltlichen Gütern für das *summum bonum* gehalten wird und in der sich jeder für frei hält, jedem beliebigen Ruf zu folgen, kann der Versuch, die *Varna* als Gesetz des Lebens hochzuhalten, durchaus als ein leerer Traum und der Versuch, sie wiederzubeleben, als kindische Torheit erscheinen. Wie dem auch sei, es ist meine feste Überzeugung, dass dies wahrer Sozialismus ist.[36]

Die Pflicht zur Arbeit bestand für jeden und *Varna* sollte nicht dazu dienen, Reichtum anzusammeln.[37] Nach Gandhi ist Brotarbeit die höchste Form des Opfers[38], und jeder, unabhängig von seiner *Varna*, sollte bereitwillig dem Gesetz der Brotarbeit gehorchen und den Kampf um die Existenz durch den Kampf um Dienst ersetzen (in der idealen Gesellschaft würde jede *Varna* dem Dienst und nicht dem Lebensunterhalt dienen).[39]

Heute ist *Varnadharma* verschwunden und nur eine *Varna* gibt es noch, das sind die *Shudras*, aber sie betrachten sich als Sklaven und deshalb gibt es tatsächlich keine *Varna* mehr. Die Abstufungen in Hoch und Niedrig sind ein Zerrbild des Originals.[40]

Varnadharma ist Demut. Ebenso wenig wie die Göttin Sita ein unangemessenes Gefühl für ihre Reinheit hatte und der Himalaya für seine Höhe, so denkt jede *Varna* über sich nach, sondern tut ihre Arbeit.[41] *Varna* bezeichnet die Pflicht eines Menschen und nicht seine Erwerbsquelle. In diesem Zusammenhang ist die ganze Last der Anpassung von Arbeit und Löhnen, die Spannungen zwischen Pflicht und Abneigung, von Mangel und die Erschöpfung in der Gestaltung eines neuen Kommunismus überwunden. „Ich glaube an den gewaltfreien Kommunismus."[42] Alles Eigentum besitzen die jeweiligen Be-

---

[36] Varnadharma and True Socialism; *Harijan*, 28. September 1934.

[37] CW XLII, S. 475; Varnadharma and Duty of Labour – 1 (H); *Hindinavajivan*, 13. Februar 1930.

[38] Duty of Bread labour; *Harijan*, 29. Juni 1935; MPW Bd. III, S. 489.

[39] CW LXI, S. 212; Duty of Bread Labour; *Harijan*, 29. Juni 1935. Vgl. auch *Harijan*, 16. Februar 1934 und 6. März 1937.

[40] CW LIX, S.63-64; Introduction to Varnavyavastha; *Harijan*, 28. September 1934. Vgl. auch Gandhi, M.K.: From Yeravda Mandir. Ashram Observances, S. 21f.

[41] MPW III., S. 501; Discussion on Varnadharma, *Young India*, 3 November 1927. Vgl. auch CW XXIV, S. 402.

[42] MPW III, S. 566f.; Interview with an Egyptian; *Harijan*, 13. Februar 1937.

sitzer zu treuen Händen für die Gemeinschaft. Niemand wird es als ihm gehörig beanspruchen, sondern er wird es zum Wohl der Menschen besitzen. Soziale Gerechtigkeit bis zum Letzten und Geringsten ist unmöglich mit Gewalt zu erreichen. Mit sozialer Gerechtigkeit und ökonomischer Gleichheit meinte Gandhi nicht, dass alle durch aufgezwungene Gleichheit denselben Anteil hätten, sondern dass jeder genug zur Erfüllung seiner Bedürfnisse habe. Das Ziel ist nicht materieller Fortschritt, sondern das Verringern der Bedürfnisse, und jeder handelt wie ein Treuhänder.[43]

Durch *Satyagraha* sollte wahre soziale Gerechtigkeit erreicht werden. Wenn *Satyagraha* mit der vollen Stärke von Geist und Reinheit angewandt wird, bestärkt sie die Treuhandschaft[44]; „nur wahrhaftige, gewaltfreie Sozialisten mit reinem Herzen können in Indien und in der Welt eine sozialistische Gesellschaft errichten."[45] Ein Sozialismus, in dem Wahrheit und *Ahimsa* die oberste Herrschaft ausüben, ist nur möglich, wenn es einen lebendigen Gottesglauben gibt.[46] Gandhi fand eine innere Verbindung zwischen Sozialismus und Gottesglauben und beklagte, dass Glaubende leider nie das Bedürfnis nach Sozialismus empfänden. In diesem Zusammenhang verstehen wir Gandhis Verdacht gegen Staatsmacht und Staatseigentümerschaft besser. Er hielt den Staat für eine seelenlose Maschine, die die Individualität der Menschen zerstöre. Stattdessen zog er eine Ausweitung des Gefühls der Treuhandschaft und eine Form erleuchteter Anarchie vor, in der alle ihre eigenen Regenten würden und in der es nur ein Minimum an politischer Institutionalisierung und Macht gäbe. Zwar zog er eine Gesellschaft ohne Staat vor, doch widersetzte er sich nicht der Planung eines Staates: Diese sollte dazu dienen, die Dorfgemeinschaften wiederzubeleben, in denen körperliche Arbeit betrieben wurde. Wenn die Menschen lernen, mit Wahrheit und Gewaltfreiheit zu leben, verliert der Staat an Bedeutung.

Carpenter erklärt diesen Kommunismus auf folgende Weise:

Gesellschaft in ihrem Endzustand ist weder eine Monarchie noch eine Aristokratie noch eine Demokratie noch eine Anarchie und

---

[43] MPW III, S. 582; Talk with Manu Gandhi.
[44] CW LXXXVIII, S. 1f.; Question Box; *Harijan*, 1. Juni 1947. Vgl. auch *Harijan*, 25. August 1940.
[45] CW LXXXVIII, S. 283; Who is a Socialist?; *Harijan*, 13. Juli 1947.
[46] CW LXXXVIII, S. 324f.; Socialism; *Harijanbandhu*, 20. Juli 1947.

doch ist sie in einem anderen Sinn das alles zusammen. Sie ist eine
Anarchie, da es keine äußere Regierung gibt, sondern nur einen
inneren unsichtbaren Lebensgeist, sie ist eine Demokratie, weil sie
die Herrschaft des Massenmenschen, des *Demos*, in jeder menschlichen Einheit ist, sie ist eine Aristokratie, weil es in allen Menschen Grade und Ränge einer solchen inneren Macht gibt, sie ist
eine Monarchie, da all diese Ränge und Mächte letzten Endes zu
einer vollkommenen Einheit und zentralen Herrschaft verschmelzen.[47]

Satyagraha ist das wirksame Prinzip, mit dem die Vision Gandhis von
einer echten menschlichen Gesellschaft, die die Selbstverwirklichung
des Einzelnen ermöglicht, verwirklicht werden kann.

3.3. Merkmale der *Satyagraha*-Praxis
Ganz offensichtlich entsprang *Satyagraha* als Praxis für sozialen Wandel nicht einer vorgefassten Ideologie. *Satyagraha* enthält jedoch eine
Gesellschaftsvision, die sich auf *Satyagraha*-Religiosität, wie sie grundlegend in *Swaraj* erläutert wird, gründet. *Satyagraha* reagierte zusammen mit der persönlichen Wahrheitssuche auf die sozio-politischen
Situationen, um die religiöse Vision von *Swaraj* umzusetzen. Wir
werden jetzt erklären, dass *Satyagraha* eine Praxis für sozialen Wandel
und nicht lediglich ein Mittel zur Konfliktlösung war; diese einschränkende Sichtweise begegnet uns bei vielen Gandhi-Forschern.

3.3.1. Reaktion auf Ungerechtigkeit
Satyagraha als Mittel im sozialen Kampf setzt voraus, dass in einer gegebenen Situation ein Fall von Ungerechtigkeit oder Unwahrheit festgestellt wurde und die Ursachen dafür ermittelt wurden. Eine sorgfältige Gesellschaftsanalyse ist notwendig.[48] Zwar waren die zur Verfügung stehenden wissenschaftlichen Mittel begrenzt, doch ließ Gandhis Ansatz Raum für eine sorgfältige wissenschaftliche und historische Untersuchung der Lage. Soweit es *Satyagraha* angeht, sollte zu
jeder „wissenschaftlichen Untersuchung" notwendigerweise der direkte und unmittelbare Kontakt zu den Betroffenen gehören. Durch

[47] Carpenter, Edward: Civilization. Its Cause and Cure, S. 42.
[48] MPW III, S.439f.; What is sarvodaya?

diese direkte Verbundenheit mit den Menschen sollte sichergestellt werden, dass der Fall richtig eingeschätzt werden konnte. In den Fällen der „lokalen Kämpfe" wie dem Kheda-, Champaran-, Fabrikarbeiter- und Bardoli-Kampf waren Gandhi und seine *Satyagraha*-Gruppe in unmittelbarem Kontakt mit den Betroffenen. Im Fall der „nationalen Kämpfe" wurde die Kommunikation mit den Massen durch öffentliche Versammlungen, Presse und Interviews hergestellt. Gandhi führte in den Zeitungen offene und regelmäßige Diskussionen über die Themen.[49] Diese Diskussionen wurden streng rational geführt, sie waren offen für abweichende Sichtweisen und die Teilnehmer konnten darin ihren eigenen Fall darstellen. Vollkommenes Vertrauen in die Integrität des Gegners und unermüdliches Streben nach Wahrheit veranlassten einen *Satyagrahi*, zu jedem Zeitpunkt zu diskutieren und, wenn möglich, eine Einigung zu erreichen.

Über den direkten Kontakt mit den Beteiligten und die rationale Untersuchung des Falls hinaus hängt die *Satyagraha*-Reaktion vom persönlichen Streben des Einzelnen nach der Wahrheit ab. Das Streben nach Wahrheit und die innere Bereitschaft, darauf zu reagieren, bestimmte stark, auf welche Weise dann tatsächlich mit *Satyagraha* reagiert wird. Beim Fabrikarbeiterstreik in Ahmedabad bemerkte Gandhi, dass die Arbeiter ihre Sache nicht ausreichend verstanden und dass ihre Reaktion nicht durchdacht war.[50] Die wirtschaftlichen Gründe allein waren nicht für die Ungerechtigkeit verantwortlich. Die wissenschaftliche Untersuchung der Lage umfasste folglich mehr als den rein wirtschaftlichen Ansatz. Über die wirtschaftliche und politische Ungerechtigkeit hinaus musste der Versuch unternommen werden, in die genuin menschlichen Dimensionen des Problems einzudringen. Die Leugnung der genuin menschlichen Dimension würde auf die Leugnung des wahrhaft religiösen Charakters hinauslaufen.[51] Die religiöse und ganzheitliche Perspektive eines Menschen wird

---

[49] Seit seiner Zeit in Afrika gab Gandhi verschiedene Zeitungen heraus; sie waren mächtige Waffen in den sozialen und gesellschaftlichen Auseinandersetzungen: *Indian Opinion* in Natal, Südafrika (1903-14), *Young India* in Ahmedabad, Indien (1919-32), *Navajivan* in Ahmedabad, Indien (1919-31), *Harijan* in Ahmedabad, Indien (1933-48). Gelegentlich schrieb er in anderen führenden Zeitungen, um die Sache der Satyagraha zu erklären.

[50] MPW III, S. 192 ; Speech to Ahmedabad Mill-hands; 18. März 1918.

[51] „Dem Gesetz zu gehorchen, setzte ihre Männlichkeit herab und beleidigte dadurch ihre Religion. Missachtung des Gesetzes war deshalb Gehorsam gegen das Gesetz Gottes." CW VII, S. 211; On the Duty of Civil Disobedience; *Indian Opinion*, 7. September 1907.

durch seine Vorstellung vom Leben bestimmt und darin war Gandhis Methode einzigartig. Wenn die Ungerechtigkeit (Unwahrheit) festgestellt wurde, sei der *Satyagrahi* religiös verpflichtet, darauf zu reagieren. Das sei sein *Dharma*. Die Freiheit und Fähigkeit, auf eine ungerechte Situation zu reagieren, sei durch die Suche eines Menschen nach WAHRHEIT bestimmt. Den wahren *Satyagrahi* motiviere nicht die philanthropische Besorgnis, sondern seine innere Stimme.[52]

3.3.2. Satyagraha und Bewusstseinsbildung

Die erste Reaktion auf eine vorhandene Situation der Ungerechtigkeit ist, die Menschen, die unter dem unterdrückerischen Gesetz oder System leiden, zu erziehen. Bewusstseinsbildung bedeutet, das Thema zu formulieren, und zwar nicht nur hinsichtlich der wirtschaftlichen und politischen Unterdrückung, sondern auch hinsichtlich der in der Ungerechtigkeit enthaltenen religiösen Fragen. Darum gehört eine Art Reinigung der Absichten und Motive der Betroffenen dazu. Sie werden aufgefordert, sich zu fragen, inwiefern es eine Ungerechtigkeit ist und warum sie darauf reagieren sollten.

Zur Erziehung gehört auch die Aufklärung der Handelnden über ihr Unrecht. Es wird alles versucht, denen, die Unrecht tun, nachdrücklich klarzumachen, worin ihr Unrecht besteht, und ernsthaft an sie zu appellieren, den Missstand zu beheben. Das geschieht im vollen Vertrauen auf die Menschlichkeit des „Gegners", auch wenn der *Satyagrahi* überzeugt ist, dass das System an sich ungerecht sei. Die Kämpfe in Südafrika und in Champaran hatten zur Voraussetzung, dass das System gut war und dass nur seine gerechte und unparteiische Anwendung fehlten, während Gandhi zur Zeit des Bardoli-Kampfes, der auf das Khilafat- und das Punjab-Massaker folgte, in vollem Ernst an die Menschlichkeit der Herrschenden appellierte, obwohl er überzeugt war, die britische Herrschaft sei schlecht für Indien.

Praktisch bedeutete das, dass er alle verfassungsgemäßen und legalen Mittel ausschöpfte. Das sollte nicht als eine endlose Schlacht der Petitionen und Abordnungen verstanden werden. Bevor Gandhi in die nationale Politik eintrat, hatte der Nationalkongress genau das getan. Gandhi erschien es notwendig, die verfassungsgemäßen Mittel

---

[52] Vgl. Kapitel 1 „Satyagraha: In der Wahrheit verwurzelt" und Kapitel 2 „Satyagraha: Einssein mit dem Leben".

auszuschöpfen und gleichzeitig die Massen zu erziehen und stufen-
weise in den Kampf einzubinden.

3.3.3. Furchtloses Handeln

Dass man gegen eine Ungerechtigkeit eine direkte Aktion ergreift, ist
eines Menschen *Dharma*. Die bewusste Absicht, gegen ein ungerechtes
Gesetz oder eine ungerechte Struktur vorzugehen, wird einerseits von
der Weigerung der Regierenden verursacht, die Missstände zu beheben, und andererseits vom Entschluss des *Satyagrahis*, das verlorene
Dharma zurückzugewinnen. Aber nach Gandhi „sollte *Satyagraha* [in
der Form der direkten Aktion] zunächst zurückgehalten werden, bis
alle anderen Mittel, die Sache vorwärts zu bringen, erschöpft sind."[53]
„Furchtlosigkeit ist die erste Voraussetzung für Spiritualität. Feig-
linge können niemals moralisch sein."[54] Furchtlosigkeit wird in erster
Linie durch die Art der Sache bestimmt. Die Sache muss gerecht und
wahrhaftig sein. Eine gerechte Sache kann niemals endgültig schei-
tern. Die Wahrhaftigkeit einer gerechten Sache findet ihren Widerhall
in der Wahrhaftigkeit des Ichs und appelliert an die Wahrheit. Durch
„meine Wahrhaftigkeit" wird mein Kampf für die Wahrheit ein
Kampf gegen die Unwahrheit. Daraus folgt, dass ein solcher (gewaltfreier) Kampf für die Wahrheit gegen die Unwahrheit einen Widerhall
beim Gegner findet, und ein *Satyagrahi* hat dieses grundlegende Vertrauen ins Wesen des Menschen; dadurch wird die Furchtlosigkeit
verstärkt.

Wie grausam das gegenwärtige System oder Gesetz auch sein
mag, das grundsätzlich gegebene innere Gutsein des Gegners verdient Vertrauen, und zwar deshalb, weil wir glauben und darauf vertrauen, dass wir am Ende siegen werden. Die Bereitschaft, die Mächtigsten in der Welt herauszufordern, rührt von der Macht der Wahrheit im eigenen Ich und im Gegner her. Eine furchtlose Geisteshaltung
ist das *sine qua non* von *Satyagraha*: Leben aus niemandes Gnade außer
der Gottes und sich vor niemandem in Furcht beugen.

Einer, der die Geisteshaltung eines *Satyagrahis* erreicht hat, wird
immer siegreich sein, zu allen Zeiten, an allen Orten und unter al-

---

[53] CW LXVIII, S. 441; Talk to Hyderabad State Congress Delegation; *The Hindu*, 22. Februar 1939.
[54] CW XXI, S. 286. Vgl. auch MPW III. S. 235; The Fear of Death; *Young India*, 13. Oktober 1921.

len Bedingungen, ganz gleich, ob es eine Regierung oder ein Volk
ist, gegen das er Widerstand leistet, ob es Fremde, Freunde oder
Verwandte sind.[55]

Mit Furcht, Faulheit und falscher Rücksicht auf andere wird niemals
die Wahrheit gewonnen.

3.3.4. *Soul-force* - Widerstand[56]

Wenn der *Satyagrahi* innerlich furchtlos ist, ist er bereit, Widerstand
zu leisten. Er leistet mit Güte, Gerechtigkeit und Wahrheit Widerstand gegen Böses, Ungerechtigkeit und Unwahrheit. Wenn der
Satyagrahi eine Ungerechtigkeit feststellt, versteht er, dass wirtschaftliche, politische und gesellschaftliche Ungerechtigkeit einen tiefen
Bruch mit der religiösen Wahrheit bedeutet, der nur durch Wahrheit
und Gewaltfreiheit geheilt werden kann. Darum bedeutet Widerstand
leisten gegen Ungerechtigkeit: an Wahrheit festhalten = *Satya-graha*.
Letzten Endes ist sie ein religiöses Prinzip.[57]

Wir haben zwei Möglichkeiten, auf eine Ungerechtigkeit zu reagieren: Wir schlagen dem Menschen, der eine Ungerechtigkeit begangen hat oder begeht, den Schädel ein und bekommen daraufhin selbst
den Schädel eingeschlagen oder wir leisten mit eigenem Leiden[58] Widerstand gegen die Ungerechtigkeit. Von diesen beiden Möglichkeiten muss sich der *Satyagrahi*, wie wir im letzten Kapitel gesehen haben, für die letztere entscheiden. Die Ungerechtigkeit ist nicht nur
dort draußen, von mir getrennt, irgendwo im politischen oder wirtschaftlichen Bereich, sondern sie ist in dem Sinn in mir, dass ich diese
Ungerechtigkeit am meisten im inneren „Allerheiligsten" meines Wesens empfinde (sie ist eine Verletzung meiner Menschlichkeit) und
deshalb greife ich auf meine eigene *soul-force* zurück. Das heißt nicht,

---

[55] CW VIII, S. 92; Secret of Satyagraha; *Indian Opinion*, 22. Februar 1908.
[56] Gewaltfreier Widerstand [*so die heute gängige Bezeichnung (Ingrid v. Heiseler)*] ist nicht
der ideale Ausdruck, um all das auszudrücken, was Gandhi mit seiner einzigartigen Methode für die gesellschaftliche Auseinandersetzung meint. Er klingt negativ, schwach
und wirkt wie aus dem Gegensatz zu etwas anderem heraus gedacht. Dieser Ausdruck
vermag daher nicht die positive Bedeutung zu enthüllen.
[57] Wenn das Gesetz die Menschlichkeit verletzt und damit die Religion beleidigt, sollte
man Satyagraha anbieten, vgl. CW VIII, S. 60f.; Triumph of Truth; *Indian Opinion*, 8. Februar 1908. Vgl. auch CW XIII, S. 531; Brief an Satyanand Bose; vor dem 16. September
1917).
[58] MPW III, S. 41.

dass man die wirtschaftlichen, gesellschaftlichen oder politischen Dimensionen des Problems übersieht, sondern dass man zur religiösen Wurzel vordringt. In anderen Worten: Das Ich soll befähigt werden, die äußeren Kräfte zu beherrschen, um sie zum eigenen Zweck zu bestimmen, das heißt zu *Swaraj*. Der Wachzustand (die aktive Stufe) dieses Sichverlassens auf *soul-force* oder Wahrheit ist Liebe und sein Schlafzustand (passive Stufe) ist Gewaltfreiheit.[59] *Satyagraha* = Wahrheitskraft oder soul-force ist *Brahmana dharma* und nimmt den höchsten Platz im indischen ,*varnasharma dharma'* ein. „Harishchandra war ein *Satyagrahi*, Prahalad war ein *Satyagrahi*, Mirabhai war ein *Satyagrahi*."[60] Es ist einfach ein Gesetz der Natur: Vater und Sohn, Mann und Ehefrau greifen ständig auf *Satyagraha* zurück, einer gegenüber dem anderen.[61] Der *Satyagrahi* nimmt zum selben natürlichen, familiären Prinzip Zuflucht und wendet es auf lokaler und nationaler Ebene auf ein ungerechtes System an. Dabei beruhigt er die Ängste des Gegners und dadurch erobert er ihn. Die indischen Massen haben tiefe Kenntnis von diesem *Dharma* und deshalb neigen sie eher zu *Satyagraha*:[62] „*Satyagraha* bedeutet, dass wir Wahrheit wollen, dass wir sie verdienen und dass wir uns sogar bis zum Tod für sie einsetzen wollen."[63]

Gandhi wollte, dass eine gewaltfreie Aktion niemals eine gewalttätige Reaktion des Gegners hervorrufen solle. „Für mich ist es eine unumstößliche Wahrheit, dass wahre *Ahimsa* nie verfehlt, sich dem Gegner aufzuprägen. In dem Maße, in dem sie das doch verfehlt, ist sie unvollkommen."[64] Ihrem Wesen entsprechend, sollte *Ahimsa* die Haltung unseres Gegners gegen uns mildern und nicht verhärten. Sie sollte seine Aggressivität wegschmelzen, sie sollte eine Saite in seinem Herzen mitschwingen lassen.[65] Gewaltfreiheit ist das Handlungsprinzip der Wahrheit, und die ist das letztendliche Prinzip in und von allem. Deshalb sollte der wahrhaft gewaltfreie Appell eine Reaktion

---

[59] CW XIII, S. 251; Speech on Satyagraha – Not Passive Resistance.

[60] Ebd., S. 522.

[61] Ebd., S. 523.

[62] Ebd., S. 524.

[63] Ebd., S. 525.

[64] CW LXIX, S. 163; *Harijan*, 6. Mai 1939.

[65] *Harijan*, 24. Juni 1934.

bleibender Wahrheit im anderen hervorrufen.[66] Gandhi ist hinsichtlich der Theorie der Gewaltfreiheit kompromisslos. Nichtsdestoweniger macht er der menschlichen Schwachheit Konzessionen. Jeder sollte für sich selbst bestimmen, wie weit er beim Ausüben von *Ahimsa* gehen kann und will. Ein Minimum an Zwangsausübung ist für das Leben des Einzelnen und für den gesellschaftlichen Zusammenhang notwendig.[67] Ein *Satyagrahi* braucht ein ständiges Training in der Kunst der Gewaltfreiheit.

3.4. (Aus-)Bildung eines *Satyagrahi*

„Gewaltfreiheit ist keine individuelle Tugend, sondern ein Kurs in spirituellem und politischem Verhalten sowohl für Einzelne als auch für die Gemeinschaft."[68] Gandhi meint, *Satyagraha* sei eine wirksame und konstruktive Art, mit individueller und organisierter Gewalt umzugehen, Gewalt, die sich entweder aus der unvollkommenen Wahrnehmung der Wahrheit oder aus der „falschen Lebensauffassung" ergibt. Das Potenzial von *Satyagraha* sei enorm, die Massen müssten jedoch darin ausgebildet werden.[69] Sie müssen auf organisierte und disziplinierte Weise zum kollektiven gewaltfreien Widerstand angeregt werden. Der Erfolg von *Satyagraha* hängt davon ab, dass die Führer engagiert und gewaltfrei sind. Die Qualität des Führers bestimmt in großem Ausmaß den Verlauf von *Satyagraha*. Gandhi geht so weit zu behaupten, dass vollkommene Gewaltfreiheit keine starke Organi-

---

[66] Zu seinen Prinzipien Wahrheit und Gewaltfreiheit kam er durch seine persönlichen Experimente und durch seine Interpretation der Sashtras. „Ohne irgendeinen ausgearbeiteten Plan habe ich einfach auf meine Weise die ewigen Prinzipien Wahrheit und Gewaltfreiheit auf das tägliche Leben und die täglichen Probleme angewandt" (MPW III, S. 209; Speech at Gandhi Seva Sangh Meeting; 3. März 1936).

[67] G. Dhawan vermerkt die Entwicklung der Gewaltfreiheit bei Gandhi. 1922 ließ Gandhi Gewalt noch bei der Selbstverteidigung und beim Umgang mit Räubern zu. Er erlaubte denen, die auf die starke Art gewaltfrei waren, bei der Selbstverteidigung Gewalt anzuwenden. 1940 nahm er Partei für eine Frau, die sich mit ihren Nägeln und Zähnen gewehrt hatte. Aber er bestand darauf, dass Selbstverteidigung tapfer und nicht feige, roh oder heimlich sein dürfe. (*Harijan*, 8. September 1946); vgl. Dhawan, G.: The Political Philosophy of Mahatma Gandhi, Ahmedabad: Navajivan Publishing House 1951, S. 180)

[68] CW LXXIII, S. 30; *Harijan*, 29. September 1940. „Der Zauber von Satyagraha, ist, wie ich dem Land erklärt habe, für alle da." (CW LXXIII, S. 7).

[69] CW LXVII, S. 63; *Harijan*, 8. September 1940. „Schon die Methode Gewalt braucht viel Training braucht, doch die Methode der Gewaltfreiheit braucht noch mehr Training und dieses Training ist viel schwieriger als das Training für Gewalt."

sation brauche. Ein einziger Mann oder eine einzige Frau, der oder die von *Ahimsa* erfüllt sei, könne Satyagraha bewirken.[70] Nach der Kampagne für Nichtzusammenarbeit und dem Abblasen des Kampfes in Bardoli verfasste Gandhi detaillierte Instruktionen für die *Satyagraha-* Gefangenen. Darin forderte er vollkommene Ehrlichkeit in ihrem Umgang mit anderen und vollkommene Zusammenarbeit im Gefängnis und dass sie keine Privilegien in Anspruch nähmen.[71] Vor der Salz-*Satyagraha* wurden die Verhaltensregeln für die *Satyagrahis* als Einzelne, als Gefangene und als Gruppe bekannt gegeben. Sie wurden ständig ermahnt, in den *Satyagraha*-Kämpfen nicht heimlich zu agieren, sondern bereit zu sein, sich zu opfern, anstatt andere zu opfern, und freudig selbst bis in den Tod für die Wahrheit zu leiden.[72] Bei *Satyagraha* gibt es keine Geheimnisse. Gandhi achtete in all seinen Handlungen in der Öffentlichkeit und bei jedem zivilen Ungehorsam darauf, den Gegner über sein Tun in Kenntnis zu setzen. Der für ihn charakteristische Glaube an die Menschlichkeit des Gegners und an sein eigenes Ich als Quelle der Wahrheit leitete ihn. *Satyagraha* ist eine spirituelle Waffe, und deshalb spricht sie für sich und ihre Kraft überträgt sich. „*Satyagraha* bedeutet unermüdliche Suche nach Wahrheit und die Kraft, die eine solche Suche dem Sucher verleiht. Die Suche kann nur bei streng gewaltfreien Mitteln erfolgen."[73]

Da *Satyagraha* eine spirituelle Waffe ist, hängt sie nicht davon ab, wie viele sie ausüben, sondern es genügt eine kleinere Armee, die vollkommenen Glauben und Hingabe an *Satyagraha* hat. Die übrige Masse kann *Satyagraha* folgen, indem sie die kleinere Gruppe der Soldaten moralisch unterstützt.[74] Die Qualität eines *Satyagraha*-Führers kann das Fortschreiten und den Erfolg der *Satyagraha* bestimmen. Ein disziplinierter *Satyagrahi* zieht bei seinen Entscheidungen die öffentliche Meinung zwar in Betracht, hängt aber nicht von ihr ab. In gewissem Sinn ist er sich selbst Gesetz und hört auf die, wenn auch zunächst noch leise Stimme in seinem Innern. Auch auf die Vernunft hört er, aber der inne-

---

[70] CW LXXII, S. 381; *Harijan*, 18. August 1940.
[71] CW LXVII, S. 120; Rules for Satyagrahi prisoners. Vgl. auch CW XXIII, S. 58f. 68. 121. 350. 432. 472.
[72] CW XLII, S. 491, 426-28; Some Rules of Satyagraha; *Navajivan*, 23. Februar 1930.
[73] CW LVII, S. 350; Statement to the Press.
[343] CW LXVII, 436-37; What are Basic Assumptions?; *Harijan*, 22 Oktober 1938. Vgl. ebenso CW LXIX, S. 70.

re Antrieb Gottes in seinem Innern hat Vorrang.[75] Gandhi traf die wesentlichen Entscheidungen in der Bardoli- und der Salz-*Satyagraha* und während der *Quit-India*-Kämpfe, indem er sich auf seine innere Stimme verließ.[76] Von seiner Kindheit an war seine innere Stimme seine Beraterin. Ein *Satyagrahi* lässt sich nicht von den Massen, sondern von der Rechtsstaatlichkeit und dem Gesetz des Gewissens leiten.[77] Das bedeutet weder Autokratie, noch dass man sich der Gemeinschaft aufzwingt. Gandhi entschied sich jedes Mal, sich vom Kongress zurückzuziehen (um seiner inneren Stimme treu zu sein), wenn er dessen Entscheidungen nicht zustimmen konnte, denn er ließ sich von seiner eigenen Einsicht führen.[78] Andererseits bestand er darauf, dass der einzelne *Satyagrahi* seinem Gruppenführer vollkommenen Gehorsam leiste, d. h. die reife Frucht strengster Disziplin bringe, in der Furcht Gottes wandele und das eigene Herz reinige – in der Haltung der Selbstverleugnung. Fasten und Gebet dienen als spirituelle Werkzeuge und verhelfen dazu, auf den Ruf des Geistes zu hören.[79]

Wie Dhawan schreibt: „Gandhi ist wirklich ein Mystiker, der sozusagen die halbdunklen Bewegungen des Geistes ausspäht."[80] *Satyagraha* wird aus einer Gesellschaftspraxis auch zu einer Geistesübung. Ein *Satyagrahi* braucht also unbestrittene Integrität für sich und mutigen Bürgersinn in der Masse.

3.4.1. Aschram: die Schule der *Satyagraha*-Disziplin

Gandhis Aschrams in Südafrika und in Indien waren die Trainingszentren für *Satyagrahis,* aber sie waren keine Studienlager, die unmittelbar auf Aktion abzielten. Die Aschrams boten den Bewohnern Gelegenheit, mit *Satyagraha* als Lebensweise bekannt zu werden, allerdings war der Spielraum für direkte Aktion sehr begrenzt. Viele Freiwillige und Suchende aus verschiedenen Teilen des Landes und aus dem Ausland blieben kurze Zeit im Aschram, lernten dort, in gewaltfreiem Geist zu leben, und begannen dann allein entweder mit einem konstruktiven Programm oder mit einer direkten Aktion, aber immer

---

[75] CW LXIX, S. 39. 270f. 274.
[76] *Harijan*, 22. September 1940 und 24. August 1934.
[77] CW XLV, S. 394; *Young India,* 6. April 1931.
[78] CW LXXIII, S. 14f.; *Harijan*, 29. September 1940.
[79] CW XLVIII, S. 172; *Harijan*, 10. Dezember 1938. CW LXV, S. 68; *Harijan*, 10. April 1937. CW LXXI, S. 11; *Harijan*, 9. Dezember 1939.
[80] Dhawan, G.: The Political Philosophy of Mahatma Gandhi, S. 140.

nahm Gandhi aus der Ferne Einfluss: Mirabehn in Wardha, Sardar Patel in Gujarat, Kelappan in Travancore. Die Liste könnte die Namen von Tausenden von Aktivisten im ganzen Land enthalten. Für sie alle wurde der Aschram zum Ausgangspunkt der Vermittlung der Grundzüge der *Satyagraha*-Technik. Bei zwei wesentlichen Anlässen standen die Aschram-Bewohner selbst in der vordersten Linie eines *Satyagraha*-Kampfes: Die Frauen von der Tolstoi-Farm in Südafrika bei ihrem historischen Marsch nach Transvaal und die Sabarmati-Bewohner im bedeutsamen Marsch nach Dandi, dem „Salzmarsch". Bei beiden Gelegenheiten betrachtete Gandhi sie als ausgebildete Soldaten, die in der Feuerprobe der Gewaltfreiheit Disziplin gelernt hatten. In den Vierzigerjahren, als Gandhi sich für den individuellen zivilen Widerstand entschieden hatte, verließ er sich auf seine erprobten Soldaten, z. B. Vinoba Bhave, Pyarelal und andere (alle sehr gut im gewaltfreien Widerstand ausgebildet).

Die Bedeutsamkeit des Aschrams für die Ausbildung der *Satyagraha*-Soldaten kann nicht genug betont werden.[81] Die Aschrams wirkten als Puffer zwischen dem Einzelnen und den Massen. Sie machten die Einzelnen, besonders die Führer, bereit, auf ihre innere Stimme zu hören, sich der *soul-force* in ihrer Reaktion auf die Massen und auf die Kraft der Gewalt bewusst zu werden und sich auf diese *soul-force* zu verlassen. Der Aschram relativierte mit einem dezentralisierten, gemäß einem nach *Swadeshi*-Art aufgebauten Leben auch die Rolle des Staates (und seiner Gewalt). Kurz gesagt: Der Aschram begrenzte einerseits die Gewalt zwischen dem Einzelnen und dem Staat und verwandelte sie in eine konstruktive Lebensweise. Andererseits bereitete er seine Bewohner darauf vor, mit *soul-force* Widerstand gegen Gewalt zu leisten. Als Handlungsprinzip beruhte *Satyagraha* auf der „inneren Stimme", der noch leisen Stimme im Innern. Auf die innere Stimme hören setzt voraus, dass der *Satyagrahi* sein Herz durch Selbstbeherrschung und sein Leben im Aschram gereinigt hat.

3.4.2. Aparigraha

Von allen *Satyagraha*-Regeln war wohl *Aparigraha* = Nichtbesitz die wichtigste und innovativste Regel. Indem Gandhi auf dieser Regel bestand, schlug er eine Methode vor, die die *gesellschaftliche* und wirtschaftliche Krankheit Gier durch „Armut" heilen würde. Damit pack-

---

[81] Weitere Hinweise zum Thema Aschram bei Mirabehn: The Spirit's Pilgrimage, S. 70-80.

te er die „Gewalt" der Armut mit der Armut der Gewaltfreiheit an. Mit dieser Regel werden der *Satyagrahi* und der Staat als Akteure der Sozialfürsorge unmittelbar auf die religiöse Basis des Freiheitsstrebens gestellt.

Zivilisation im wahren Sinne des Wortes besteht nicht in der Vervielfältigung, sondern in der bewussten und freiwilligen Verminderung der Wünsche. Das allein fördert wahres Glücklichsein und wahre Zufriedenheit und verstärkt die Fähigkeit zum Dienst.[82]

Zwar kann man das Ideal niemals erreichen, aber wir sollten es auch niemals aus dem Blick verlieren. Eine aufrichtige *Aparigraha*-Tat, also keiner schlechten Gebrauch von Geld zu machen, vergrößert das Wohl der Menschheit. Gandhi meinte, der Besitz von etwas, das man nicht brauche, sei Diebstahl. Einer, der nach der Wahrheit strebt, einer der das Gesetz der Liebe befolgt, hält nichts für morgen in Vorrat.[83] Gandhi bestand darauf: Es ist unsere Pflicht, die vielen Möglichkeiten von *Aparigraha*, Nichtbesitzen, zu erkunden und dem Gesetz zu gehorchen, sogar, wenn vielleicht eine Mutter für ihr Kind stirbt.[84]

3.5. Formen von *Satyagraha*

Zwar wirkt *Satyagraha* durch sich selbst, doch Gandhi unterschied viele Formen von *Satyagraha*-Handlungen. Er benutzte jedes verfügbare Mittel auf die wirkungsvollste Weise, um auf die Menschen zuzugehen und sie zu bilden: die Presse, das Podium, Umzüge, Märsche, Gesangs- und Gebetsversammlungen usw. Diese dienten nicht als Ersatz, sondern als wirksame Unterstützung für *Satyagraha*.[85] Während er sie abhielt, zog er Wahrhaftigkeit der Zweckmäßigkeit und Respekt der Arroganz vor. Die Feuer mit den Zertifikaten und ausländischen Textilien, das Überqueren der Grenze von Tausenden von Männern, Frauen und Kindern, die „wandelnden Zeitungen", der Salzmarsch u.a.[86] bezeugen die kreativen und innovativen Möglichkeiten von *Satyagraha*. Ein *Satyagrahi* wird in der Wahl von Möglichkeiten und

---

[82] Gandhi, M.K.: From Yeravda Mandir. Ashram Observances, S. 16.
[83] CW XLIV, S. 90f. Brief an Narandas Gandhi; 19. August 1930.
[84] CW LXXV, S. 300; Question Box; *Harijan*, 22. Februar 1942.
[85] *Harijan*, 28. März 1936.
[86] *Harijan*, 8. Januar 1938.

Formen wirksamer *Satyagraha* nicht durch „historischen Determinismus" eingeschränkt. Gandhi war ein großer Zeichengeber. „Gandhi revolutionierte die Einstellung der Menschen, löste Konventionen auf, setzte alte Maßstäbe außer Kraft, schuf neue Symbole und stellte neue Werte auf."[87]

3.5.1. Konstruktives Programm: Konstruktiver Widerstand

„Für mich war kein *Dharma* höher als die Wahrheit und kein *Dharma* höher als die höchste Pflicht der Gewaltfreiheit."[88] Gandhis Anliegen war, dass die sozioökonomischen Planer Gewaltfreiheit als Grundlage für ihre Planung für das größtmögliche Wohlergehen der gesamten Gesellschaft akzeptierten. Konstruktives Planen war der wirksame Weg des gewaltfreien Aufbaus der Gesellschaft. Und doch blieb Gandhi ein „Anarchist", auch im konstruktiven Programm mit seinem doppelten Ziel: das existierende gewalttätige politisch-ökonomische System durch das Mittel der direkten Beteiligung des Volkes zu zerstören und den Staatsapparat auf ein zu vernachlässigendes Minimum zu reduzieren und die Macht der Gewalt und die Energie der Massen in der Gesellschaft für nationalen Aufbau nutzbar zu machen. Die Förderung von *Khadi,* die Abschaffung der Unberührbarkeit, die Einigkeit von Hindus und Muslimen usw. sollten sowohl in der Erziehung als auch im täglichen Einsatz als Ziele angestrebt werden.[89] Sie dienten als nationales Mittel, um *Swaraj* einzuführen,[90] und als Verkörperung und Praxistest für Wahrheit und Gewaltfreiheit.[91] Das *Khadi*-Programm war die ökonomisch-politische Art und Weise, auf die die ländlichen Massen Gewaltfreiheit ausübten. Die Aufhebung der Unberührbarkeit ist die Ausübung von Gewaltfreiheit innerhalb der religiösen Tradition und die kommunale Einigkeit ist ihre interreligiöse Dimension. *Khadi* stand für eine dezentralisierte, an den Dörfern orientierte Wirtschaft, deren Ziel es war, durch Überzeugungsarbeit, Erziehung und körperliche Arbeit die Ungleichheit zwischen Arm und Reich zu verringern.[92] Das schloss Schwerindustrie nicht aus, solange sie das Leben in den Dörfern nicht störte. Die

---

[87] Dhawan, G.: The Political Philosophy of Mahatma Gandhi Dhawan, S. 212.
[88] Ebd., S. 210.
[89] CW LXXII, S. 60; *Harijan*, 18 Mai 1940.
[90] CW XLII, S. 426-28; *Young India*, 23. Januar 1930.
[91] *Harijan*, 1. Januar 1935.
[92] *Harijan*, 25. August 1940.

Schwerindustrie sollte die Dörfer unterstützen, nicht sie zerstören.[93] Der falsche Gebrauch der Maschinen macht diejenigen, die sie besitzen, zu ihren Sklaven.[94] Das *Kadi*-Programm und das Spinnrad waren die lebendigen Symbole der Gewaltfreiheit und der Einfachheit und Reinheit des Lebens.[95] Es sollte die Dörfer eigenständig und eigenverantwortlich machen und die uralte Ausbeutung beenden.[96] Zum Neuaufbau der Dörfer gehörten Gesundheitsfürsorge und Erziehung zur Sauberkeit.

Ein Proletariat, das durch Gewalt zur Macht gekommen ist, hat keinen Bestand, weil das, was durch Gewalt gewonnen wird, später an eine überlegene Macht wieder verloren wird.[97] Gandhi wollte das nationale Leben durch das gewaltfreie konstruktive Programm des Landes ordnen, um seine Macht der Gewalt einzudämmen. Agitationen ohne konstruktives Programm würden zu Gewalt führen. „Meine Experimente mit *Ahimsa* haben mich gelehrt, dass Gewaltfreiheit in der Praxis Arbeit bedeutet, die auch den Körper umfasst."[98] Gemeinsame Arbeit vereint zu engster Zusammenarbeit. Nur einer, der im konstruktiven Programm ausgebildet ist, kann Soldat des zivilen Widerstandes werden. *Khadi*-Arbeit verschafft den Massen Arbeit und schafft Nationalbewusstsein. Es ist ein Wirtschaftsmittel und führt zur politischen Freiheit.

3.5.2. Nichtzusammenarbeit

Gandhis Aufruf an die Nation, nicht mit den Briten zusammenzuarbeiten, hatte eine religiöse Grundlage, denn er war davon überzeugt, dass die britische Herrschaft schlecht sei. Das Böse muss bekämpft werden. Er zitiert Beispiele aus der *Gita*, von Tulsidas, Jesus und Mohammed, um zu belegen, dass Nichtzusammenarbeit eine religiöse Basis hat.[99] In allen Religionen gilt es als Pflicht, nicht mit dem Un-

[93] CW LXXI, S. 130; Ahimsa in Practice; *Harijan*, 27. Januar 1940.
[94] CW XLVIII, S.245; *Young India*, 26. November 1931.
[95] CW LXIX, S. 196f.; *Harijan*, 6. Mai 1939. Vgl. auch *Harijan*, 27. Mai 1939.
[96] *Harijan*, 21. Dezember 1934.
[97] CW LXXI, S. 130; Ahimsa in Practice; *Harijan*, 27. Januar 1940.
[98] Ebd., S. 218.
[99] CW XVIII, S. 115; Crusade against Non-co-operation; *Young India*, 4. August 1920. Vgl. auch CW XIX, S. 243-45; Did Jesus Co-operate?; *Young India*, 19. Januar 1921. Er schreibt, dass Prahalad, Sita, Bharat nicht mit dem Bösen zusammengearbeitet haben und dass Jesus nichts mit den Hartherzigen zu tun haben wollte und seinen Jüngern riet, sich vor den Übeltätern in Acht zu nehmen.

recht, sondern mit dem Recht zusammenzuarbeiten. Außerdem ist es auch Bürgerpflicht, nicht mit dem Unrecht zusammenzuarbeiten, und in der säkularen Geschichte gibt es zahlreiche Beispiele dafür.[100] Darum ist das vordringliche Motiv der Nichtzusammenarbeit die Selbstreinigung. Die geschieht dadurch, dass wir unredlichen und uneinsichtigen Regierungen die Zusammenarbeit vorenthalten. Das zweite Ziel ist, dass wir uns von dem Gefühl der Wehrlosigkeit befreien, indem wir uns von Herrschaft und Überwachung durch die Regierung unabhängig machen, d. h. uns in jeder möglichen Hinsicht selbst regieren. Um diese Ziele zu verwirklichen, müssen wir uns vor der Schädigung von Einzelnen und von Besitz und vor Gewalt gegen sie hüten und dürfen weder Schädigung noch Gewalt begünstigen.

Praktisch gesprochen, bedeutet das einerseits, Titel aufgeben, Schulen boykottieren und von Ämtern zurücktreten, und andererseits *Swadeshi* praktizieren, allem unvermeidlichen Leiden zum Trotz. Es bedeutet nicht die Übernahme der politischen Macht. „Eine gewaltfreie Revolution ist kein Programm zur Machtübernahme. Es ist ein Programm des Wandels der Beziehungen, der mit einer friedlichen Machtübertragung endet."[101]

3.5.3. Aktive Liebe

Nichtzusammenarbeit geht davon aus, dass die Regierenden auf die Zusammenarbeit der Regierten mit ihnen angewiesen sind. Die Hauptstütze jeder Regierung ist weder Macht noch passive Zustimmung der Regierten, sondern deren aktive Zusammenarbeit mit der Regierung. Wenn sie diese aufkündigen, bewirkt das die vollkommene Lähmung und schließlich das Ende des Systems. Wenn das Opfer Wohltaten des Übeltäters annimmt, macht es sich damit zum Komplizen der Untaten des Tyrannen. Der richtige und liebevolle Weg ist die Aufkündigung der Zusammenarbeit mit den Regierenden. Die Wei-

---

[100] Gandhi bezog sich auf General Botha, der Lord Milners Reformen der Ratsversammlungen boykottierte und eine vollkommene Verfassung für sein Land erarbeitete; die Duchoborzen in Russland (geistige Kämpfer – eine nicht konforme russische Sekte, die 1898 nach Kanada auswanderte), die Nichtzusammenarbeit praktizierten und damit Weltsympathie gewannen und zahlreiche Fälle von Pächtern in Indien, die Nichtzusammenarbeit ihren Grundherren gegenüber übten usw. Alle dies seien erfolgreiche Fälle von Nichtzusammenarbeit gewesen; vgl *Young India*, 4. August 1920; Crusade against Non-co-operation.

[101] *Harijan*, 17. Februar 1946.

sen des alten Indien haben in jahrhundertelanger Erfahrung herausgefunden, dass es für jeden Menschen auf Erden das Wahre ist, nicht mit Gewalt, sondern mit Gewaltfreiheit und Leiden für Gerechtigkeit zu wirken.[102]

Ahimsa ist

nicht nur der negative Zustand des Nichtschadens, sondern der positive Zustand der Liebe, dass man sogar dem Übeltäter Gutes tut. Das bedeutet aber nicht, dass man den Übeltäter dabei unterstützt, weiterhin Übles zu tun, oder dass man es durch passives Einverständnis duldet – im Gegenteil, Liebe, der aktive Zustand von *Ahimsa*, verlangt, dass man Widerstand gegen den Übeltäter leistet, indem man sich von ihm trennt, auch wenn ihn das kränkt oder körperlich verletzt.[103]

Nichtzusammenarbeit ist daher ein intensiv aktiver Zustand von Liebe (Liebe ist der einzige Schlüssel). Dazu gehört, dass man sich für die Staatsangelegenheiten interessiert, um auf gewaltfreie Weise moralischen Einfluss auszuüben. „Vorurteilsfreie Nichtzusammenarbeit ist der Ausdruck gepeinigter Liebe"[104] und „ein Protest gegen eine ahnungslose und widerwillige Teilhabe am Bösen."[105] „Nichtzusammenarbeit ohne Liebe ist satanisch: Nichtzusammenarbeit mit Liebe ist göttlich."[106] Existenz und Fortschritt der Menschheit zeigen, dass Liebe, Zusammenarbeit und andere derartige Haltungen schwerer wiegen als Wut, Furcht und alle anderen Formen der Gewalt. Nichtzusammenarbeitspraktiken sind in Harmonie mit dem Wesen des Menschen, und deshalb sind sie dauerhafter und zweckmäßiger als gewaltsame oder militärische Praktiken. Die indischen Kulis in Südafrika und die analphabetischen Bauern von Bardoli bezeugen den Sieg der Liebe über den Hass, der Gewaltfreiheit über die Gewalt. Auch das Aussetzen der Nichtzusammenarbeit als Folge von Fällen von Gewalt wurde als eine Phase von Nichtzusammenarbeit angesehen, als eine Prüfung ihrer Qualität und ihrer Bereitschaft, den Kooperie-

---

[102] CW XVIII, S. 146; Speech on Non-Co-operation (Madras); *The Hindu*, 13. August 1920.

[103] CW XVIII. S. 195; Religious Authority for Non-co-operation; *Young India*, 25. August 1920.

[104] CW XIX, S. 245; Did Jesus Co-operate?; *Young India*, 19. Januar 1921.

[105] CW XX, S.162.; The Poet's Anxiety; *Young India*, 1. Juni 1921.

[106] CW XXI, S. 519; Master Key; *Navajivan*, 4. Dezember 1921.

renden Achtung zu erweisen.[107] „*Ahimsa* ist angesichts der größten *Himsa*[108] am wirksamsten", ganz gleich, aus welcher Quelle sie kommt. Sie ist jeder physischen Macht unendlich überlegen. Und noch so große Bedrückung und Unterdrückung bewirken nur, dass sie noch größer wird.

Nichtzusammenarbeit ist jedoch keine Pöbelherrschaft, also etwas, das von Gefallen und Missfallen der Menschen abhängt, sondern sie beruht auf dem Vertrauen in die Fähigkeit der Menschen, ihre Kräfte in einer religiösen Sache zu kanalisieren. Darum bedarf es der Reinigung, während gleichzeitig eben die Nichtzusammenarbeit ihrerseits die Nation reinigt.[109] Diese Reinigungskraft der Nichtzusammenarbeit ist für jede Gesellschaftsreform von Bedeutung. Nach Gandhi brachten die aufrichtigen und gesunden Bewegungen der Nichtzusammenarbeit der 1920er Jahre die Übel Unberührbarkeit, Uneinigkeit zwischen Hindus und Muslimen u. a. ans Licht. Als religiöse Handlung ist Nichtzusammenarbeit auf Gott, den „Felsen der Zeitalter", angewiesen und die, die sie praktizieren, müssen mit demütigem und reuevollem Herzen nach Seinem Beistand streben.[110]

3.6. Verschiedene Formen der Nichtzusammenarbeit: Boykott, Streik, Fasten

Boykott ist ein Mittel, das mit Umsicht gegen jemanden eingesetzt wird, der in *lebenswichtigen Angelegenheiten* gegen das öffentliche Gewissen verstößt. Man sollte von ihm keine gesellschaftlichen Annehmlichkeiten annehmen. Und doch sollte ihm keine soziale Dienstleistung verweigert werden, die er benötigt. Boykott ist eine Möglichkeit, den politischen Willen der Menschen zu beeinflussen. „Gewaltfreier Boykott kann bedeuten, dass man keinerlei Dienst übernimmt. Die Weigerung, Dienste zu leisten, kann Gewalt enthalten."[111]

Boykott kann gegen einen Regierungsbeamten angewandt werden, der seine Pflichten nicht erfüllt, jedoch sollte in dem Fall, dass er krank ist oder andere Bedürfnisse hat, alles Notwendige für ihn getan

[107] CW XXV, S. 259; The Law of Love; *Young India*, 23. Oktober 1924.
[108] *Harijan*, 27 Mai 1939.
[109] CW XIX, S. 201; Moral values; *Young India*, 5. Januar 1921.
[110] CW XIX. S. 220 und LXIX. S. 278; The Need for Humility; *Young India*, 12. Januar 1921.
[111] CW XXXVI, S. 115; The Weapon of Boycott; *Navajivan*, 18. März 1928.

werden. Die motivierende Kraft hinter dem Boykott ist die Bereitschaft des *Satyagrahi*, alle Leiden auf sich zu nehmen, die sich daraus ergeben, dass er von dem Beamten die zu erwartenden Privilegien nicht bekommt; keinesfalls aber sollte er den Wunsch hegen, ihm irgendetwas Böses oder Gewalt anzutun. Auf diese Weise wird der Boykott sein *Dharma*, und wenn der *Satyagrahi*, indem er sein *Dharma* erfüllt, irgendjemandem unbeabsichtigt Schmerz zufügt, ist es eben nicht zu ändern.

Die Arbeiter sollten sich bewusst sein, dass ihr Kapital ihre Arbeit ist, und stolz darauf sein. Arbeiten heißt, dem Gesetz des Seins folgen. Leider ist heute der Arbeiter nicht sein eigener Herr, da er vom Erdboden getrennt und nun mit Tausenden in den Städten zusammengepfercht ist. Das sind unnatürliche Gegebenheiten.

Wenn die Arbeiter STREIKEN, gehört das zu ihrer Art, ihr *Dharma* zu erfüllen. Die Arbeiter brauchen eine passende Schulung und Führung, wenn sie streiken. Kapital und Arbeit sind gleichwertige Partner. Wenn die Arbeiter gewaltfreie Macht anwenden, werden sie am Ende immer gewinnen.[112] Die wahre Kraft der Arbeiter wird sie vor Ausbeutung schützen. Die Arbeitervertreter sollten bei ihren Forderungen ihre Absichten nicht geheim halten.

Gandhi nahm oft zum FASTEN seine Zuflucht. Er unternahm das Fasten nicht, um die Gegner zu zwingen, den Forderungen nachzugeben. Im Fall des Fabrikarbeiterstreiks in Ahmedabad fastete Gandhi, um die schwankend gewordenen Arbeiter hinsichtlich ihres Gelübdes zu stärken. Indirekt nötigte er jedoch die Fabrikbesitzer, unter Druck nachzugeben. Darüber war Gandhi unglücklich. [113] Fasten und *Hartal* auf Massenbasis sind mächtige Mittel, um Missfallen der Bevölkerung zu zeigen und ihre Beschwerde vor Gott zu bringen. Fasten ist eine spirituelle Handlung, sich im Kampf um Gerechtigkeit an Gott zu wenden, um den Geist zu wecken und den Prozess der Gerechtigkeit zu beschleunigen. Man darf nur im Gehorsam gegen die innere Stimme dazu greifen. Fasten reinigt die, die es unternehmen, und adelt die Einzelnen und die Nation. Fasten und *Hartal* sollen weder Druck auf die Regierung ausüben[114] noch werden sie des persönlichen Gewinns wegen durchgeführt. Der *Satyagra-*

---

[112] CW LXXXIII, S. 308f.; MPW, III, S. 198; Capitalism and Strikes; *Harijan*, 31. März 1946.
[113] CW XIV, S. 260-63.
[114] CW XV, S. 286; Satyagraha Leaflet No. 17; 17. Mai 1919.

hi ist bereit zu sterben, wenn er auf der Wahrheit besteht.[115] Mit Fasten appelliert der *Satyagrahi* an die innere Macht der Wahrheit. Es ist die letzte Waffe im Arsenal der Anhänger von *Ahimsa*. „Wenn der menschliche Scharfsinn versagt, fastet der Eingeweihte."[116]

Gandhi empfahl FREIWILLIGES EXIL (*Hijrat*) als weitere Form von *Satyagraha* für die, die an einem bestimmten Ort nicht leben können, ohne ihre Selbstachtung zu verlieren, und denen die Kraft fehlt, sich gewaltfrei zu verteidigen. Er empfahl diese Methode 1928 einigen Bauern in Bardoli. Selbst auferlegte Emigration aus dem Gebiet eines Tyrannen wird empfohlen, wenn das moralische Sein verletzt wird und es keine andere Möglichkeit gibt zu entkommen. Am tapfersten ist es jedoch, wenn man freudig *Satyagraha* ausübt und bis zum Ende leidet und damit das Herz den Tyrannen zum Schmelzen bringt. *Hijrat* ist nur von begrenztem Wert.[117]

3.6.1. Ziviler Ungehorsam

Die Grundannahme von zivilem Ungehorsam ist,

> dass wir, bevor wir Untertanen sind, Menschen sein sollten, und dass uns unser Gewissen nicht die Verpflichtung auferlegt, uns irgendeinem Gesetz blind zu unterwerfen, ganz gleich, welche Macht oder Mehrheit dahintersteht.[118]

Man unterwirft sich dem Staatsgesetz in persönlicher Freiheit, aber aus demselben Grund ist die Unterwerfung unter einen ganz oder weitgehend ungerechten Staat ein unmoralischer Ersatz für Freiheit.[119] Ziviler Widerstand ist der wirksame Ausdruck einer gepeinigten Seele gegen Unwahrheit und ein beredter Protest gegen das Weiterbestehen eines ungerechten und unwahrhaftigen Staates.[120] Er ist der logi-

---

[115] MPW III, S. 206; Satyagraha – True and False; *Navajivan,* 12. September 1926.

[116] CW XC, S. 202; Question Box; *Harijan,* 21. Dezember 1947.

[117] *Harijan,* 20. Mai 1939; 3. Februar 1940; 25. Mai 1947.

[118] CW VII, S. 211; On the Duty of Civil Disobedience; *Indian Opinion,* 7. September 1907. Dort wird Thoreau zitiert.

[119] CW XXI, S. 415; The Momentous Issue; *Young India,* 10. November 1921.

[120] Gandhi verdankt Thoreau sein Verständnis von zivilem Ungehorsam. Thoreau schreibt: „Wenn Ungerechtigkeit so beschaffen ist, dass sie von dir fordert, Agent der Ungerechtigkeit gegen einen anderen zu sein, dann, sage ich, brich das Gesetz. Mache dein Leben zum Sand im Getriebe. Was ich unbedingt tun muss, ist zu sehen, dass ich mich nicht dafür hergebe, dem Übel zu dienen, das ich verdamme." (Thoreau, D. Henry: Life Without Principle. A Collection of Essays, hg. v. James Ladd Delkin, Palo Alto: Stan-

sche Schluss und zugleich die dramatischste Form von Nichtzusammenarbeit. Für Gandhi war es ein vollkommener und unblutiger Ersatz für einen bewaffneten Aufstand. Dieser Schlacht des Rechts gegen das Unrecht kann nur ein vollkommener ziviler Widerstandskämpfer genügen.

Ganz gleich, welche unmittelbare Ursache es geben mag, zivilen Ungehorsam auszuüben, so ist doch immer Religion die treibende Kraft. Gandhis Aussage vor dem Gericht während des Kampfes in Champaran und später im Kampf in Bardoli sind klassische Zeugnisse dafür, dass es bei der Missachtung eines Zivilgesetzes durchaus nicht an Achtung für die rechtmäßige Autorität fehlt, aber der Gehorsam gegen das höhere Gesetz des eigenen Wesens, d. h. die Stimme des Gewissens, zwingt einen dazu, nicht mit den Kräften des Bösen zusammenzuarbeiten.[121] Das Gesetz des Seins, d. h. das göttliche Gesetz, nimmt den obersten Platz ein und Ungehorsam gegen das bürgerliche Gesetz wird zum angeborenen Recht eines Bürgers, wenn mit dem Ungehorsam die Ehre Gottes wiederhergestellt werden soll. Ziviler Ungehorsam in diesem Sinne schafft weder Anarchie noch Gesetzlosigkeit, sondern er entsteht aus einer übergeordneten und gerechten Ordnung, die sich auf Wahrheit und Gewaltfreiheit gründet.[122] Jede politische Verpflichtung hat einen moralischen Aspekt und ist damit dem Gesetz Gottes untergeordnet.

3.6.2. Ziviler Widerstand

Gandhi gebrauchte lieber den Ausdruck ziviler Widerstand als ziviler Ungehorsam, denn Ersterer bezeichnet eine aktive, respektvolle und gewaltfreie Kraft, verbunden mit der Bereitschaft, Leiden zu ertragen, anstatt Leiden zuzufügen.[123] Der Ausdruck ist eine Synthese aus den Wörtern „Anstand" und „Widerstand". Gandhi versteht den Ausdruck so, dass das Adjektiv „zivil" ebenso betont wird wie das Sub-

---

ford University 1946, S. 9). Vgl. auch das Kapitel „Civil Disobedience" in Thoreau, H.: The Portable Thoreau.

[121] CW XXIII, S. 114-17; Statement in the Court.

[122] Nach Thoreau besitzt der Staat keine andere Macht als physische Stärke. Deshalb kann er einen zivilen Ungehorsamen, der eine überlegene innere Stärke hat, nämlich die, dass er einem höheren Gesetz gehorcht, zu nichts zwingen (Thoreau, D. Henry: Life Without Principle, S. 14).

[123] MPW III, S. 112.

stantiv „Widerstand".[124] Das Wort „zivil" stellt einerseits den gewaltfreien, respektvollen und sanften Ansatz dar, dem Gegner Gutes zu
tun, indem man gegen das Böse Widerstand leistet, und andererseits
den großen Respekt vor dem Gesetz Gottes und den großen Gehorsam gegen das Gesetz Gottes. Das letztgültig führende Prinzip ist Gehorsam, nicht Ungehorsam oder die Beschämung des Gegners. Aus
diesem Grund bestand Gandhi so beharrlich und stark auf strenger
Disziplin, bevor der zivile Ungehorsam begonnen würde. Diese Disziplin wird durch verschiedene konstruktive Programme – das *Khadi*-
Programm, die Aufhebung der Unberührbarkeit, die Einigkeit zwischen Hindus und Muslimen usw. – bewirkt.[125]

Ziviler Ungehorsam (Widerstand) wird in massenhaften und individuellen zivilen Ungehorsam, in offensiven und defensiven zivilen
Ungehorsam unterteilt. Beim individuellen zivilen Ungehorsam ist
der Einzelne eine vollständige Einheit in sich selbst als einer, der Widerstand leistet, und er ist sein eigener Führer. Individueller ziviler
Ungehorsam kann niemals fehlschlagen, denn keine Regierung kann
damit umgehen, da der Einzelne mit vollem Bewusstsein und mit der
Bereitschaft zu leiden, ohne selbst die geringste Gewalt anzuwenden,
überlegt und entscheidet. Die Motive sind rein. Typische Beispiele
waren der individuelle zivile Ungehorsam 1940 der gewählten Mitglieder der Ratsversammlung Vinoba Bhave und Pyarelal und des
Provinz-Kongress-Komitees.[126] An massenhaftem zivilen Ungehorsam
andererseits sind die Massen beteiligt und ein Anführer ist notwendig. Er kann fehlschlagen, da sich viele aus selbstsüchtigen Motiven,
also aus persönlichen, wirtschaftlichen oder anderen Gewinnerwar-
tungen, daran beteiligen und weil der Staat darin geübt ist, mit Mas-
senaufständen aller Art umzugehen. Die Bardoli-*Satyagraha* in ihrer
frühen Phase und die Salz-*Satyagraha* waren Fälle von offensivem zivilem Ungehorsam.

---

[124] *Harijan*, 1. April 1939.

[125] Ebd.

[126] Die einzelnen Satyagrahis wurden nach den vier Bedingungen für das konstruktive
Programm ausgewählt und die Art, Satyagraha zu beginnen, wurde durch das Prinzip
Gewaltfreiheit bestimmt. Beide Themen hingen schließlich von der Zustimmung Gandhis
ab, vgl. LXXIII, S.102- 7; *Harijan*, 20 Oct, 1940; vgl. auch . LXXIII, S.103, 215-216.

Vollkommener sowohl individueller als auch massenhafter ziviler Ungehorsam

ist ein Zustand friedlicher Rebellion – eine Weigerung, einem jeden vom Staat erlassenen Gesetz zu gehorchen. Er ist sicherlich gefährlicher als eine bewaffnete Rebellion, denn er kann niemals niedergeschlagen werden, solange der, der zivilen Widerstand leistet, bereit ist, äußerste Not auf sich zu nehmen. Ziviler Ungehorsam gründet sich auf den Glauben an die absolute Wirkungskraft unschuldigen Leidens.[127]

3.6.3. Kritische Bemerkungen

Gandhis Ansatz wurde vielfältig und häufig kritisiert. Die besondere religiöse Perspektive, aus der auch wir Gandhis *Satyagraha* betrachten, mag für viele der negativen Kommentare verantwortlich sein. Doch wir wollen uns auf bestimmte kritische Bemerkungen zu Gandhis Gesellschaftstheorie und -praxis beziehen. Swan konzentriert sich in seiner Untersuchung *The South African Experience* auf „Elemente von Gandhis Kampf". Er schreibt, Gandhi habe die ökonomische Schichtung der indischen Massen in Südafrika nicht beachtet. Die reichen Kaufmannsklassen, besonders die Muslime und Hindus aus dem Gujarat, hätten auf Gandhi reagiert, um ihre Handelsinteressen zu schützen. Die Arbeiterklassen habe Gandhi außer Acht gelassen. Swans Untersuchung ist wertvoll, weil sie sich auf die Elemente des Kampfes in Südafrika konzentriert. Seine rigide Interpretation einer strengen ökonomischen Trennung bei Vernachlässigung der kulturellen und religiösen Faktoren ist bei einer Analyse der Situation in Südafrika jedoch nicht gerechtfertigt.[128] Außerdem schreibt er Gandhi persönliche und politische Bestrebungen in seinem Kampf zu. Der Mangel an Reaktionen aus der Arbeiterklasse auf rein wirtschaftliche Aufrufe anderer Anführer zu Steuerverweigerungen und der Boykott von Gandhis Kampf durch einen Teil der Kaufleute, weil seine Kampagne weitere Interessen einschloss, sprechen eine andere Sprache.[129] Allerdings müssen wir zugeben, dass Gandhis Bemühungen eine sorgfältige Gesellschaftsanalyse fehlte und dass er also die verschiedenen ökonomi-

[127] CW XX, S. 466; Civil Disobedience; 4. August, 1921.
[128] Swan, Maureen: Gandhi. The South African Experience, Johannesburg: Ravan Press 1985, S. 40-45. 244.
[129] Parliamentary Papers, C 59, 1914; Indian Office Library Records, London, S. 380.

schen Elemente nicht berücksichtigte. Gandhis intuitives Erfassen von Laune und Impulsen der Massen und sein direkter Kontakt mit den Menschen glichen teilweise den Mangel an Gesellschaftsanalyse aus. Derartige persönliche Züge sind wichtig, aber sie genügen nicht für eine Gesellschaftstheorie und -praxis. Es gibt keinen Ersatz für eine sorgfältige Gesellschaftsanalyse, also eine Analyse, die ökonomische, kulturelle und religiöse Faktoren einbezieht. M. Dhanagare erhebt in seiner Untersuchung über Gandhis Agrarbewegung zwei Einwände. Er räumt ein, es habe im Bardoli-Kampf „Zusammenarbeit der Klassen" gegeben, schreibt das aber der „Bestätigung traditioneller Kasten-Organisationen" und der Romantisierung von Gandhis konstruktiven Programmen zu. Die Geldverleiher, die reichen Landbesitzer und die Arbeiter seien alle der ‚Khedut'-Klasse (Bauern, Landbewohner) zugerechnet worden. Das sei eine Pauschalzuweisung, die die wahren wirtschaftlichen Unterschiede unterschlage. Bei dieser vertikalen Solidarität bestand man auf Loyalität der eigenen Gemeinschaft, Kaste und Religion gegenüber und dadurch sei das rigide Kastensystem aufs Neue verstärkt worden. Zweitens habe der Bardoli-Kampf die Struktur der gesellschaftlichen und wirtschaftlichen Beziehungen zwischen den Landbesitzern und der armen Bauernschaft nicht verändert. Dhanagare schreibt, „konstruktive Aktivitäten" hätten dazu beigetragen, eine „psychische Atmosphäre" zu schaffen, in der die arme Bauernschaft ihren Herren vertraut habe, denn diese seien ihre einzige Hoffnung gewesen, dass ihre Lage habe verbessert werden können, und folglich hätten sie als „Spannungsmanagment" verschiedener miteinander in Konflikt stehender Klassen gedient, um diese gegen die Regierung zu verbünden.[130] Die strukturelle Abhängigkeit der niederen Kasten von den höheren sei nicht gemindert worden. Gandhis vielfältige Bauernbewegungen müssten teilweise als Bestandteil seiner Machtpolitik und teilweise als Werkzeug der reichen und der Mittelklassebauern gesehen werden, die an der Machtstruktur des ländlichen Indiens hätten festhalten wollen. Dies sei durch das Bündnis mit der städtischen Bourgeoisie und den Intellektuellen der Mittelklasse, die die nationale Bewegung leiteten, geschehen.[131]

---

[130] Dhanagare, D. N: Agrarian Movements and Gandhian Politics, Agra: University Press 1975, S. 54-64.
[131] Dhanagare,D. N., ebd., S. 68.

Diese Kritik an der Klassen- und Kasten-Zusammenarbeit von Gandhis Bewegungen wirkt ganz gerechtfertigt, wenn man sie vom Standpunkt der marxistischen Klassenanalyse aus betrachtet, also vom Standpunkt einer sauberen Aufteilung der Gesellschaft in Bourgeoisie und Proletariat. Eine wissenschaftliche Gesellschaftsanalyse geht allerdings über diese „Schwarz- und Weiß"-Kategorien hinaus und bezieht auch die kulturellen und religiösen Faktoren ein. Beim *Satyagraha*-Kampf werden wirtschaftliche Themen in den größeren Zusammenhang des Strebens nach Selbstverwirklichung gestellt, und eine weiter gefasste Kritik der kapitalistisch-industriellen Kultur muss den Zusammenhang mit der Kolonialherrschaft einbeziehen. Diese Faktoren sollten bei einer Kritik des *Satyagraha*-Kampfes nicht vergessen werden.

Der Faktor ‚Kaste' ist für eine Analyse wichtig. Gandhi kritisierte die Missstände der indischen Gesellschaftsstruktur, darunter auch die des Kastensystems. Gleichzeitig unterstützte er die Ideale von ‚*Varnadharma*'. Das rief heftige Kritik aus verschiedenen Richtungen hervor, besonders die Kritik von Dalits. Zwar lehnen wir (ebenso wie Gandhi) das Kastensystem mit all seiner Monstrosität ab, doch können wir ebenso wenig den Würgegriff einer „dem System zugehörigen Konkurrenz-Ausbeutungs-Wirtschafts-Kaste" in der modernen Kultur übergehen.

Zusammenfassend lässt sich sagen: Unsere Untersuchung zeigt, dass *Satyagraha* ein Befreiungsweg mit *Satya* (in Wahrheit verwurzelt), *Ahimsa* (Einheit mit dem Leben) und *Swaraj* (Theorie und Praxis der Selbstregierung) als Grundstrukturrahmen ist. Er ist mit seinem Streben nach Wahrheit und nach Verwirklichung tief religiös verwurzelt und wird von *soul-force* genährt, die die unmittelbare Berührung mit dem Leben in seiner Ganzheit ist. Also leistet *Satyagraha,* die in der *soul-force* wurzelt und auf ihr aufbaut, Widerstand gegen das Böse und jede Form der Gewalt, veranlasst Menschen dazu, bis in den Tod zu leiden, und verwandelt die bestehende Gesellschaft in eine neue, die sich auf Wahrheit und Gewaltfreiheit gründet. Während dieses Vorgangs führt sie zur Selbstverwirklichung des Einzelnen.

Satyagraha hängt letzten Endes von den *Satyagrahis* ab, also von Männern und Frauen, die bereit sind, etwas zu wagen und zu sterben, und zwar nicht wehrlos, sondern mutig, bewusst und von der inneren Stärke ihrer *soul-force* überzeugt. „Solche Menschen (die auf *soul-force* vertrauen) sind für den herrschenden *Status quo* und alle Ungerechtigkeit und Tyrannei gefährlich."[132] Nicht dass Gandhi immer gewonnen hätte, nicht dass seine Technik jetzt gewinnt, auch seine Methode gewinnt nicht immer. Aber jemand, der sich nach dem Letztgültigen sehnt und der für die Menschen in ihren letztgültigen Belangen kämpft, kann nicht die Frische und Originalität dieses ,Karma Yogis' und die archetypischen Muster seiner Methode verkennen. Er war in erster Linie und grundlegend ein religiöser Mensch, ein echter Mensch. Wie sein Mitarbeiter Sarojini Naidu sagte, verkörperte er „den wahren Geist des uralten Indiens".[133] *Satyagraha* als gewaltfreier Widerstand gegen das Böse und als an der Wahrheit Festhalten bis zum Tod ist das dynamischste und kreativste Evangelium der Macht in der Welt und das sichere Fundament einer Zivilisation, die erst noch aufgebaut werden muss.[134]

---

[132] Holmes, John Haynes: My Gandhi, New York: Harper & Bros 1953, S. 22.

[133] Polak, H.S.L et al. (Hg.): Mahatma Gandhi, London: Odhams Press Ltd. 1949, Vorwort, S. viii.

[134] Tendulkar, D.G. (Hg.): Mahatma (8 Bände), N.Delhi: Publications Division of the Govt of India 1951-57, Vol. VIII, S. 144.

Kapitel 4
Satyagraha-Religiosität und die
Hindu-Tradition

Mit ihrer dreifachen Verwurzelung – in der Wahrheit, der Einheit mit dem Leben und der Gesellschaftstheorie und -praxis der Selbstregierung – erwuchs die *Satyagraha*-Religiosität aus Gandhis Experimenten. In den vorangegangenen Kapiteln haben wir ihren operativen Wert im persönlichen und gesellschaftlichen Bereich gezeigt. In diesem Abschnitt behandeln wir die *Satyagraha*-Religiosität auf dem Hintergrund der Hindu-Traditionen.

4.1. Wahrheit in der Hindu-Tradition

In der *Chandogya Upanishade (Ch.Up.)* lesen wir: „Am Anfang, mein Junge, war allein das Sein, nur Eines ohne ein Zweites. Einige sagen, am Anfang war allein das Nichtsein, nur Eines ohne ein Zweites. Aus dem Nichtsein erhob sich das Sein" *(Ch.Up. VI.2.1.)*.[1] Swami Swahanada übersetzt *Sat* als Sein und erklärt, dass das, was ist, *Sat* ist, bloßes Sein, äußerst fein, unteilbar, eines, alles durchdringend und ohne ein Zweites. Nichtsein heißt es, damit alle falschen Vorstellungen, die man vom Sein haben könnte, ausgeschlossen werden.[2] Später heißt es: „das Sein, das diese feine Essenz (Ursache) ist, eben das hat diese ganze Welt für sich Selbst. Das ist das Wahre. Das ist der *Atman*. Das bist du, oh Svetaketu" *(Ch.Up. VI.8.7)*.[3] Das ganze Kapitel VI in *Ch.Up*

---

[1] The Chandogya Upanishad, Madras: Sri Ramakrishna Math 1984, S. 416.

[2] Ebd., S. 416f.

[3] Ebd., S. 454. Max Müller übersetzt folgendermaßen: „Nun ist das, was ist, die feine Essenz (die Wurzel von allem) hat in allem, was existiert, ihr Selbst. Es ist das Wahre. Es ist das Selbst und du, oh Svetaketu, bist es." (Müller, Max [Hg.]: The Upanishads I. Part I [The Sacred Books of the East, Vol. I], Oxford: The Clarendon Press 1879, S. 101.) Max Müller übersetzt *Wahrheit* mit *das Wahre*. Er schreibt, das Wort „das Wahre"= Sat müsse als Substanz, ja sogar als die höchste Substanz oder das Höchste überhaupt, der Brahman, angesehen werden. Der gesamte Sinn der Upanishade wird verdunkelt, wenn wir Sat oder Satyam mit *Wahrheit* anstatt mit *das Wahre* übersetzen. (vgl. ebd., S. 98) Das Wort *Sat* bedeutet auch „gut" wie im Wort Satpuruska.

ist eine Erörterung und Meditation über *Sat* = die Wirklichkeit. Die meisten Kommentatoren übersetzen es mit Wirklichkeit oder Höchster Wirklichkeit. *Sat* kommt von der Wurzel *As* = sein und bedeutet also Existenz. Das Wort *Satya* (Wahrheit) ist also mit Wirklichkeit, Existenz verbunden. Diese Wirklichkeit ist die Wurzel von allem, das innere Selbst von allem, die immanente Wirklichkeit.

In der *Brihadaranyaka Upanishade* lesen wir: „Wie eine Spinne sich am Faden (den sie hervorbringt) entlang bewegt oder wie von einem Feuer kleine Funken ausgehen, ebenso gehen von diesem Selbst alle Organe, alle Welten, alle Güter und alle Lebewesen aus. Sein geheimer Name ist die Wahrheit der Wahrheit. Die lebenswichtige Kraft ist Wahrheit und sie ist die Wahrheit davon" (Br.Up. II.1.20).[4]

Wahrheit wird auch als „Wahrhaftigkeit" verstanden. Satyakama Gabala wird von seinem Lehrer als Student der Religion angenommen, weil er die Wahrheit über seine Herkunft gesagt hat: Seine Mutter wusste nicht, von wem sie ihn empfangen hatte. Der Lehrer sagte: „Keiner außer einem wahren Brahmanen würde sich so aussprechen. Gehe und hole Brennmaterial, Freund. Ich werde dich initiieren. Du bist nicht von der Wahrheit abgewichen."[5] Einer, der die Wahrheit sagt, ist ein wahrer Brahmane. Nach *Bhagavata Purana* sei es der Charakter und nicht die Geburt, die die Klasse eines Brahmanen bestimme. Der Brahmane muss sich „in spiritueller Hinsicht spezialisieren, er ist ein Führer der Menschheit, er leitet nicht durch physische Kraft, sondern durch die Stärke der spirituellen Macht".[6]

[4] The Brihadaranyaka Upanishad (trans. not mentioned) Madras: Sri Ramakrishna Math 1979, S 128. Hier ist das Selbst das Höchste Selbst, der Brahman, der alles als das individuelle Selbst durchdringt. Eine etwas andere Übersetzung: „Wie die Spinne mit ihrem Faden herauskommt oder ein kleiner Funke aus dem Feuer kommt, so kommen alle Vernunft, alle Welten, alle Devas, alle Wesen aus diesem Selbst. Die Upanishade (der wahre Name und die wahre Lehre) dieses Selbst ist ‚das Wahre des Wahren'. Wahrlich, die Vernunft ist das Wahre und sie ist das Wahre des Wahren." (Müller, Max [Hg.]: The Upanishads II. Part II [The Sacred Books of the East Vol., XV], Oxford: The Clarendon Press 1884, S. 105.)
[5] Ch. US. IV. 4. 1-5. Vgl. Müller, Max (Hg.): The Upanishads I, Part I, S. 60.
[6] Mahadevan, T.M.P.: Social, Ethical and Spiritual Values in Indian Philosophy, S. 163. In der Amrtananda Upanishad heißt es: „Von den zehn Yamas sollten Nichtverletzen, Wahrhaftigkeit, sexuelle Enthaltsamkeit und Nichtstehlen in Körper, Geist und Rede streng eingehalten werden". (Amrt. US. VI. 7.17; zitiert in Sinha, Jadunath: A History of Indian Philosophy Bd. I, Calcutta: Sinha Publications 1956, S. 25f.).

Die *Brihadaranyaka Upanishade* spricht von Wahrheit als *Dharma*: „der Schwache kann den Starken mithilfe von *Dharma* wie mithilfe eines Königs überwinden. Wahrlich, das, was *Dharma* ist, ist Wahrheit [*Satya*]. Drum sagt man von einem, der *Dharma* spricht, er spreche die Wahrheit, denn wahrlich, diese beiden sind ein und dasselbe."[7] Gemäß dem *Ramayana* ist „*Dharma* Wahrheit oder die Grundlage der Wahrheit. Deshalb ist Wahrhaftigkeit eine Grundtugend. In anderen Worten: Es gibt kein *Dharma*, das nicht Wahrheit einschließt, und es gibt keine Wahrheit, in der es weder Ordnung noch Gesetz (*Dharma*) gibt."[8] Das Gesetz Manus schreibt vor: „Sich enthalten vom Verletzen (der Geschöpfe), Wahrhaftigkeit, sich enthalten von ungesetzlicher Aneignung (von Gütern anderer), Reinheit und Kontrolle der Organe. Manu hat entschieden, dies sei die Zusammenfassung des Gesetzes für die vier Kasten."[9]

K. L. Seshagiri Rao schreibt in seiner Untersuchung der Auffassung von Wahrheit in der *Upanishade*:

Um diese Essenz zu erreichen [d. h. dass wesentliche Selbst, das nicht in Begriffe oder Worte gefasst werden kann, denn es übersteigt die Kategorien des Verstandes, aber es ist in jeder Erfahrung gegenwärtig], muss man sich auf die Suche nach *Atman*, der Wirklichkeit oder der Wahrheit, machen. Es ist eine Handlung der Freiheit. Sie wird möglich, wenn ein Suchender durch Loslösen sich nicht mehr auf die weltlichen Angelegenheiten einlässt.[10]

---

[7] Das Wort Dharma kommt von der Wurzel dhr = halten, aufrechterhalten, befestigen. Es kann das ewige Gesetz bedeuten, von dem in den Schriften die Rede ist, oder das Gesetz im Gewissen (Zaehner, R.C.: Hinduism, London: Oxford University Press 1962, S. 3). Dharma an sich hat verschiedene Bedeutungsschattierungen. Dasgupta schreibt über die Bedeutungsentwicklung des Wortes Dharma in den Veden und den Smrtis: „Wir haben bei der Entwicklung des Begriffs Dharma drei Stufen: Dharma als die Pflicht, den Aufforderungen der Veden zu folgen, Dharma als moralische Tugenden: Nichtverletzen, Wahrhaftigkeit, Selbstbeherrschung usw., Dharma als Selbsterkenntnis durch Yoga" (Dasgupta, Surendranath: A History of Indian Philosophy. 5 Vol., Cambridge: University Press 1949, Vol. IV, S. 10).

[8] Dhavamony, Mariasusai: Classical Hinduism (Documenta Missionalia 15) Rom: Gregorian Biblical Book Shop 1982, S. 339.

[9] Bühler, Georg: The Laws of Manu. Translated with extracts from seven commentaries (The Sacred Books of the East, Vol. XXV), Oxford: The Clarendon Press 1886, S. 416.

[10] Rao, K.L. Seshagiri: On Truth: A Hindu Perspective, *Philosophy East and West* XX (4/1970), S. 380.

Gemäß dem *Advaita Vedanta* umfasst die absolute Wirklichkeit die
fortwährende Existenz, die einzige, ewige, glänzende und freie Wirklichkeit.[11] Die Nicht-*Advaitic-Vedanta*-Schule behauptet, Brahman sei
das innewohnende Selbst des Universums. Er ist unendlich höher als
wir. Er ist uns auch unendlich nahe. Er ist die Seele unserer Seelen.
Die Hindu-Sicht auf Wahrheit ist folgende: „Brahman ist die ganze
Wahrheit. Er ist immanent und transzendent, dynamisch und statisch,
persönlich und unpersönlich. Diese Eigenschaften sind für unseren
begrenzten Verstand unvereinbar, aber in Brahman sind alle Paradoxa aufgelöst und alle Unvereinbarkeiten miteinander versöhnt."[12]

4.2. Gandhis Beitrag

Darum ist Wahrheit in der Hindu-Tradition „weder eine abstrakte, intellektuelle Formulierung oder Aussage noch eine Reihe von Dogmen, sondern sie ist ein integraler Bestandteil des Lebens und der
Mensch muss sie in der Erfahrung entdecken. Sie ist im Wesentlichen
eine Angelegenheit der Erkenntnis."[13] Gandhi akzeptierte diese verschiedenen Meinungsschattierungen des Begriffs Wahrheit.[14] Er gehörte weder einer besonderen Denkrichtung an, noch bemühte er sich
um die Formulierung einer These über Wahrheit, sondern er nahm
einen Platz in den allgemeinen religiösen Hindu-Traditionen ein.
Gandhi hätte der folgenden Darstellung der Hindu-Auffassung von
Wahrheit bereitwillig zugestimmt:

> Wahrheit ist Brahman, die wesentliche spirituelle Wirklichkeit. Sie
> ist das Sein unseres Seins, die Bedeutung aller endlichen Existenz
> und das Warum und Wozu unseres Lebens. […] Die Suche nach
> Brahman ist die einzige Rechtfertigung dafür, dass wir leben.
> Wenn wir diese Tatsache vergessen, schneiden wir uns selbst von
> den Wurzeln der Existenz ab und wandern ziellos umher, von der
> Weltlichkeit überwältigt.[15]

---

[11] Ebd., S. 380f.

[12] Ebd., S. 381.

[13] Ebd., S. 377.

[14] Vgl. unsere Erörterung von Gandhis Auffassung von Wahrheit und Gott in 1.3.1.
Wahrheit: Kontemplation im Vollzug.

[15] Rao, K.L. Seshagiri: On Truth. A Hindu Perspective, S. 381f. Gandhis Kritiker neigen
dazu, ihn als „Monisten", „Pantheisten" oder „Eklektiker" zu bezeichnen. Derartige
Versuche verkennen den indischen Zugang zur Realität und Gandhis Auffassung davon.

In diesem Sinn ist die indische Philosophie religiös, sie ist im Wesentlichen eine Werte-Philosophie. „Philosophische Untersuchung [...] muss nach indischer Ansicht zum Erfassen von Werten anleiten."[16] Wissen wird um der Selbstverwirklichung willen angestrebt:

> In der Erkenntnislehre betrachtet der indische Geist, ebenso wie der Geist an anderen Orten, die philosophische Erörterung als Mittel zu einem besseren Leben und betont infolgedessen das Leben und die im Leben erkannte, in der Philosophie erreichte Wahrheit. Nicht trotzdem, sondern aus diesem Grund gibt es einen starken und aufrichtigen Versuch, alle möglichen Zugänge zur Erkenntnis zu sichern und verschiedene rationale Methoden der Überprüfung und Korrektur der Erkenntnis zu entwickeln und sich auf eine solche Weise der Wahrheit zu versichern, dass unvernünftige Philosophie nicht das Leben verderbe.[17]

Wir haben jetzt Gandhi in die echte indische Tradition des Strebens nach dem Letztgültigen eingeordnet und nun müssen wir das Besondere seines Beitrags betrachten. Das liegt im hermeneutischen Wert, den er dem Streben nach Wahrheit gibt. Er räumte dem Streben nach Wahrheit bzw. der Religiosität den Vorrang bei der Durchdringung eines jeden Lebensaspekts ein. Er behauptete, „Glauben" sei der epistemologische Stamm eines jeden anderen Zweiges der Erkenntnis. Er setzte Religiosität ein, um gesellschaftliche, politische, wirtschaftliche und kulturelle Institutionen aufzubauen. Entsprechend erklärte er auch die Bergpredigt auf radikale Weise: „Sucht aber zuerst sein Reich [...]; dann wird euch alles andere dazugegeben." (Mt 6,33) Die Vorrangigkeit des Reiches wird nicht auf eine strukturelle Vorrangigkeit des Geistigen über das Materielle reduziert, auf einen Bereich des Lebensstils, sondern die Vorrangigkeit des Reiches wird als epistemologisches „Prinzip und [epistemologische] Grundlage [des Lebens] anerkannt".

Gandhi sieht „Selbstverwirklichung als vereinendes Ziel"[18] und als ein vereinigendes Mittel, das gleichzeitig in allen Lebenssphären zur

16 Mahadevan, T.M.P.: Social, Ethical and Spiritual Values in Indian Philosophy, S. 152.
17 Datta, Dhirendra Mohan: Epistemological Methods in Indian Philosophy. In: Charles A. Moore (Hg.): The Indian Mind. Essentials of Indian Philosophy and Culture, Honolulu: University of Hawaii Press 1967, S. 134.
18 Nandy, Ashis: Traditions, Tyranny, and Utopias: Essays in Politics of Awareness, Delhi: Oxford University Press 1987, S. 139.

Kritik dient. Diese radikale Religiosität verbinde Erkenntnis und Ethik mit dem Glauben, also seine Theorien der ethischen Politik mit der ethischen Religion. Weder setzte er Ethik und Politik gleich noch Religion mit Ethik und Politik.[19] Er ließ Politik und Ethik ihre legitime Eigenständigkeit. Er maß jede Kultur, jede Erkenntnistheorie, jede politisch-gesellschaftlich-wirtschaftliche Institution an dem, was er als ewige Werte, Bedürfnisse oder Religiosität ansah. Religiosität diente als „transzendente Kritik" und damit stellte sie eine Hermeneutik aller Religionen und Lebensweisen bereit.

4.3. Gewaltfreiheit in der Hindu-Tradition

Zur *Satyagraha*-Religiosität gehören, wie gesagt, unbedingt das Einssein mit dem Leben und Gewaltfreiheit. Gehört *Ahimsa* zur Religiosität der indischen Traditionen?

Die Verbformen *hims*, *han* und *ris*, die sich im *Rigveda* finden, beziehen sich auf verletzen und töten. *Ahimsa* ist mithilfe der negierenden Vorsilbe „a" gebildet und bedeutet Nichtverletzen, Nichttöten und Gewaltfreiheit; der positive Sinn ist Liebe und Mitgefühl.[20] In der vedischen Gesellschaft ist *Ahimsa* mit zwei weiteren Grundbegriffen verbunden, mit *Rta* (Harmonie) und *Yajna* (Opfer). *Rta* bezieht sich auf die biologische Harmonie, die im Universum existiert und die das Göttliche, das Menschliche und das Kosmische miteinander verbindet. *Ahimsa* bedeutet das Aufrechterhalten von Ordnung und Harmonie im Universum. Der vedische Mensch ist in dem Dilemma gefangen, dass er für die Erhaltung seines Lebens töten muss. Dementsprechend besteht das vedische Ritual aus Opferhandlungen für das

---

[19] Gandhi wurde beschuldigt, er vermische Religion mit Ethik und mache die ethische Lehre zum Maßstab von Religion, vgl. Devanandan, P.D.: Gandhi's Critique of Christianity. Preparation for Dialogue, Bangalore: Christian Institute for the Study of Religion and Society 1964, S. 97-119; vgl. weiter MPW, Bd. I, S. 376-381. Vgl. zur Diskussion dieser Themen und zur Zurückweisung des Grundarguments der Kritik Jesudasan, Ignatius: Gandhian Theology of Liberation, S. 273- 282. Unsere Untersuchung zeigt, dass die ganze Diskussion über Gandhis Gleichsetzung von Ethik und Religion danebenzielt. Ihr entgeht die Erkenntnis der wahren Bedeutung von Gandhis Ansicht von Religiosität und ihrer hermeneutischen Funktion.

[20] Whitney meint, die Wurzel „hims" sei wahrscheinlich eine von „han" abgeleitete Abkürzung und bedeute zerschlagen oder schlagen. (Whitney. W.D: The Roots. Verb-Forms and Primary Derivatives of the Sanskrit Language, Delhi: Motilal Banarasidas 1979, S. 205); vgl. auch Tahtinen, U.: Non-violence as an Ethical Principle, S. 41.

Höchste Sein und dazu gehört auch das Töten. Gleichzeitig bedeutet opfern, die Sünde des Tötens wiedergutmachen. Nach dem *Mimamsa*-System versucht man, diese Schwierigkeit logisch mit „allgemeinen, außergewöhnlichen und besonderen Regeln" zu erklären. *Ahimsa* ist das allgemeine Prinzip, aber Töten als Opfer ein außergewöhnliches, wobei die besondere Regel gilt, dass nur Ziegen geopfert werden.[21] Die vedische Literatur zeigt die Spannung, die zwischen dem allgemeinen Prinzip *Ahimsa* und der gewöhnlichen Opferregel besteht, zwischen der Notwendigkeit, die Harmonie des Universums zu bewahren, und der Notwendigkeit, für Lebensunterhalt und Opfer zu „töten". Wir werden uns später noch mit diesen beiden Fragen von *Dharma* und Opfer beschäftigen.[22]

Die *upanischadische* Bewegung versuchte, einen synthetischen Ansatz zu schmieden, indem sie die Opfer- und Ritual-Aspekte der brahmanischen Tradition mit der religiösen Suche der sramanischen Tradition zu verbinden suchte. Zwar verwerfen die *Upanischaden* die ritualistische Tradition der Veden nicht, doch sie ordnen sie dem obersten Ziel der Gotteserkenntnis unter. Die *Brihadaranyaka-Upanischade* bezieht sich auf das Opfern von Pferden; das Pferd ist das Symbol des gesamten Universums. Das Opfer besteht aus der Meditation über dieses Universum des Höchsten Seins.[23] Das Hauptanliegen der *Upanischaden* ist die Erkenntnis von Brahman, diese wird durch die unaufhörliche Suche eines reinen Gemüts erreicht. Die Ausübung moralischer Tugenden wie Askese (*Tapas*), Wahrhaftigkeit (*Satya*), Gewaltfreiheit (*Ahimsa*) und Zölibat (*Brahmacharya*) u. a. reinigt den

---

[21] Mimamsasutra, VI, „Kein Leben sollte getötet werden" (na himsayat sarva bhutani) ist das allgemein Prinzip. Aber „einer, der ein Agnistoma-Ritual opfert, sollte ein Tier opfern" (agnisomiyam pasum alabheta). Also ist Opfer-Töten von der allgemeinen Regel Ahimsa ausgenommen. Die Regel, eine Ausnahme von einer allgemeinen Regel zu machen, wird „utsargapavada-nyaya" genannt. Eine weitere Regel ist die der Allgemeinheit und Besonderheit (samanya-visesonyaya). Die allgemeine Regel ist: „Einer, der ein Agnistoma-Ritual opfert, sollte ein Tier opfern" und die besondere Regel ist: „Man sollte das Fett des Bauchfells einer Ziege opfern." Das Töten ist auf Ziegen beschränkt. Der vedische Mensch ist sich also der Spannung zwischen der Aufforderung zu Ahimsa und dem Töten bewusst, das für den Lebensunterhalt oder für das Opfer geschieht. Vgl. Thottakara, Augustine (Hg.): Gandhian Experiments with Ahimsa. In: Thottakara, Augustine (Hg.): Gandhian Spirituality, Bangalore: Dharmaram Publ. 1992, S. 52f.

[22] Tahtinen schlägt vor, dass die Worte der Veden vielleicht nicht im ethischen Sinne gebraucht wurden, sondern beschreibend, um die große Macht der Götter zu bezeichnen, vgl. Tahtinen, U.: Non-violence as an Ethical Principle, S. 41.

[23] Brihadaranyaka Upanisad, 1.1.

Geist und führt den Menschen auf den Weg der Selbstverwirklichung. Die *Upanischaden* (vgl. Chandogya Upanisads. III. 17.4) erlegten den Menschen vielleicht zum ersten Mal im ethischen Sinn *Ahimsa* auf, aber sie verboten nicht die Tieropfer.[24]

Die Epen, die *Puranas* und die *Dharmasastras*, preisen *Ahimsa* als die höchste von heiligen Männern praktizierte Tugend, die dauerhaften Frieden und Harmonie schafft. „*Ahimsa* ist die höchste Pflicht" (*Ahimsa paramo dharma*). In der *Mahabharata* wird sie das höchste Opfer und der beste Freund genannt, dort heißt es, man dürfe von anderen nicht einmal schlecht sprechen.[25] Jedoch machen die Epen, die *Puranas* und die *Mahabharata*, auch deutlich, dass Verletzungen des Lebens unvermeidlich sind. Wenn ein *Kshattriya* (Krieger) seine Feinde im offenen Kampf tötet, wird dieser Kampf als tugendhaft und *dharmisch* angesehen, obwohl Nichtverletzen in der *Gita* eine der besonderen, zur Pflicht gemachten Tugenden ist.[26] Die Manusmriti verbietet das Töten von Lebewesen außer zum Zweck des Opfers.[27] Im *Ramayana* lesen wir von Sita, dass sie Hanuman den Rat gibt, sich nicht an Ravana zu rächen, denn es gehöre sich für edle Seelen, mitfühlend zu sein. Patanjali nennt in seinem Yoga-System *Yamas* (große universelle Gelübde) die für alle, unabhängig von Klasse, Kaste oder Alter gelten. Die *Yamas* sind: *Ahimsa* (Nichtverletzen), *Satya* (Wahrhaftigkeit), *Asteya* (Nichtstehlen), *Brahmacharya* (Enthaltsamkeit) und *Aparigraha* (Unbestechlichkeit / Nichtbesitzen). In Anwesenheit von einem, der vollkommene Gewaltfreiheit besitzt, endet jede Feindse-

---

[24] Jaggi, Om Prakash: Religion, Practice and Science of Non-Violence, Delhi: Munshiram Manoharlal 1974, S. 3. Thottakara erkennt eine vierfache Motivation der Upanischaden zugunsten einer Haltung von Ahimsa: 1) Alles im Universum ist die Verkörperung des Höchsten Seins und daher gibt es eine organische Einheit des Seins. Deshalb bedeutet irgendein Wesen verletzen, sich selbst zu verletzen. Auch das Erkennen der Vedantins (denen, die Vedanta-Philosophie praktizieren) der Unterschiede der Wesen hebt die grundsätzliche Bezogenheit und Abhängigkeit vom Höchsten Sein nicht auf. 2) Besonders Ramanuja erklärte diese Einigkeit als Abhängigkeit vom Höchsten Sein, darum sollte alle Himsa vermieden werden, um nicht die Glieder desselben Leibes zu verletzen. 3) Außerdem verletzt man mit Himsa die eigenen Vorfahren, mit denen man durch sein Karma verbunden ist. 4) Nur Ahimsa kann das Gesetz des Karma brechen und Befreiung bewirken (Thottakara, Augustine [Hg.]: Gandhian Experiments with Ahimsa, S.53f.).

[25] Mahabharata, Anusasana-Parva, 115, 25; 116, 38-39; Mahabharata *Santi-Parva*, 278, 4-6.

[26] Bhdgavat Gita, V.10; XVI, 1-5. Vgl. auch Dasgupta, Surendranath: A History of Indian Philosophy, *Vol* II, S. 514.

[27] Manusmriti, 5.51f. (vgl. auch 10.63; 12.59; 5.46).

ligkeit.[28] Gandhis gesamte *Satyagraha*-Lebensweise und Gesellschaftsvision kann auf diese *Yamas* zurückgeführt werden. Er praktizierte
Yoga in all seinem Reichtum auf der Mikro- wie auf der Makroebe-
ne.[29] Buddhisten stellen sich vor, dass durch die Befreiung von allen
Wünschen das Elend beseitigt werde. Mit diesem Ziel lehrte Buddha
den achtfachen Pfad und die fünf Verhaltensvorschriften. Diese fünf
sind: nicht töten, nicht stehlen, keine Wollust, nicht lügen und keine
Rauschmittel. Daneben befürwortete Buddha das Praktizieren von
Tugenden: wohlwollende Freundschaft (*Maitri*), liebevolles Mitgefühl
(*Karuna*) u. a.[30] Im Buddhismus werden Elend und Verletzung als im
Leben nun einmal gegebene Tatsachen verstanden. Die einzige Mög-
lichkeit, sie zu überwinden, ist, *Ahimsa* und *Karuna* auszuüben. Die
Regel „nicht töten" gilt für alle, jedoch kann die Lebensweise eines

[28] Yogasutra. 1.30; 11.31. 35. Im Yoga-System werden jedoch acht Schritte des Yoga zur
Selbstverwirklichung genannt, von denen Yamas (die Hauptenthaltungen) einer ist. Die
acht sind: Yama. Niyama, Asana. Pranyama, Pratyakara, Dharana. Dhyana und Samadhi.
Vgl. Mishra, Ramamurti S.: Yoga Sutras. The Text Book of Yoga, New York: Anchor
Books, 1963, S. 262-63. Radhakrishnan kommentiert die ethische Vorbereitung des Yoga-
Systems von Patanjali, in der Gewaltfreiheit wesentlich ist: „Nichttöten" ist ein kategori-
scher Imperativ und wir können seine Absolutheit nicht einschränken, indem wir behaupten, wir dürften die Feinde unseres Landes oder Armee-Deserteure oder Religions-
leugner oder Lästerer der Brahmanan töten. Nicht einmal Selbstverteidigung kann Mord
rechtfertigen. Die Yamas haben allgemeine Geltung, und zwar unabhängig von Kaste
und Land, Alter und Lebensbedingungen; vgl. Radhakrishnan, Sarvepalli / C. A. Moore
(Hg.): A Source Book in Indian Philosophy, Bombay: Oxford University Press 1957. Vol.
II, S. 353 (über Yogabhasya II. 30-31).
[29] Ramamurti S. Mishra stellt die Ergebnisse des Praktizierens dieser Yamas dar und
meint, Gewaltfreiheit bedeute, dass niemand andere verletzen kann, ohne sich zuvor
selbst zu verletzen, und dass vollkommene Gewaltfreiheit ausstrahlt und in der Gegenwart eines solchen Menschen jedes Lebewesen seine Feindseligkeit vergisst. Wenn der
Geist eines Yogis in nichts als Wahrheit wurzelt, wird er zu einem Segen für andere und
sein Handeln trägt Früchte. Je mehr man sich um andere kümmert, je mehr man verliert
und je mehr man loslässt, umso mehr wird man man Selbst und das ist die Bedeutung
von Asteya. Enthaltsamkeit trägt dazu bei, einen körperlich, geistig und spirituell zu er-
halten. Aparigraha bedeutet Loslösung vom Materiellen und im Zustand von Aparigraha
arbeitet der Mensch für sein Geld als Treuhänder. Darum schaffen Yamas als universelle
große Gelübde individuellen, gesellschaftlichen und nationalen Frieden und Glückszu-
stand. (Mishra, Ramamurti S.: Yoga Sutras, S. 271-276).
[30] Aus dem Dhammapada, Majihima Nikya. 1.129: „Verharre immer in Mitgefühl und
gutem Willen ohne Hass in deinem Herzen, umfange den Räuber mit strahlenden Gedanken der Liebe" (Müller, Max: Dhammapada [The Sacred Books of the East, Vol. X
Part I], Delhi: Motilal Babarasidas 1977).

Haushaltsvorstands eine gewisse Menge an Verletzung nicht vermeiden, aber er sollte versuchen, mit einem Minimum an Gewalt auszukommen. Buddha empfiehlt bei allen spirituellen Bemühungen einen mittleren Pfad und empfiehlt, die extremen Pfade zu meiden. Und doch besteht er auf ständigem Streben auf dem Pfad von *Ahimsa* und *Karuna*. Er lehrt: „Ich nenne *den* einen wahren Brahmanen, der zu dem Intoleranten tolerant, sanft mit dem Gewalttätigen und unter den Gierigen frei von Gier ist."[31] Gandhis Bewunderung für Buddha muss nicht näher erläutert werden. Er war von der Lebensbeschreibung Buddhas *The Light of Asia* fasziniert, nannte Buddha einen wahren *Satyagrahi* und hatte nichts dagegen, dass er des Buddhismus beschuldigt wurde. In Colombo sagte er: „Manchmal bin ich sogar stolz darauf, beschuldigt zu werden, ein Anhänger Buddhas zu sein, und ich zögere nicht, der gegenwärtigen Zuhörerschaft zu versichern, dass ich der Anregung durch das Leben des Erleuchteten viel verdanke."[32]

Der Jainismus lehnte in Reaktion auf den vedisch-brahmanischen Ritualismus jede Form des Tötens ab, auch innerhalb des Opferzusammenhangs. Er folgt der Sramana-Tradition und betont, das Ziel des Lebens sei das Erlangen von *Moksha*. Yoga ist das Mittel, um *Moksha* zu erreichen und besteht aus *Jnana* (Kenntnis der Realität, wie sie ist), *Sraddha* (Glaube an die Lehre Jinas) und *Caritra* (richtiges Verhalten und Beendigung von allem, was böse ist). Zu *Caritra* gehören die fünf Gelübde: *Ahimsa* (Nichtverletzen), *Satya* (Wahrhaftigkeit), *Asteya* (Nichtstehlen), *Brahmacharya* (Enthaltsamkeit) und *Aparigraha* (Unbestechlichkeit / Nichtbesitzen).[33] Die Heiligkeit des Lebens besteht in der Erhaltung des Lebens. Der Begriff Leben (*Jiva*) wird im Detail und mit äußerster Sorgfalt analysiert und das bestimmt die Schwere der Sünde. Das Grundgelübde ist *Ahimsa*, sie ist die ethische Grundtugend des Jainismus.[34] „Je stärker das Nichttöten aller Lebewesen (im äußeren Sinn) betont wird, umso stärker ist die Sorge um

---

[31] Dhammapada, Vers 406.
[32] Buddhas's Great Renunciation; *Young India*, 24. November 1927; vgl. auch MPW Vol. 1, S. 491-496.
[33] Die fünf Gelübde, die für die Jainas wichtig sind, werden im Patanjali-Yoga als Yamas bezeichnet. Es ist möglich, dass die Jainas diese Begriffe aus der Yoga-Philosophie bezogen. Patanjali seinerseits hat sie wohl aus der älteren Sramana-Tradition.
[34] Vgl. Kritanga Sutra, 1.3.4; 1.11, 9-10; Acharanga Sutra, 11.15.11 und Dasgupta, Surendranath: A History of Indian Philosophy, S. 199f.

nicht menschliche Wesen"[35], sodass das Leben fast unmöglich wird. Ein gewissenhafter Jaina muss in seinem täglichen Leben äußerst vorsichtig sein, um kein Leben auf Erden zu verletzen. Wie die Buddhisten erklären die Jainas *Ahimsa* positiv als Gnade (*Dava*), Freundschaft (*Maitri*), Mitgefühl (*Karuna*) etc. Dazu gehören auch die Tugenden, Hungrige zu speisen, Arme zu kleiden, Bedürftige zu beherbergen, gut von anderen zu sprechen usw. Gandhi akzeptierte *Ahimsa* als das sicherste Mittel, *Satya* zu erlangen, aber er legte sie nicht wie die Jainas übergewissenhaft aus.

Sankaras *Vedanta*-Schule bestand darauf, dass es Bedingungen gab, deren Erfüllung der Erkenntnis *Brahmans* vorausgehe:

Unterscheidung zwischen dem, was ewig, und dem, was nicht ewig ist, Verzicht auf die Erfüllung jeden Wunsches, sowohl jetzt und hier als auch danach, Verzicht darauf, die Frucht (des eigenen Handelns) zu genießen, Erwerben von Ruhe, Selbstbeschränkung und von anderen Mitteln [...] und der Wunsch nach Erlösung am Ende (Ved.Su.l. 1 .i).[36]

Diese Gegebenheiten, kann man sagen, umfassen einen gewaltfreien Geisteszustand. Ramanujas *Bhakti*-Schule nennt sieben *Sadhanas* zur Verwirklichung von Brahman.[37] Einer der sieben, *Kalyana sadhana* (froh, rein), hat die folgenden zuträglichen Eigenschaften: *Satyam* (Wahrhaftigkeit), *Daya* (Mitgefühl), *Dana* (Güte), *Arjava* (Redlichkeit), *Ahimsa* (Gewaltfreiheit) und *Asteya* (Nicht-Habgier).[38] Für die *Bhakti*-Schule ist *Ahimsa* also eine der wesentlichen Eigenschaften, um *Moksha* zu erlangen.

---

[35] Tahtiren, U.: Non-violence as an Ethical Principle, S. 42.

[36] Thibaut, Georges: The Vedanta-Sutras, vol. 1 of 3, with the commentary of Sankaracharya, part 1 of 2. (The Sacred Books of the East, Vol. XXXIV), Oxford: The Clarendon Press 1890; Max Müller: Dhammapada, S. 12; vgl. auch Radhakrishnan, Sarvepalli / C. A. Moore (Hg.): A Source Book in Indian Philosophy, Vol. II, S. 616f.

[37] Die sieben Sadhanas sind: 1 Viveka (Beurteilung der Nahrung), 2 Vimoka = Kontrollieren der Leidenschaften Kama (sexuelle Begierde) und Krodha (Zorn, Hass), 3 Abhyasa (Konzentrationsübung auf das Höchste), 4 Kriya (anderen Gutes tun, Opfer darbringen), 5 Kalyana (Reinheit, Tugend ausüben), 6 Anavasada (Freiheit von Schwäche), 7 Anuddharsa (Freiheit von Ausgelassenheit). Vgl. dazu Anantharangachar, N.S.: The Philosophy of Sadhana in Visistadvaita, Prasaranga: University of Mysore 1967, S. 152-155.

[38] Vgl. auch Radhakrishnan, Sarvepalli / C. A. Moore (Hg.): A Source Book in Indian Philosophy, Vol. II, S. 704.

Dieser kurze Überblick über das Vorkommen des Begriffs *Ahimsa* in der Hindu-Tradition zeigt, dass *Ahimsa* in den Hauptschulen als eine der Kardinaltugenden gilt. Auch wird deutlich, dass in den Traditionen die Tatsächlichkeit von Gewalt erkannt ist, dass auch die Spannungen im täglichen Leben bekannt sind und dass ein praktischer Weg gezeigt wird, sich in Richtung Gewaltfreiheit zu entwickeln. Das hat einige dazu veranlasst zu denken, die hinduistische Haltung zu Gewalt sei nicht eindeutig.[39]

4.3.1. Gewaltfreiheit und Loslösung

Wir wollen diese Vieldeutigkeit von Gewaltfreiheit noch etwas näher betrachten. Magno behauptet, dass der Hinduismus hinsichtlich Gewaltfreiheit eindeutig sei.[40] Er zeigt, dass alle orthodoxen Schulen indischen Denkens (*Samkhya, Yoga, Nyaya, Vaiseshika, Purva-Mimamsa* und *Vedanta,* die die Autorität der Veden akzeptieren) daran festhalten, *Moksha* sei das Ideal und sie trete ein, wenn sich das Selbst vollkommen von allem, was nicht das wahre Wesen des Selbst ist, loslöst.[41] Mit *Moksha* meinen sie ein vollkommenes geistiges Verharren und die Freiheit von Konflikten, Unsicherheiten, Sorgen und Leiden des Lebens und von Wiedergeburt.[42] Alle bestehen darauf, dass das Mittel zum fortschreitenden Erreichen von *Moksha* ist, „frei von Anhaftung" zu sein oder im gläubigen Ausüben von Loslösung liegt.[43] Von dieser Übereinstimmung, *Moksha* sei das letztgültige Lebensziel und Loslösung das notwendige Mittel zu diesem Ziel, schreibt Magno: „Wenn Loslösung unverzichtbar für die Verwirklichung von *Moksha* ist, dann ist, so erfahren wir, das Praktizieren von *Yama-Yoga*

---

[39] Ferguson, J.: War and Peace in the World's Religions, London: Oxford University Press 1978, S. 31f.

[40] Magno, A. Joseph: Hinduism on the Morality of Violence, *International Philosophical Quarterly* XXVIII (1/1988), S. 83.

[41] Hinsichtlich des Zustandes der Befreiung unterscheiden sich die Schulen. Von den drei Vedanta-Schulen vertritt Advaita die persönliche intuitive Verwirklichung der Identität mit dem Selbst. Visishtadvaita behauptet einen verwirklichten Vereinigungszustand von Brahman und dem Selbst (Nichtidentität) und die Dvaita-Schule spricht von Befreiung als von der einzigartigen und dauerhaften Freude des Selbst und der verehrenden Vereinigung mit Brahman (vgl. Magno, A. Joseph: Hinduism on the Morality of Violence, S. 84f.).

[42] Radhakrishnan, Sarvepalli / C. A. Moore (Hg.): A Source Book in Indian Philosophy, S. 354f.

[43] Ebd., S. 361.

für die Verwirklichung der Loslösung unverzichtbar, deren Anfangs-
gebot *Ahimsa* ist."[44] Wir haben bereits gesehen, dass im Yogasystem
Ahimsa als das Universalgesetz von allem (*Yama*) verstanden wird.
Also sind die Veden hinsichtlich von Gewalt nicht widersprüchlich.
Ahimsa ist der Lebensstil und das untrügliche Zeichen eines Menschen
auf dem Weg zu *Moksha*, während Gewalt seinem Wesen nach entfremdet.[45]

4.3.2. Gewaltfreiheit und *Dharma*

Magno versucht, die Aussagen in den Veden und die *dharmischen* Ansichten, die anscheinend für einige Individuen Gewalt zulassen, miteinander zu versöhnen. *Dharma* hat im Hindu-Denken viele unterschiedliche Bedeutungen: *Dharma* hat individuellen, gesellschaftlichen, kosmischen oder universellen Sinn. *Dharma* kann als Pflicht verstanden werden, das Liebesgebot zu verwirklichen (kosmischer Sinn)
gemäß der jeweils gegebenen natürlichen Veranlagung dazu (individueller Sinn). Der Hinduismus nimmt einen Menschen so, wie er
wirklich ist (nicht, wie er sein sollte), und passt die Führung dem jeweiligen Stand seines spirituellen Wachstums an. Darum findet
Dharma ein Gleichgewicht zwischen den beiden moralischen Extremen, der absoluten Forderung und einer relativistischen Lizenz, und
stellt die Pflicht eines Menschen, Liebe zu üben, so dar, dass sich das
bedingte moralische Gewissen aufklärt.[46] Darum ist *Ahimsa* für die
Veden und die orthodoxen Schulen der ideale Lebensstil, er kann
nicht gefährdet werden, ohne dass das Endziel *Moksha* gefährdet
wird. Sie sind als notwendige moralische Mittel zu einem letztgültigen Zweck innerlich miteinander verbunden. Magno fasst es so zusammen: „Wenn *Moksha* Loslösung mit sich bringt und Loslösung
Selbstlosigkeit und wenn außerdem Selbstlosigkeit ein passendes Sy-
nonym für Liebe ist, folgt daraus, dass die Verwirklichung von
Moksha dasselbe wie die Erfüllung des Liebesgebotes ist."[47]

Die ideale Ordnung des moralischen Lebensstils *Ahimsa* und das
höchste Ziel *Moksha* und die kosmische Erfüllung von Liebe im *Dharma* sind Ideale, aber die Mehrheit der Menschen befindet sich erst

---

[44] Ebd., S. 87.
[45] Ebd., S. 88.
[46] Ebd., S. 90.
[47] Ebd., S. 91.

noch auf dem Weg. Individuen können dieses Ideal höchstens anstreben, indem sie, ihrem *Dharma* folgend, aufgrund der Weisung ihres moralischen Gewissens das Liebesgesetz erfüllen. Wenn die Veden gelegentlich gewalttätiges Verhalten zulassen, bedeutet das, dass ein Mensch, wenn er Gewalt aufrichtig als legitimes Mittel zu einem rechtmäßigen Zweck ansieht, verpflichtet ist, dieses Mittel einzusetzen. Eine solche Entscheidung kann schließlich zur moralischen Reife eines Menschen führen, denn jede Entscheidung, die einer im Lichte seines *Dharma* im Verfolgen der Wahrheit trifft, ist ein Akt der Demut und führt schließlich zur Ausrottung selbstsüchtiger Neigungen und letzten Endes zu Selbstlosigkeit (Liebe). Solche Liebe, die mit Selbstlosigkeit gleichzusetzen ist, ist *Ahimsa*. Zu ihr gehört eine mitfühlende und einfühlsame Übereinstimmung mit der Natur.[48] Treue zum *Dharma* führt zu Selbstlosigkeit und Selbstlosigkeit zu Liebe und *Moksha*. Am Ende fällt das persönliche *Dharma* mit dem kosmischen *Dharma* zusammen. Gewalt hat in diesem System offenbar keinen Platz, denn sie schafft Uneinigkeit und Zwietracht.

4.3.3. Gewaltfreiheit und Opfer

Die Frage, welche Rolle Gewalt in den Hindu-Schriften spielt, bedürfte weiterer Untersuchungen, die den Rahmen dieser Arbeit sprengen würden. *Eine* solche Untersuchung will ich jedoch erwähnen. Charles Malamoud hat sie unternommen, um die Komplexität des Themas und die Vielfalt der Interpretationen aufzuzeigen. Darin geht es um Vergeltung im brahmanischen Hinduismus, wie sie in der *Mahabharata* dargestellt wird.[49] Der Konflikt zwischen den *Kauravas* und den *Pandavas* , der das zentrale Motiv der Erzählung ist, zeigt sich einerseits in der Aufgabe des *Dharmas*, die gesellschaftliche und die kosmische Ordnung wiederherzustellen, und andererseits in der vielfältigen Ursächlichkeit der Vergeltung. Aus der Perspektive von *Dharma* ist der Wunsch nach Vergeltung überall vorhanden und verbreitet, sie wird jedoch weder als Wert an sich noch als Institution noch als praktische Gesellschaftsregel angesehen.[50] Das Auftauchen von Vergel-

---

[48] Ebd., S. 91f.
[49] Malamoud, Charles: Vengeance et Sacrifice dans L'Inde Brahmanique. In: La Vengeance Tome 3: Vengeance, pouvoirs et ideologies dans quelques civilisations de L'Antiquite, Paris: Cujas 1985, S. 35-46.
[50] Ebd., S. 36f.

tung wird einer mythischen, epischen Krise der Monarchie zuge-
schrieben, die schließlich zu einer Krise von *Dharma* wird, als der König seine Pflicht vernachlässigt, die darin besteht, die Ordnung aufrechtzuerhalten. Die Krise ist vorüber, wenn die Ordnung durch eine
von einem *Brahmanen* durchgeführte heilige Inthronisierung des Königs wiederhergestellt wird, bei der der König symbolisch gezüchtigt
wird, damit er schließlich sein Volk aufgrund gerechter Strafe regieren möge. Malamoud entdeckt eine komplexe Beziehung zwischen
Vergeltung und Opfer.[51] Wo nicht unmittelbar eine Übereinstimmung
zwischen Vergeltung und Opfer erzielt wird, gibt es anscheinend
Gewalt (wenn auch verborgen) im Opfer oder wenigstens ist sie beim
Opfer anwesend.[52]

Offensichtlich ist wohl die funktionale oder instrumentelle Rolle
des Opferritus. Entweder dient er dazu, hier und jetzt und in der
künftigen Welt die Herrschaft über die Opfer (Tiere oder andere Elemente) aufrechtzuerhalten, oder dazu, vergangene, bereits verübte
Gewalttaten wiedergutzumachen. Auch die Allgegenwart der Vergeltung (im Osten, Westen, Norden und Süden) ist wohl offensichtlich
und ebenso der Versuch, in *Dharma* ihre Ursachen und Folgen und in
den Opferriten ein Mittel zu suchen, sie einzudämmen, nicht aber sie
zu ändern.[53] Malamoud wirft Licht auf das Phänomen Vergeltung
und die Komplexität seiner Beziehung zum Opfer. Es muss insgesamt
noch viel getan werden, um die dynamische Beziehung zwischen
Gewalt und Gewaltfreiheit in den Hindu-Schriften zu erforschen.

---

[51] Ebd., S. 38f.
[52] Nach Malamoud gibt es einfache und komplexe Projektionen von Vergeltung im Opfer. In sakralen Riten vorhandene Vergeltung leitet sich aus der Furcht vor der Vergeltung der geopferten Opfer in dieser oder in der nächsten Welt her. Mit Opferriten und
verschiedenen Beschwörungen versucht man, künftige Vergeltung auszuschalten, indem
das Opfer überwältigt wird. Eine komplexe Projektion findet sich in Reinigungsriten, die
auf eine ideale Welt hindeuten, in der die dem Opfer zuvor angetane Gewalt geheilt
wird. (Malamoud, Charles: Vengeance et Sacrifice dans L'Inde Brahmanique, S. 40f.)
[53] Ebd., S. 42f.

4.3.4. Bedeutung von Gewaltfreiheit

Wir können zusammenfassend sagen:

1) Die Hindu-Tradition ist eindeutig hinsichtlich Gewaltfreiheit.

2) Es gibt von den *Rigvedas* bis in unsere Tage eine kontinuierliche Linie des Denkens über die Frage von Gewalt und Gewaltfreiheit.

3) Es gibt wohl hinsichtlich der Beziehung zwischen tatsächlicher Gewalt und dem Ideal Gewaltlosigkeit eine gesunde Spannung innerhalb der verschiedenen Traditionen.

4) In der Hindu-Tradition ist ein Vorrang der Gewaltfreiheit zu erkennen und zwar trotz den verschiedenen Formen religiöser und gesellschaftlicher Praktiken von Gewalt und Unterdrückung, die gerechtfertigt, angenommen oder abgelehnt wurden.

5) Die Beziehung zwischen Vergeltungs- und Opfer-Bedürfnissen innerhalb verschiedener Traditionen muss noch weiter untersucht werden.

6) Das Problem Gewalt ist eine immerwährende Frage, die durch die Tatsache hervorgehoben wird, dass moderne Interpreten der *Gita* dazu neigen, Gewalt entweder zu rechtfertigen (Tilak) oder abzulehnen (Gandhi). Aus den genannten Analysen, besonders der von Magno, kann man schließen, dass Gandhis intuitive und innovative Lesart der *Gita* vollkommen in der hinduistischen Tradition steht.

Aus dieser Übersicht wird deutlich, dass die *Satyagraha*-Religiosität als Einheit mit dem Leben tief in den indischen Traditionen verwurzelt ist. Gandhi nuancierte sie noch weiter, indem er dem Yoga-Verständnis von *Ahimsa* besondere Bedeutung zuschrieb und darauf bestand, dass die *Yamas* Handlungsprinzipien auf historischer, kultureller, politischer und wirtschaftlicher Ebene seien. Er versah das Yoga-Verständnis mit einer hermeneutischen Funktion, um einerseits Gewalt auf verschiedenen Ebenen zu zeigen, und um andererseits eine gewaltfreie Gesellschaftsordnung vorzuschlagen und zu bewirken.

4.4. Religiöse Synthese von Wahrheit und Gewaltfreiheit

Auf die breite Übereinstimmung zwischen Wahrheit und Gewaltfreiheit – den beiden Schlüsselbegriffen der *Satyagraha*-Religiosität – haben wir bereits hingewiesen und müssen nun ihre Synthese und ihren hermeneutischen Wert eingehend untersuchen. Nach Gandhi kann *Ahimsa* von Wahrheit abgeleitet oder mit Wahrheit verbunden sein und alle anderen Punkte sind sowohl in beiden Begriffen als auch im Wahrheitsbegriff allein enthalten.[54] Die Möglichkeit, Wahrheit und Gewaltfreiheit miteinander zu verbinden, folgt aus der Bedeutung der Wurzel *Satya*. Sie kann Existenz, Wesen oder das Wirkliche (*sat* = sein) bedeuten. Die Suche nach Wahrheit ist eine Suche nach der vollkommenen Existenz, der Gesamtheit des Lebens. Verehrung der Wahrheit umfasst die Verehrung davon, in der Totalität und Einheit zu leben, einen Wunsch, eins mit dem Leben zu sein, Empathie fast ohne Begrenzung. Leben, *Atman*, ist in jedem Menschen und in der gesamten Schöpfung. Darum respektiert man jeden Menschen, verehrt das gesamte Leben und empfindet Mitgefühl mit allem, man wünscht sich nur Güte und Einheit. Also ist die Suche nach Wahrheit auch die Suche nach Gewaltfreiheit, nach Mitgefühl mit allem. Wenn ich einen anderen verletze, verletze ich mich selbst und behindere damit meine eigene Selbstverwirklichung. In dieser Verbindung findet A. Naess die ontologische Grundlage für Gewaltfreiheit.[55] Jeder Einzelne kennt nur einen Teil der Wahrheit, er besitzt nicht die ganze Wahrheit. Seine Daten können falsch oder seine innere Freiheit, auf die innere Stimme zu achten, kann unvollkommen sein. A. Naess schrieb, die „Fehlbarkeit" des Menschen sei ein zusätzlicher Grund für die Synthese von Wahrheit und Gewaltfreiheit.[56] Die hinduistische Sichtweise leugnet eine „absolute Wahrheit", vielleicht stammt diese Weigerung, das Absolute zu besitzen, aus der Tatsache, dass es niemals gegeben ist. Es ist also der Sinn des Absoluten an sich, der auf eine gewisse Weise dazu führt, den *Besitz* des Ganzen[57] zu verneinen, und das bringt den Menschen auf den Weg der gewaltfreien Suche.

---

[54] CW XXXXIV, S. 89.
[55] Arne Naess sprach über die Beziehungen zwischen Wahrheit und Gewaltfreiheit in Gandhis Denken auf einem von der UNESCO finanzierten Symposion 1970 (vgl. Mahadevan, T.K. (Hg.): Truth and Non-Violence, S. 85f.).
[56] Ebd.
[57] Jeanne Hersch äußerte sich über diese Wirkung auf dem UNESCO Symposium; vgl. Mahadevan, T.K. (Hg.): Truth and Non-Violence, S. 91.

4.4.1. Synthese auf Praxisebene

Gandhi bestand nicht auf einer strengen metaphysischen Beziehung zwischen Wahrheit und Gewaltfreiheit. Seine Religiosität fand auf der existenziellen Ebene eine dynamische und wirksame Synthese der beiden.[58] Auf der Suche nach Wahrheit und Selbstverwirklichung fordert die *Gita* „losgelöstes Handeln". Für Gandhi führt losgelöstes Handeln auf der Suche nach Wahrheit unvermeidlich zur Gewaltfreiheit.[59] Eine Synthese ist auf der Ebene des Handelns in der Bindung an *Satyagraha* und nicht auf der theoretischen Ebene zu finden. Hierin liegt Gandhis eigener Beitrag zu Religion, Philosophie und Politik:[60] Er analysiert Gewalt und Gewaltfreiheit hinsichtlich der Begriffe Geist, Wahrheit und *soul-force* und erhebt den Anspruch, das Religiöse habe Vorrang vor allen übrigen menschlichen Bemühungen. Spirituelle und moralische Tatsachen dürfen bei der Suche nach Lösungen für die Probleme des Menschen nicht mehr nach den empirischen rangieren. So war Gandhi der *upanishadischen* Lehre treu, überall im Leben das Wirkliche zu suchen und das Tägliche zu verlassen, und er rief zur radikalen und universellen Anwendung dieser Lehre auf. Er stellt sich eher in die sramanische Tradition und weist alle Traditionen ritueller Opfer zurück. Seine Vision vom *Swaraj*-Modell für ein unabhängiges Indien wird vom Standpunkt der *Satyagraha*-Religiosität aus eher verständlich. Thomas Merton fasst unserer Meinung nach Gandhis religiöse Intuition gut zusammen:

> Die religiöse Aktivität Gandhis beruhte auf einer religiösen Intention des Seins im Menschen wie in der Welt, und sein Wahrheitsgelübde war ein Treuegelübde zum Sein in allen seinen Dimensionen. Seine Weisheit beruhte mehr auf Erfahrung als auf Logik. Der Weg zum Frieden wird so zum Weg der Wahrheit, der Treue

---

[58] Der orthodoxe Hinduismus war nicht immer mit Gandhis Interpretation einverstanden, vgl. dazu bereits Kapitel 1.4.1. Vgl. ansonsten Kuttianicakl, J.: Non-violence the Core of Religious Experience in Gandhi, *Journal of Dharma* XIV (3/1989) S. 243f.

[59] Vgl. Kapitel 2.3.1 dieses Buches. Zu Gandhis Verständnis von Gewaltfreiheit gehörte auch aktive Liebe. Eine vergleichende Untersuchung von Gandhis Ahimsa und dem biblischen Begriff Liebe findet sich bei Miller, William Robert: Non-Violence. A Christian Interpretation, London: George Allen and Unwin Ltd. 1964, S. 24-32.

[60] W. Borman nennt es Gandhis moralische Ideologie. Der Ausdruck ist unglücklich gewählt. Zwar hat er eigentlich eine sehr begrenzte und absolutistische Bedeutung, doch Borman gibt ihm eine sehr breite Bedeutung (Borman, William: Gandhi and Non-Violence, New York: State University Press 1986, S. 4-6).

zum Ganzen und zum Sein. Dies schließt den grundlegenden Respekt vor jedem Leben ein, nicht als Begriff, auch nicht als sentimentale Erfindung der Phantasie, sondern in seiner tiefsten, geheimsten, ursprünglichsten Wirklichkeit. Die erste und fundamentalste Wahrheit liegt im Respekt vor unserm eigenen innersten Sein. Das schließt Sammlung und Bewusstheit ein, die uns in Einklang bringen mit der Stille, in der allein das Sein in seiner ganzen Einfachheit zu uns spricht. [61]

Religiosität als Suche nach Wahrheit bedeutet einerseits eine Kritik all dessen, was unwahr ist, eine Kritik der tyrannischen Forderungen der Gesellschaft, die gewalttätig ist, denn sie ist ihrem Wesen nach gierig, lüstern und grausam. Andererseits bedeutet sie losgelöstes Handeln und das ist gleichbedeutend mit einer gewaltfreien Lebensweise.

Die Abbildungen auf der nachfolgenden Seite:

Oben: Triptychon der Ausstellung „Keine Gewalt" des Ökumenischen Arbeitskreises Prenzlauer Berg 2009 (www.oekumene-im-prenzlauer-berg.de). Carl Heinrich Bloch, Die Bergpredigt, 1877, Nationalhistorisches Museum Frederiksborg/Dänemark. Grafische Bearbeitung Jürgen Frölich. Mit freundlicher Genehmigung von GandhiServe e.K. 12105 Berlin (www.gandhiserve.net).

Unten: Graffiti in der Baslerstraße 24, Freiburg: Joergens.mi/Wikipedia (https://creativecommons.org/licenses/bysa/3.0/de/legalcode).

---

[61] Merton, Thomas, Eine Huldigung an Gandhi. In: Ders., Gewaltlosigkeit. Eine Alternative, Zürich, Köln 1986, S. 248-257. 255 (= Handbibliothek Christlicher Friedenstheologie, Berlin 2004).

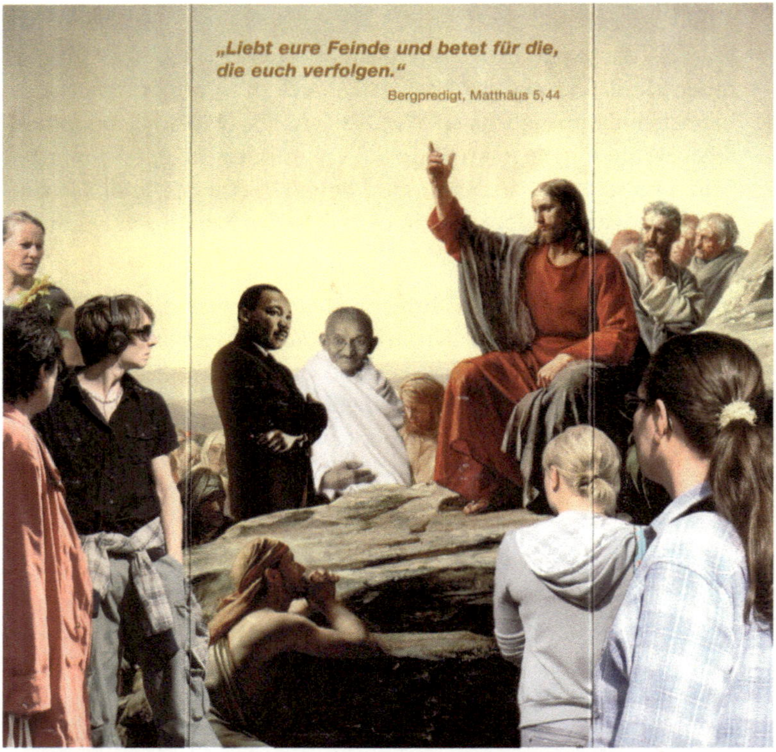
„Liebt eure Feinde und betet für die,
die euch verfolgen.“
Bergpredigt, Matthäus 5,44

Auge um Auge und die ganze Welt wird blind sein.
Mahatma Gandhi
2.10.1869
30.01.1948
Kein Problem löst sich, wenn wir träge Darauf warten, dass Gott sich darum kümmert.
Martin Luther King
15.01.1929
04.04.1968
Jetzt fängt mein Leben wirklich an. Gegen Ungerechtigkeit, Rassismus, Armut kämpfen, mit dem Gesicht das die Welt so gut kennt.
Muhammad Ali 17.01.1942

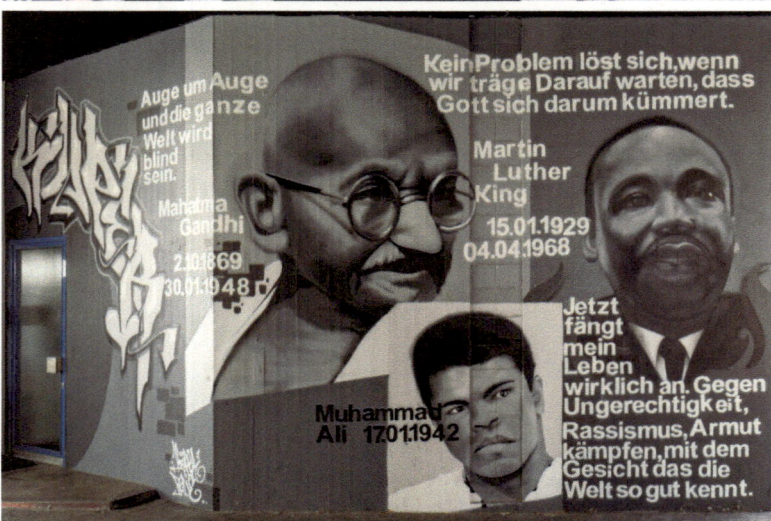

Kapitel 5
Satyagraha-Kampf und die Christen

Gandhis *Satyagraha*-Kämpfe forderten die Christen im Land und im Ausland zu einer Reaktion heraus. Ein Überblick über diese christlichen Reaktionen wird uns ermöglichen, die Kämpfe aus christlicher Perspektive zu verstehen und den hermeneutischen Wert für die interreligiöse Situation hervorzuheben. In vielen Reaktionen geht es um die Rolle und Bedeutung Jesu für Gandhi und den Hinduismus. Ohne direkt in eine Debatte über Lehrmeinungen einzutreten, werden wir auf den pädagogischen Wert dieser Reaktionen für die indische interreligiöse Situation hinweisen. Wir werden uns auf drei repräsentative Gruppen beschränken: die frühen Reaktionen, theologische Bewertungen und eher positive Interpretationen.

5.1. Frühe Reaktionen von Christen
Als Repräsentanten früher Reaktionen von Christen auf Gandhi betrachten wir C. F. Andrews, S. K. George und J. C. Kumarappa. C. F. Andrews (1871-1940) war ein lieber Freund Gandhis (und auch R. Tagores); er war anglikanischer Missionar. Er verband sich eng mit Gandhis Kampf, beobachtete die Bewegung aus christlicher Perspektive und interpretierte sie für die westliche Welt.[1]

5.1.1. C. F. Andrews und Gandhi
Andrews schreibt über Gandhis Abneigung gegen das orthodoxe Christentum, wie es die Missionare für ihn verkörperten:

> Die christliche Missionsarbeit überschnitt sich mit der starken und tiefgreifenden Gegenwart der britischen Herrschaft in Indien, so dass in vielen Missionsstationen kaum ein äußeres Zeichen für irgendeine Unterscheidung zwischen der britischen Herrschaft und der Missionsarbeit zu erkennen war. Das führte bei orthodoxen Hindus und

---

[1] Andrews, C.F.: Mahatma Gandhi's Ideas, S. 60f.

Muslimen zu einer schmerzhaften und fast allgemeinen Verwirrung über die wesentliche Bedeutung der christlichen Religion.[2]

Diese weltliche Verstrickung sei ein Verrat an der wesentlichen Bedeutung der christlichen Religion und habe es gleichzeitig vielen Christen unmöglich gemacht, Gandhis Kampf und seine religiöse Bedeutung zu akzeptieren und hochzuschätzen. C. F. Andrews war sich mit Gandhi nicht über die Bedeutung Christi[3] einig und auch nicht in Bezug auf das Verbrennen ausländischer Textilien. Trotzdem weist er darauf hin, dass, obwohl Gandhi die *Stellung, die Christen Jesus zuschreiben* (die einzigartige Offenbarung) nicht akzeptiere, *Jesus in seinem Herzen einen besonderen Platz* einnehme. Gandhi hatte erklärt, dass der Niedrigste und Demütigste *das Privileg habe, bestimmte Gefühle für bedeutende Persönlichkeiten zu haben*. Man könne das auch mit der Beziehung zwischen Mann und Ehefrau vergleichen. Es musste nicht ausdiskutiert werden, es war keine Angelegenheit des Verstandes, sondern ein Recht des Herzens. Gandhi sagte, Jesus habe in seinem Herzen den Platz eines großen Lehrers.[4] C. F. Andrews tadelte die orthodoxen Christen dafür, dass es ihnen nicht gelungen sei, den Indern den Zugang zu Jesus zu ermöglichen.

C. F. Andrews beobachtete Gandhi im Einsatz und das vertiefte sein Verständnis von Jesus. Gegen Ende von Gandhis 21tägigem Fasten in Delhi im September 1924 anlässlich der Unruhen zwischen Hindus und Muslimen (Gandhi hatte sein Fasten das Gebet eines blutenden Herzens um Vergebung unwissentlich begangener Sünden genannt) schrieb C. F. Andrews in *Young India*:

Instinktiv wandte ich meinen Blick zurück auf den zerbrechlichen, siechen und gequälten Geist [die Person Gandhi] neben mir auf der Terrasse, der die Sünden und Nöte seines Volkes trug. Mit einer Gefühlsaufwallung erinnerte ich mich an eine Passage aus den Klageliedern: „Ihr alle, die ihr des Weges zieht, schaut doch und seht, ob ein Schmerz ist wie mein Schmerz" (Klg 1,12). Und in die-

---

[2] Ebd., S. 85.

[3] Andrews glaubte fest an eine einzigartige Beziehung Jesu zum Vater und folglich seine Rolle als „das göttliche Haupt der Menschheit." (Andrews, C.F.: What I Owe to Christ, London: Hodder & Stoughton 1932, S. 152 u. 218, zitiert in: Thomas, M.M.: The Acknowledged Christ of the Indian Renaissance, London: SCM Press 1969, S. 273).

[4] Andrews, C.F.: Mahatma Gandhi's Ideas, S. 92.

ser Stunde der Vision erkannte ich tiefer die Bedeutung des Kreuzes in meinem eigenen persönlichen Leben.[5]

Trotz seinen Differenzen mit Gandhi rief Gandhis *Satyagraha*-Kampf Andrews' Kritik an der unheiligen Allianz zwischen dem britischen *Empire* und dem Christentum hervor. Der *Sataygraha*-Kampf bewirkte eine Kritik an der Fehldarstellung Jesu durch die christliche Orthodoxie. Er verhalf Andrews zu einem neuen Verständnis Jesu und der Bedeutung des Kreuzes. Er forderte ihn zu „gemeinsamem moralischen Widerstand" als einer Alternative zu den weltweiten militärischen Anstrengungen heraus.[6]

5.1.2. Eine Herausforderung der Christenheit
S. K. George (1900-1960) lehrte eine Zeit lang am *Bishop's College* in Kalkutta. Er wurde zu einem glühenden Anhänger Gandhis und beteiligte sich aktiv am Unabhängigkeitskampf. Das veranlasste George schließlich, aus dem College auszuscheiden. Seine scharfe Bemerkung, „die Tatsache Gandhi ist nicht nur eine Herausforderung an den Glauben, sondern auch eine Hilfe dazu", bringt seine Einstellung zu Gandhi und dessen Kampf auf den Punkt.[7]

Es war insofern eine Herausforderung, als ein wahrer Christ in Indien seiner Meinung nach notwendigerweise ein Anhänger Gandhis sein musste, weil Gandhi in seiner *Satyagraha* einen praktischen Beweis für die Anwendbarkeit der Lehren des Meisters Jesus auf moderne Probleme gab.[8] George fügte hinzu:

---

[5] Ebd., S. 314.

[6] Ebd., S. 348f. Ein weiterer Freund und Bewunderer Gandhis, J. J. Doke, ein protestantischer Geistlicher in Südafrika, der sich eng an Gandhi angeschlossen hatte, schrieb über den Satyagraha-Kampf: „In Wirklichkeit geht es beim passiven Widerstand nicht um einen Handelsstreit und er ist auch keine politische Bewegung, dies sind nur Elemente des Kampfes. Er ist ein Zeichen, dass die Asiaten zu einem Gefühl ihrer Männlichkeit erwachen, ein Zeichen, dass sie keine Sklaven- oder eine andere entwürdigende Rolle in unserer Gesellschaft spielen wollen. Leidend erheben sie den Anspruch, von Christen auf christliche Weise behandelt zu werden. Diese wunderbare Vision haben Regierung und Kirchen zu sehen versäumt." (Doke, J. Joseph: M.K. Gandhi. An Indian Patriot in South Africa, S. 110f.)

[7] George, S.K.: Gandhi's Challenge to Christianity, Ahmedabad: Navajivan Publishing House 1947, S. xiv.

[8] Ebd., S. xi.

Diese Anwendung in Gandhis mächtigen Experimenten mit der Wahrheit nicht zu erkennen, in ihm nicht die Regungen des Geistes Gottes zu sehen, bedeutet, dass es an spiritueller Unterscheidungskraft mangelt, bedeutet, von Jesus selbst dafür verurteilt zu werden, die Zeichen der Zeit und die Wege Gottes nicht zu erkennen.[9]

George dehnte die Herausforderung auf die christliche Orthodoxie aus, als er seine indischen Mitchristen aufforderte, die Formulierungen von Lehren, die sich im Westen in völliger Unkenntnis der im Osten gesammelten Geistesschätze entwickelt hatten, nicht als letztgültig zu akzeptieren.[10] Die christliche Kirche habe in den letzten Jahren eine ihrer besten Gelegenheiten versäumt, indem sie hinter Gandhi zurückgeblieben sei und seine großartige Bewegung nicht als christliches Handeln erkannt habe.[11]

Mit seiner dreifachen Herausforderung, der der Christen, der christlichen Orthodoxie und der Kirche, hebt George auch hervor, auf welche Weise Gandhis *Satyagraha* das Christentum unterstütze. Sie unterstütze es, weil sie aufs Treueste die Philosophie der Evangelien auslege,[12] sie sei eine Methode, das Reich Gottes zu verwirklichen,[13] sie mache das Kreuz zu „einem funktionierenden Prinzip der erlösenden, leidenden, erobernden Liebe und überwindet das Böse überall",[14] sie trage dazu bei, Christus in Indien zu verkörpern.[15] S. K. George kommt das entscheidende Verdienst zu, einer der ersten (wenn nicht überhaupt der erste) indischen christlichen Theologen zu sein, die die Bedeutsamkeit des *Satyagraha*-Kampfes erkannten.

5.1.3. Versuch einer neuen Sichtweise

I. C. Kumarappa (1892-1960) identifizierte sich vollkommen mit Gandhis Bewegung, besonders mit der Förderung der Dorfindustrie. Seine Reaktion auf die *Satyagraha*-Bewegungen bestand neben seiner persönlichen Hingabe an die Sache in dem Versuch (ohne jede Wis-

---

[9] Ebd., S. xiif.
[10] Ebd., S. xiii.
[11] Ebd., S. xvf. (sein Vorwort zur ersten Auflage).
[12] Ebd., S. 6.
[13] Ebd., S. 9.
[14] Ebd., S. 24.
[15] Ebd., S. xv.

senschaftlichkeit) einer einfachen Auslegung und Darstellung des Jesus der Evangelien.[16] Seine eigene Erfahrung in christlichen Kreisen machte ihm bewusst, dass „der Ausdruck ‚christlich' nur eine Gemeinschaft mit bestimmten Gewohnheiten und Lebensregeln bezeichnete, eine Gemeinschaft, die weitgehend verwestlicht und von der nationalen Kultur unseres Landes getrennt und stolz auf ihre enge Verbindung mit der westlichen Kultur und Zivilisation war."[17] Dagegen wurden ihm bei seinem Kontakt mit Gandhi die „Augen für die praktische Anwendung der Lehren Jesu, auch in diesem Jahrhundert und in unserem Leben auf Erden, geöffnet."[18]

Seine Darstellung bietet zwei hermeneutische Einsichten. Erstens versucht er, die Lehren Jesu im Licht seiner Person darzustellen.[19] Auf diese Weise führte die Bekanntschaft mit Gandhi nicht zu einer Trennung zwischen Jesu Lehren und seiner Person. Zweitens: Kumarappa stellt den Sinn von Jesu Kommen, die Besonderheit seiner Lehre und seines Betens und den Sinn davon, zu seinen Jüngern zu gehören, dar und fordert die Kirche seiner Zeit auf, „dem Mut von Petrus und Paulus nachzueifern und den unhandlichen europäischen Kompass beiseite zu lassen, um vorwärts zu segeln".[20]

5.2. Theologische Bewertungen

Einige wohlmeinende Christen reagierten auf Gandhis *Satyagraha*-Bewegungen und seine Kritik an der christlichen Mission in recht apologetischem Geist.

5.2.1. Gandhi und die Grundsätze Jesu

Der amerikanische Prediger E. Stanley Jones hatte mit der Bewegung Gandhis sympathisiert. S. K. George hatte Jones' erstes Buch über Gandhi vollständig abgelehnt und geschrieben, es sei in einer Sprache der Eroberung verfasst und biete eine fremdartige Sichtweise . Wir dagegen bemerken, dass Jones große Bewunderung für Gandhi emp-

---

[16] Kumarappa, J. C.: Practice and Precepts of Jesus, Ahmedabad: Navajivan Publishing House 1945 und Kumarappa, J. C.: Christianity – Its Economy and Way of Life, Ahmedabad: Navajivan Publishing House 1945.

[17] Kumarappa, J. C.: Practice and Precepts of Jesus, S. ix.

[18] Ebd., S. x.

[19] Ebd., S. 4.

[20] Ebd., S. 114f.

fand, eine Bewunderung, die so groß war, dass er schrieb: „Gandhi marschierte in einem solchen Triumphmarsch in die Seele der Menschheit ein wie nur je ein Mensch seit Tod und Auferstehung des Sohnes Gottes."[21] Bei anderer Gelegenheit schrieb er: „Nie krönte ein Tod ein Leben mehr außer nur der des Einen, des Sohnes Gottes."[22] Er gab auch zu, Gandhi habe ihn mehr über Christi Geist gelehrt als vielleicht jeder andere Mensch in Ost und West.[23] Allerdings veranlasste ihn seine evangelikale christliche Einstellung zu der Bemerkung, Gandhi habe zwar die Prinzipien Jesu verstanden und nach ihnen gelebt, aber er habe doch die Person Jesu verfehlt.[24] Auch Gandhis Bemerkungen über die Gleichwertigkeit der Religionen waren für Jones inakzeptabel, denn er glaubte, das Evangelium sei keine Religion, sondern die Person Christi.[25] Und doch zögerte eben dieser Jones nicht zu sagen, Gandhi habe Indiens Antlitz Christus zugewendet, denn „nie in der Geschichte des Menschen wurde so viel Licht auf das Kreuz geworfen wie durch diesen einen Mann und dieser Mann nannte sich noch nicht einmal einen Christen".[26]

5.2.2. Moralische Selbstgerechtigkeit
Der bekannte indische christliche Theologe M. M. Thomas hat eine wertvolle Untersuchung über die Bedeutsamkeit des Phänomens Gandhi für die Christen verfasst.[27] Neben der kurzen Darstellung verschiedener christlicher Reaktionen auf Gandhi nennt der Verfasser die Haupteinwände, die gegen Gandhis Kritik am Christentum vorgebracht werden. Eine Reihe von Einwänden, die E. S. Jones zuerst vorbrachte und die später von Devanandan[28] genauer formuliert und von M. M. Thomas aufgenommen wurden,[29] können wir so miteinander

---

[21] Jones, E.S.: Mahatma Gandhi: an Interpretation, London: Hodder and Stoughton 1948, S.23; vgl. daneben Jones, E. S.: Soul of Mahatma Gandhi., World Tomorrow (New York), 7. December 1924, S. 367-378.
[22] Jones, E.S.: Mahatma Gandhi: an Interpretation, S. 56.
[23] Ebd., S. 11f.
[24] Ebd. S. 80f.
[25] Ebd., S. 83-85.
[26] Ebd., S. 137.
[27] Vgl. das Kapitel „Mahatma Gandhi: Jesus the Supreme Satyagrahi" in: Thomas, M.M.: The Acknowledged Christ of the Indian Renaissance, S. 193-237.
[28] Devanandan, P.D.: Gandhi's Critique of Christianity, S. 109f.
[29] Thomas, M.M.: The Acknowledged Christ of the Indian Renaissance, S. 235f., vgl. auch Thomas, M.M.: Ideological Quest Within Christian Commitment, Madras: Christian

verbinden: Die Bergpredigt sei nicht die Essenz des christlichen Glaubens und der christliche Glaube dürfe nicht mit der ethischen Lehre der Bergpredigt verwechselt werden, d. h. diese Ethik darf nicht mit Religion gleichgesetzt werde. Seine Annahme von Jesu ethischem Prinzip habe Gandhi der Person Christi nicht näher gebracht.

Jesudasan antwortete Devanandan mit einer Untersuchung und schrieb, dieser habe Gandhis Bedeutung der konkreten Moral oder Lebensethik für abstrakte Ethiken oder Prinzipien gehalten und er habe, ungeachtet seiner eigenen Kirchenzugehörigkeit, die lutherische Gegensätzlichkeit zwischen Glauben und Werken polemisch auf Gandhi anwendet.[30] Er fügt hinzu:

Gandhi hat nicht nur keine abstrakten ethischen Prinzipien mit dem Glauben verwechselt, er hat nicht einmal die Handlungen einer Person mit der Person selbst verwechselt. Und dies war die Grundlage für seinen Optimismus hinsichtlich der Möglichkeit der Vervollkommnung der menschlichen Natur, den er in jeder *Satyagraha* auf die Konfliktlösung anwandte.[31]

Wir haben bereits festgestellt, dass der Kontakt mit Gandhi vielen Christen Jesus näher brachte, aber einige von ihnen leugnen, dass Gandhi Jesus als Person akzeptiert habe, weil Gandhi weder jemals formell der Kirche beigetreten sei noch die orthodoxen Hoheitsbezeichnungen Jesu übernommen habe. Als Gandhi in tiefer Versenkung vor dem Kruzifix im Vatikan stehen blieb, als er dauerhaft ein Bild des Gekreuzigten in seinem Zimmer bewahrte, als er C. F. Andrews am Ende seines einundzwanzig Tage während Fastens in Delhi bat, den berühmten Choral *„When I Survey the Wondrous Cross"* zu singen, als er Jesus den Fürsten der *Satyagrahis* und Lehrer nannte und mit Ihm lebte, war er da nur ethisch mit Ihm verbunden? Gab es da nicht, wie Gandhi selbst behauptete, eine tiefe Herzensbindung? Wenn er mit Jesus lebte, war er da nicht mit der Person Jesu verbunden? Wenn man jemandem folgt, kennt man ihn dann nicht in gewisser

Literature Society 1983.
[30] Jesudasan, Ignatius: Gandhian Theology of Liberation, S. 274f. Die Wechselbeziehung zwischen Religion und Moral wurde als Identität gedeutet. Eine so einfache Identifikation ist aber nicht Gandhi zuzuschreiben, obwohl er Religion und Moral als austauschbare Ausdrücke gebraucht, ebenso wie Wahrheit und Ahimsa, vgl. auch Richards, Glyn: Faith and Praxis in Liberation Theology, *Modern Theology* III (4/1987). S. 368.
[31] Jesudasan, Ignatius: Gandhian Theology of Liberation, S. 275.

Weise? Entspricht diese Art des Kennens nicht der Bibel? Definieren wir den Begriff „Person" nicht in sehr engem Sinn gemäß griechischen philosophischen Kategorien und der (mit den dogmatischen Problemen der frühen Christenheit beladenen) mittelalterlichen Philosophie und wenden ihn in dichotomischer Weise auf die Rezeption Jesu in Indien an? Es stimmt: Gandhi empfing Jesus nicht im Schoße einer gläubigen Gemeinschaft von Christen und er stimmte nicht den Voraussetzungen des orthodoxen christlichen Glaubens zu. Haben wir also in dieser Hinsicht recht, den Schluss zu ziehen, Gandhi habe nur die Prinzipien und nie die Person Jesu erreicht? Gandhi negiert das christliche Dogma weniger, als dass er es von seiner eigenen Erfahrung mit Jesus her infrage stellt. Nach Gandhis eigenen Begriffen erreichte er die Person Jesu durchaus, jedenfalls dann, wenn wir unsere Auffassung von Person nicht auf die griechischen philosophischen Kategorien beschränken.

M. M. Thomas schreibt über die Frage der Unterscheidung von Leib und Seele und den Weg zur Erlösung: Gandhi betrachte den Leib als die Quelle des Bösen und suche Erlösung durch moralische Rechtschaffenheit.[32] Bei unserer Untersuchung von Wahrheit und Gewaltfreiheit bei Gandhi und ihrer wichtigen Synthese haben wir gesehen, wie Gandhi alles in Beziehung zur Wahrheit setzt. Die Synthese von Wahrheit und Gewaltfreiheit zeigt, dass wir die Bezogenheit auf die Realität akzeptieren und respektieren müssen und dass wir der Einheit der Schöpfung nicht Gewalt antun dürfen, auch nicht dem Leib. Die letztgültige Suche nach Wahrheit, die religiöse Suche, macht jedoch die vorrangige Bestimmung in den Beziehungen des Menschen zu den Geschöpfen aus und regelt sie. In diesem Sinn gibt es, zugleich mit einem Respekt für den Leib, die ständige Sorge, die Macht dieser Suche für ihr endgültiges Stadium zu ordnen. In dieser Hinsicht wurzelt Gandhi in den besten Hindu-Traditionen, wie wir in vorangegangenen Kapiteln gezeigt haben. Gandhi war weit davon entfernt, seinen Körper abzulehnen, und machte sich unendliche Mühe, ihn in Richtung Selbstverwirklichung zu weihen (um nicht einmal mit lüsternen Blicken zu sündigen). Gandhi hielt es mit dem Geist der Bergpredigt und bestand darauf, ethisches Verhalten fordere die ganze Person, also auch den Körper.[33]

---

[32] Thomas, M.M.: The Acknowledged Christ of the Indian Renaissance, S. 235.

[33] Strecker, George: The Sermon on the Mount: An Exegetical Commentary (Trans. O.C. Dean, Jr.) Edinburgh: T & T Clark 1988, S. 72. In Gandhis Unterscheidung von Leib und Seele

Suchte Gandhi Erlösung durch moralische Rechtschaffenheit? War sich Gandhi der Tatsache nicht bewusst, dass moralische Rechtschaffenheit als Werkzeug der Selbsttäuschung und Selbstrechtfertigung dienen kann? M. M. Thomas beschuldigt Gandhi anscheinend eines solchen Mangels an (Selbst)Wahrnehmung.[34] Diese Behauptung wäre Gandhi seltsam erschienen. In seinem persönlichen Leben und zu Beginn aller großen Satyagraha-Kämpfe versicherte sich Gandhi, dass er auf die „noch kleine Stimme" in seinem Inneren hörte. Er gab zu, dass er sich oft geirrt habe, wenn er dachte, die innere Stimme gehört zu haben. Deshalb suchte er größere Reinheit der Absicht und immer größere Selbstlosigkeit im Geist der Gita. Gandhi war weit davon entfernt, sich allein auf sich selbst zu verlassen, stattdessen suchte er immer die Unterstützung durch den Geist, sei es in den heiligen Schriften, beim Hören auf die innere Stimme oder indem er seinen ergebenen Freunden zuhörte. Eben weil er den Bewegungen des inneren Geistes folgte, war er in seinen Entscheidungen unerschütterlich und das erweckte den Eindruck, er handele auf selbstgerechte Weise und er suche Erlösung durch seine moralische Rechtschaffenheit. Vielleicht ist M. M. Thomas' Meinung, wie Jesudasan schreibt, von der Rechtfertigungslehre in Bezug auf Glauben und Werke seiner Konfession gefärbt.[35]

Dazu ist aber noch mehr zu sagen. In einigen dieser christlichen (protestantischen) Bewertungen Gandhis wird nur recht unwillig zugegeben, bei Gandhi und in seinen Satyagraha-Kämpfen habe es eine Dimension wahren Glaubens gegeben. Die Verfasser sind anscheinend eifrig darauf bedacht, ihn auf die ethische Sphäre zu beschränken, auf der, wie sie meinen, das Bekenntnis zum Glauben, wie sie ihn verstehen, nicht erreicht werden könne.[36] Unsere Untersuchung zeigt,

---

und der Kasteiung des Leibes um des Leben des Geistes willen findet Jesudasan dieselbe Unterscheidung, von der Paulus spricht, wenn er dazu aufruft, vom alten zum neuen Adam überzugehen, vgl. Jesudasan, Ignatius: Gandhian Theology of Liberation, S. 276.

[34] Thomas, M.M.: Ideologies of Modern India (Malayalam), S. 96, zitiert nach: Philip, T.M: The Encounter between Theology and Ideology. An Exploration into the Communicative Theology of M.M. Thomas, Madras: The Christian literature Society, S. 94.

[35] Jesudasan, Ignatius: Gandhian Theology of Liberation, S. 276. Jesudasans Bemerkung wird durch T.M. Philips Erörterung der Frage der moralischen Rechtschaffenheit unter dem Untertitel „Rechtfertigung durch Glauben" bestätigt (Philip, T.M: The Encounter between Theology and Ideology, S. 94).

[36] Dass Philip den Gandhismus zusammen mit dem Marxismus unter Ideologien auflistet, ist eine unglückliche Entscheidung, vgl. Philip, T.M: The Encounter between Theolo-

dass es bei Gandhi eine grundlegende *Satyagraha*-Religiosität gibt, die in den religiösen Hindu-Traditionen wurzelt und durch christliche Quellen beeinflusst ist. Die Hermeneutik dieser *Satyagraha*-Religiosität ermöglicht es uns, seine Methode hochzuschätzen, und bietet zugleich einen Schlüssel für das Verständnis seiner Auffassung vom und seiner Herausforderung des Christentums.

M. M. Thomas bestätigt „die universelle Anerkennung der christlichen Bedeutsamkeit des Phänomens Gandhi und seine Infragestellung des Christentums in Indien".[37] Er weist auch darauf hin, dass Gandhi uns dazu einlädt, nach einer tieferen Bedeutung der leidenden Liebe und ihrer Anwendung auf die Kämpfe um politische und soziale Gerechtigkeit für Indien und für die ganze Welt zu suchen.[38] Übereinstimmend mit Dr. A. G. Hoggs Darstellung der Inkarnation Gottes als der transzendenten *Satyagraha* Gottes,[39] sieht M. M. Thomas die Aufgabe der Kirche in Indien darin, Folgendes zu erkunden:

die vollere Bedeutung der Ethik der Bergpredigt für das indische Verständnis von Gottes Versöhnung mit der Welt durch die Person Jesu Christi und der Idee der Kirche als Zeugin für Ihn unter den religiösen Gemeinschaften und säkularen Ideologien.[40]

Im Licht unserer Untersuchung von *Satyagraha* müssen wir das fein unterscheiden. Die Aufgabe besteht in einer Erklärung der volleren Bedeutung nicht so sehr der Ethik der Bergpredigt als der *Satyagraha*-Religiosität, denn eben darin formulierte Gandhi Indiens Religiosität auf kreative und kritische Art und Weise. Eben in und durch diese *Satyagraha-Religiosität* entwickelte er eine interreligiöse Hermeneutik und setzte sie für den Freiheitskampf ein. Deshalb ist es unsere Aufgabe, die vollere Bedeutung von *Satyagraha*-Religiosität für unsere Si-

---

gy and Ideology S. 89f. M.M. Thomas erkennt Satyagraha und ihre Fähigkeit, Menschen in Gang zu setzen, als Technik einer Politik der moralischen Macht an. Aber er kritisiert Gandhi dafür, dass er sie zu einem Glaubensbekenntnis von absoluter Gültigkeit gemacht habe (Thomas, M.M.: Ideological Quest Within Christian Commitment, S. 249-251).

[37] Thomas, M.M.: The Acknowledged Christ of the Indian Renaissance, S. 234.

[38] Ebd., S. 234-235.

[39] Ebd., S. 235; für einen Überblick über die christologischen Fragen, die aus Gandhis Auffassung von Christus erwachsen, vgl.: Jacques Dupuis, Gesu Crista Incontro Alle Religioni, Assisi: Cittadella Editrice 1989, S. 28-33.

[40] Ebd., S. 236.

tuation im Indien der „vielen Armen und der vielen Religionen" zu untersuchen.

5.3. Weitere positive Interpretationen

5.3.1. Schnittstelle der Spiritualitäten

Der asiatische Theologe C. S. Song schreibt, die asiatische Spiritualität, die Männer und Frauen jahrhundertelang in Asien gestützt hat, treibe nicht dazu an, angesichts von Missständen in der Gesellschaft, wehrlos zu bleiben, sondern sie könne eine Kraft zum Wandel der Gesellschaft sein. An diesem Punkt könne sie in einen bedeutsamen Dialog mit der christlichen Spiritualität treten.[41] Nach Song „gab es eine solche historische Schnittstelle zwischen Christentum und asiatischer Spiritualität bei Mahatma Gandhi, dem Vater der indischen Unabhängigkeit."[42]

Song findet, dass diese historische Schnittstelle, die in und durch die Person Gandhi auftrat, im Prinzip der Gewaltfreiheit zur Blüte kam. Gewaltfreiheit ist gleichzeitig in der Seele Indiens verwurzelt und wird von der erlösenden Liebe Gottes in Jesus Christus neu belebt. Er nennt es eine Theologie der dritten Dimension.[43] Eine solche Theologie grenzt an Spiritualität. Sie will keine Dogmen-Probleme lösen, sondern sie fordert zum Engagement und zum Respekt vor Gottes Transzendenz heraus.

> Gandhi überwand durch das, was er glaubte und tat, nur teilweise die Dunkelheit, die christliche und die hinduistische Spiritualität voneinander trennte, denn der Schleier der Dunkelheit kann vor dem letzten Tag niemals völlig gehoben werden, dem Tag, an dem wir uns in der Helligkeit von Gottes Gegenwart befinden werden.[44]

Indem Gandhi gemäß den Weisungen der Gewaltfreiheit lebte und handelte, sei er ständig an Jesus erinnert worden, der sich dem Tod

---

[41] Song, C.S.: Third-Eye Theology. Theology in Formation in Asian Settings, London: Lutterworth Press 1980, S. 28.
[42] Ebd.
[43] Ebd. S. 29.
[44] Ebd. S. 29.

am Kreuz übergeben hatte. Darum sei es kein Wunder, so Song, dass zwei berühmte Christen im Westen: Martin Luther King und Dietrich Bonhoeffer von Gandhi beeindruckt gewesen seien und sich von seiner Methode hätten inspirieren lassen.[45] Theologen, die sich mit dem Dialog der Religionen beschäftigen, erkennen die Bedeutung Gandhis. Bede Griffiths, der in der indischen und christlichen monastischen Tradition steht, schrieb, Gandhi habe gezeigt,

> wie die Prinzipien der Bergpredigt im gesellschaftlichen und politischen Leben in einer Weise angewandt werden können, wie es vor ihm noch niemand getan hatte: Er machte die Seligpreisungen auf eine Weise zu einem praktischen Anliegen, wie nur wenige Christen es getan haben.[46]

Hans Staffner war der Meinung, dass wir uns, wie Gandhi es getan hat, auf die Bergpredigt konzentrieren müssen, wenn wir Jesus Christus den Indern verständlich machen wollen.[47] Auch Papst Johannes Paul II. zollte Mahatma Gandhi während seines zehntägigen Indienbesuchs große Anerkennung.[48] Der Kern von Mahatmas Lehre sei in „der Überlegenheit des Geistes und der *Satyagraha*, der Wahrheitskraft, enthalten, die ohne Gewalt durch die dem gerechten Handeln

---

[45] Ebd., S. 29f. Martin Luther King sagte in einer seiner Predigten: „Als ich mich mehr in die Philosophie Gandhis vertiefte, verringerte sich meine Skepsis hinsichtlich der Macht der Liebe allmählich und ich sah zum ersten Mal, dass die christliche Lehre von der Liebe, wenn sie mit Gandhis Methode der Gewaltfreiheit praktiziert wird, eine der mächtigsten Waffen ist, die einem unterdrückten Volk in seinem Freiheitskampf zur Verfügung stehen" (King, Martin Luther: Strength to Love, New York: Harper & Row 1963, S. 138). Bethge schreibt: „Und 1934 war Bonhoeffer von dem Wunsch motiviert, das Experiment gemäß der Bergpredigt mitzuerleben, wie Gandhi es beispielhaft gezeigt hat, nämlich die zweckorientierte Ausübung der indischen Widerstandsmethoden gegen eine Macht, die als tyrannisch betrachtet wurde [...] Er suchte ein Vorbild für passiven Widerstand, der Wandel ohne Anwendung von Gewalt bewirken könnte. Deshalb zielte er auf ein Mittel, mit dem Hitler bekämpft werden könnte, das über die Ziele und Methoden des Kampfes der Kirche hinausging und doch vom christlichen Standpunkt aus legitim wäre" (Bethge, Eberhard: Dietrich Bonhoeffer. Man of Vision, Man of Courage, New York: Harper & Row 1970, S. 332.)
[46] Griffiths, Bede (Hg.): Christ in India. Essays Towards a Hindu-Christian Dialogue, New York: Charles Scribners' Sons 1966, S. 128.
[47] Staffner, Hans. SJ.: The Significance of Jesus Christ in Asia, Anand: Gujarat Sahitya Prakash 1985, S. 26.
[48] Johannes Paul II: The Pope Speaks to India, S. 16.

innewohnende Dynamik siegt."[49] Er arbeitete zwei Aspekte heraus: Gandhis Religiosität als Pilger des Absoluten, der danach strebt, Gott von Angesicht zu Angesicht zu schauen, und deren Erscheinen in *Satyagraha* als dem Gesetz der Liebe, das Hass überwindet, und in der Wahrheit, die über die Unwahrheit siegt. T. K. John schreibt über die gesellschaftliche Spiritualität für Indien, dass Gandhis Leben methodisch eine ausgezeichnete Veranschaulichung der Verknüpfung von Theorie und Praxis, von einem Ideal und seiner Verwirklichung und von einer Vision und ihrer Umsetzung sei.[50]

5.3.2. Der Weg des Kreuzes als der Weg von *Swaraj*

Der indische Jesuit I. Jesudasan, der aktiv an der Dorfentwicklung in der Art Gandhis beteiligt ist, hat – besonders aus einer christlichen Perspektive – einen wertvollen Beitrag zur Gandhi-Forschung geleistet. Sein Buch *Gandhian Theology of Liberation* erklärt Gandhis Auffassung von *Swaraj* und stellt dessen persönliche, gesellschaftliche, kulturelle, religiöse und politische Dimension dar.[51] Zu Recht macht er geltend:

> Gandhis Befreiungstheologie wurzelt in seinem politischen Einsatz für die Gemeinschaft der Unterdrückten als seinem Ort der Begegnung mit Gott und weiterhin darin, dass er Glauben politisch ins Werk setzt und dass er für die Sache der Gerechtigkeit für die Unterdrückten leidet.[52]

Jesudasan zeigt an Gandhis Erfahrung mit *Satyagraha* und seinem Nachdenken darüber die Glaubensdimension, die für seine Theologie wesentlich ist.[53] Jesudasan ließ sich von James Douglass' Buch leiten[54]

---

[49] Johannes Paul II.: Ansprache anlässlich des Besuchs der Gedenkstätte zu Ehren Mahatma Gandhis: http://www.vatican.va/content/john-paul-ii/en/speeches/1986/febru ary/documents/hf_jp-ii_spe_19860201_raj-ghat.html. Nr. 2.

[50] John, T.K.: Theology of Liberation and the Gandhian Praxis. A Social Spirituality for India, *Vidyajyoti Journal* XLIX (10/1985), S. 502.

[51] Jesudasan, Ignatius: Gandhian Theology of Liberation, S. 87-128.

[52] Ebd., S. 144.

[53] Ebd., S. 159-180.

[54] Die Theologie des Kreuzes hat schon früh in den Gandhi-Studien eine Rolle gespielt. Der beste Vertreter ist James W W. Douglass mit seinem Buch „The Non-violent Cross: A Theology of Revolution and Peace". Douglass hat gezeigt: „In der modernen Welt kommt die Revolution des Kreuzes der Begegnung zwischen Mensch und Gott in Mohandas Gandhi am nächsten. Zwar kann man nicht behaupten, Gandhitum predigen sei Christus

und entfaltet den Weg des Kreuzes als den Weg von *Swaraj*. Er schreibt:

> Gandhi machte sich die Bedeutung der Universalität des Kreuzes und Christi zu eigen, wenn er erklärte: ,Gott hat das Kreuz nicht nur vor 1900 Jahren getragen, sondern Er trägt es auch heute und von Tag zu Tag stirbt Er und ersteht wieder auf.'[55] Das Kreuz ist universell in der Zeit und in allen Gesellschaftsräumen, wenn und wo es Augen gibt, [es] zu sehen.[56]

C. F. Andrews stellt, wie gesagt, die Dynamik von Gandhis Gewaltfreiheit in ihrer Beziehung zum Bild Jesu am Kreuz heraus. Jesudasan bringt das ebenso zusammenhängend vor. Deshalb konnte er zu Recht schreiben: Gandhis Christologie ist eine Spiritualität der Befreiung und ein Befreier steht neben Christus und wird ein anderer Christus, ohne Christus zu verdrängen.[57]

Man mag sich jedoch fragen, ob die zentrale Stellung, die dem Begriff *Swaraj* zugewiesen wurde, für Gandhis Befreiungstheologie voll und ganz gerechtfertigt werden kann. Es stimmt, dass man im Falle eines ganzheitlich denkenden und engagierten Gläubigen, wie Gandhi es war, Begriffe wie *Satyagraha* und *Swaraj* leicht miteinander verknüpfen und jeden dieser Begriffe aus persönlicher, sozialer und politischer Perspektive interpretieren kann. Nichtsdestoweniger ist in der Befreiungstheologie Gandhis *Satyagraha*[58] grundlegender und von höherem pädagogischem Wert als *Swaraj*. Jesudasan schreibt zu Recht, Glaube sei die Grundlage von *Satyagraha* und sie sei ein Ringen mit Gott.[59] Er fügt hinzu, *Satyagraha* sei nicht nur Gandhis Glaube in Aktion, sondern das Mittel und der Weg zur Gotteserkenntnis, und sie sei

---

predigen, doch es ist immer notwendig, Christus hinsichtlich seiner bleibenden Gegenwart im Menschen und in der aufsteigenden Revolution des Kreuzes und des offenen Grabes zu predigen, deren vorrangiger Vertreter in unserer Zeit Gandhi ist" (ebd., S. 33). Schon 1931 hat John S. Hoyland geschrieben, Satyagraha sei als eine Wiedergeburt und Neuinterpretation des Kreuzes inspiriert und praktiziert worden (Hoyland, S. John: The Cross Moves East. A Study in the Significance of Gandhi's Satyagraha, London: George Allen & Unwin Ltd. 1931, S. 111f. und 145f.).

[55] Hingorani, Anand T.: The Message of Jesus Christ, Bombay: Bharatiya Vidya Bhavan, 1963, S. 7f.
[56] Jesudasan, Ignatius: Gandhian Theology of Liberation, S. 226.
[57] Ebd., S. 307.
[58] Ebd., S. 139.
[59] Ebd., S. 140.

mit Konfliktsituationen[60] verbunden gewesen. Anstatt die Auswirkungen dieses Glaubens und seine Rolle in einer Konfliktsituation zu
untersuchen – was sich natürlich zu einer Befreiungstheologie Gandhis entwickelt hätte –, weicht Jesudasan auf andere Mittel aus, nämlich auf die Nichtzusammenarbeit und das konstruktive Programm.
Er begründet das so: „[Aber] *Satyagraha* war aufgrund ihrer Verbundenheit mit Konflikten auf diese Situationen beschränkt, sodass Situationen, Verpflichtungen und Taten, die keinen Konflikt enthielten,
nicht erfasst wurden."[61] Bei seiner Erörterung der daraus entstehen-
den Gottesvorstellungen schreibt Jesudasan: „Aus Gandhis Erfahrung
mit *Satyagraha* und ihren Spiegelungen – ob nun positiv als konstruktives Programm oder negativ als Nichtzusammenarbeit – ergeben sich
bestimmte Gottesvorstellungen, die integrale Bestandteile seiner Theologie sind."[62] William Emilsen schreibt in seiner Buchrezension:
„*Satyagraha* wird als Gandhis persönliches und politisches Mittel zur
Gotteserkenntnis dargestellt. Die Erörterung beginnt gut, wird dann
aber leider von einer erweiterten Darstellung von Gandhis ‚entste-
henden Gottesvorstellungen' beiseite geschoben."[63]

Dieses Beiseiteschieben hindert Jesudasan daran, *Satyagraha* vom
Standpunkt des Glaubens aus gerecht zu werden, und das führt
schließlich dazu, *Satyagraha* – in der Art von Joan Bondurant und A.
Naess – auf eine reuevoll-umwandelnde Konfliktlösung einzuschränken.[64] Derartige Versuche berücksichtigen nicht die ganze Bedeutung
von Gandhis Experimenten mit der Wahrheit, sondern befassen sich
übermäßig mit der moralischen und politischen Wirksamkeit seiner
Methode. Unsere Untersuchung zeigt, besonders in den drei Kapiteln
über diesen Begriff, dass *Satyagraha*, die in der Wahrheit wurzelt, als
Einheit mit allem Leben und als Gesellschaftstheorie und -praxis zwar
hervorragend in Konfliktsituationen anzuwenden ist, aber weder in
Gandhis Vorstellung noch in seiner Praxis darauf beschränkt ist. Alles
das führt nicht dazu, dass wir meinen, *Swaraj* wäre kein umfassender

---

[60] Ebd. S. 144.
[61] Ebd., S. 144.
[62] Ebd. S. 159.
[63] Emilsen, William: Rezension von Jesudasan, Ignatius: Gandhian Theology of Liberation, Anand: Gujarat Sahitya Prakash 1987, *Religion and Society*, März 1986, S. 91.
[64] Vgl. Bondurant, Joan: Conquest of Violence: The Gandhian Philosophy of Conflict,
Berkeley: University of California Press 1965 bzw. Naess, Arne: Gandhi and Group
Conflict, Oslo Begen-Troms: Universitetsforlager 1974.

Begriff bei Gandhi, sondern es heißt, dass seine volle Bedeutung besser erfasst wird, wenn *Swaraj* im Kontext von *Satyagraha* und nicht umgekehrt verstanden wird.

Jesudasan hat richtig gezeigt, dass Gandhi nicht gegen die christliche Dogmatik als solche war (allerdings ist zuzugeben, dass er damit wirklich Schwierigkeiten hatte), sondern er war gegen den Dogmatismus in Haltung und Praxis, der damals die christliche Mission prägte.[65] Er spricht von Gandhis Spiritualität[66] und, indem er Régamy zitiert, schreibt er, dass Gandhi ebenso wie Jesus die Kluft zwischen einer dogmatischen Theologie und in seinem Fall der lebendigen Tradition der Hindu-Spiritualität überbrückt hat.[67] Diese Überbrückung der Kluft habe sich einerseits auf der Ebene einer Parallelität zwischen den Dynamiken der Gewaltfreiheit und der des Kreuzes ereignet; allerdings, wie James Douglass zugibt, habe Gandhi die Erlösungsrealität der Fleischwerdung übergangen.[68] Andererseits wird die Kluft durch Gandhis Umwandlung des Hinduismus auf drei bedeutsame Weisen überbrückt: indem er die Gegenwart Gottes in den Armen wahrnimmt , indem er *Karma* als einen gesellschaftlichen und kommunitären Ausdruck von Sünde und Erlösung interpretiert und dadurch, dass er *Ahimsa* als leidende Liebe zeigt, die zur Selbstüberschreitung des Einzelnen und aller in Gott hinein führt.[69]

Behauptungen wie die, Gandhis Selbstverständnis reproduziere einen zentralen Aspekt von Jesu eigenem Selbstverständnis[70] oder Gandhi habe ein für alle Mal die Kluft zwischen christlicher dogmatischer Theologie und Hindu-Spiritualität[71] überbrückt, müssen im Kontext des Glaubens der christlichen Gemeinschaft und der modernen Bibelwissenschaft modifiziert werden. Die gläubige Hindu Gemeinschaft mag ähnliche Schwierigkeiten mit der Interpretation der Hindu-Spiritualität haben. Gandhi selbst will, dass ein Christ ein besserer Christ und ein Hindu ein besserer Hindu usw. und nicht eine Nachahmung Gandhis sei. Das verlange das Prinzip von *Swadeshi*. Es stimmt, Gandhi wurde und wird von den indischen Massen als *Ma-*

---

[65] Jesudasan, Ignatius: Gandhian Theology of Liberation, S. 302.
[66] Ebd., S. 307.
[67] Ebd.
[68] Ebd., S. 226, dort zitiert Jesudasan James Douglass.
[69] Ebd., S. 307.
[70] Ebd., S. 209.
[71] Ebd., S. 307.

hatma betrachtet und Lord Mountbatten nennt Gandhis Namen unter den großen Namen der Religionsgeschichte der Welt.[72] Er wird jedoch von der Hindu-Gemeinschaft nicht wie zum Beispiel Ramakrishna Paramhamsa verehrt. Das zeigt, dass die glaubende Gemeinschaft Gandhi eine andere Rolle zuschrieb, als es Jesudasan implizit tat.

Das soll die religiöse Bedeutung von Gandhi und *Satyagraha* durchaus nicht verringern, sondern es soll deren angemessene Bedeutung für einen Dialog innerhalb einer Religion und zwischen den Religionen wiederherstellen. Diese liegt, so mag man sagen, in der *Satyagraha*-Religiosität, die eine Hermeneutik von Gewalt und Gewaltfreiheit bedeutet. Durch sie machte Gandhi den religiösen Glauben zu einem Verbündeten und einer Funktion in der gesellschaftlichen und spirituellen Befreiung des Menschen, wie Jesudasan richtig bemerkt.[73] Diese entscheidende Funktion ist für den Dialog zwischen den Religionen und für die Befreiung wichtiger als der Gebrauch ähnlicher und vergleichbarer Ausdrücke wie Selbstverständnis, Erlösung, Bekehrung, Kreuz usw.

5.3.3. Christliche Rezeption – Schlussfolgerungen

Dieser Überblick konnte bestimmte Muster und Entwicklungen der Reaktionen von Christen auf Gandhi aufzeigen. Gemeinsam ist ihnen wohl „eine universelle Anerkennung der Bedeutung des ‚Ereignisses' Gandhi und seiner Infragestellung des Christentums in Indien."[74] Es wird auch stillschweigend anerkannt, dass die christliche Orthodoxie im Licht von Gandhis Infragestellung neu gesehen werden muss. Alle Reaktionen stimmen darin überein, dass die Bergpredigt und der Weg des Kreuzes die Punkte sind, an denen sich Gandhi und das Christentum begegnen.

Innerhalb dieses allgemeinen Musters kann man verschiedene Entwicklungen erkennen. Die Interpretationsversuche stehen dem realen Problem gegenüber, Gandhis Interpretation von Jesus und das christliche Verständnis von Jesus miteinander zu vereinbaren. M. M. Thomas nennt es das christologische Problem, die Person Jesu zu verstehen. Jesudasans Untersuchung eines befreiungstheologischen In-

---

[72] Erwähnt bei Jesudasan: ebd., S. 210.

[73] Ebd , S. 307.

[74] M.M. Thomas erwähnt es in seiner Bewertung der christlichen Reaktionen auf Gandhi, vgl. Thomas, M.M.: The Acknowledged Christ of the Indian Renaissance, S. 234.

terpretationsmodells löst das Problem nicht, allerdings kommt seine Erklärung Gandhis Christologie ziemlich nahe. Das Phänomen Gandhi bleibt sowohl eine Herausforderung als auch eine Unterstützung des Christentums.

5.4. Hermeneutische Bedeutung der *Satyagraha*-Religiosität

Unsere Untersuchung über *Satyagraha* brachte ans Licht, dass die *Satyagraha*-Religiosität die Grundlage und das einigende Element in Gandhis Kämpfen war. Eine solche Religiosität ist, wenn auch nur im weiteren Sinne, in den Hindu-Traditionen zu finden. *Satyagraha* Religiosität ist auch insofern aus christlicher Perspektive bedeutsam, als die christlichen Autoren einstimmig den Einfluss der Bergpredigt und des Kreuzes auf Gandhi anerkennen. Wenn wir auf die *Satyagraha*-Religiosität zu sprechen kommen, müssen wir den Überschneidungspunkt zwischen der Hindu- und der christlichen Spiritualität bei Gandhi finden.

Das Phänomen Gandhi hat nicht so sehr zur Überbrückung der Kluft zwischen christlicher Dogmatik und Hindu-Spiritualität beigetragen, als vielmehr dazu, eine Überschneidung der beiden Spiritualitäten zu bewirken. Der Rahmen der *Satyagraha*-Religiosität umfasst einerseits Elemente der Hindu-Spiritualität – Wahrheit *(Satya)*, Gewaltfreiheit *(Ahimsa)* und Selbstregierung *(Swaraj)*-, und andererseits der christlichen Spiritualität (Bergpredigt und Kreuz). Auf der religiösen Ebene von *Satyagraha* treffen sich die beiden Spiritualitäten in einer dynamischen Synthese und lassen eine ganzheitliche und befreiende Pädagogik entstehen. Diese Religiosität ergibt Sinn, sowohl innerhalb des Rahmens einer vorrangig gewaltfreien Suche nach dem Absoluten in den indischen Traditionen als auch innerhalb des Rahmens christlicher Tradition, in selbsthingebender Kreuzesliebe, zuerst das Reich Gottes zu suchen. Alles, was einen von der Vorrangigkeit der Suche nach dem Absoluten abhält, tut der ganzheitlichen Solidarität mit sich selbst und der Schöpfung Gewalt an. Alles, was die sich selbst hingebende Liebe fördert und bereichert, fördert Gewaltfreiheit und befreit zur Solidarität.[75] Deshalb liegt die Besonderheit der

---

[75] Jesudasans Untersuchung zeigt, wie sehr der Weg zu Sawaraj in der selbstleidenden Liebe von Satyagraha die sich selbst hingebende Liebe Jesu vermittelt, vgl. Jesudasan, Ignatius: Gandhian Theology of Liberation, S. 179-226.

Satyagraha-Religiosität sowohl in ihrer hermeneutischen Rolle als auch in einer transzendenten Kritik aller Gewalt (weil jederart Gewalt die Vorherrschaft der Suche nach dem Absoluten verhindert) und in ihrer hermeneutischen Rolle als transzendente gewaltfreie Lebensweise (weil die gewaltfreie Lebensweise zu immer größer werdender sich selbst übergebender Liebe führt und sich darin manifestiert). Eine vereinfachende christliche Lesart Gandhis verdunkelt leicht die Eigenständigkeit und Eindringlichkeit der *Satyagraha*-Religiosität. Auch ein analytisch-begrifflicher Ansatz hat sich bei einem Mann wie Gandhi als unangemessen erwiesen. Er war weniger am Gespräch über Gott als an *Satyagraha*-Religiosität interessiert, die sowohl ein radikales als auch ein letztgültiges Anliegen ist. Sie umfasst spirituelle Verwurzelung ebenso wie spirituelles Ausgreifen in die Welt.[76] *Satyagraha*-Religiosität versteht man eher als Spiritualität im besten Sinne des Wortes.[77] Amlan Datta weist darauf hin, dass *Satyagraha*-Religiosität die Idee von Gott dadurch vorantreibt, dass sie alle Grundtermini wie *Satya* und *Ahimsa* mit operativer Geltung versieht.[78] Die operationale Geltung der *Satyagraha*-Religiosität, so können wir ergänzen, liegt darin, dass sie eine Hermeneutik von Gewalt und Gewaltfreiheit ist.

5.4.1. Schnittstelle der Spiritualitäten

Wir fanden heraus, dass sich in der *Satyagraha*-Religiosität Hindu- und christliche Spiritualität überschneiden. Wir wollen jetzt erkunden, ob die Kritik an Gewalt und eine gewaltfreie Lebensweise wesentliche Merkmale einer christlichen Spiritualität als solcher sind.

Die christliche Spiritualität hat eine lange Tradition kritischer Spiritualität. Ihre Verfechter leisteten gegen das Böse in allen Formen Widerstand und führten ein Leben selbstleidender Liebe im Schatten

---

[76] Chatterjee, Margaret: Gandhi's Religious Thought, London: The Macraillan Press Ltd. 1983, S. 95, 154, 168, 173.

[77] Glyr. Richards schreibt, Gandhis Satyagraha könne auch als Religion verstanden werden: „Religion ist das, was allen Religionen zugrunde liegt. Es bringt sie in Harmonie und gibt ihnen Realität, sie (Satyagraha) ist das Element in der menschlichen Natur, das die Einheit der Seele, Wahrheit oder Gott verwirklichen will."(Richards, Glyn: Gandhi's Concept of Truth and the Advaita Tradition, *Religious Studies* XXII [1/1986] S. 14). Vgl. auch seine Untersuchung: The Philosophy of Gandhi. A Study of His Basic Ideas, London: Curzon Press 1983.

[78] Datta, Amlan: The Gandhian Way, Shillong: North-Eastern Hill University Publications 1986, S. 65-71.

des Kreuzes. Vom ersten Jahrhundert an, als die Märtyrer der Welt trotzten, den Tod auf sich nahmen und Christus als den „wahren Märtyrer" und den „Fürsten des Lebens Gottes"[79] ansahen, bis zur pazifistischen Bewegung gegen die militärische Einmischung in die Befreiungsbewegungen in Lateinamerika war diese Tradition lebendig. Die „franziskanische Spiritualität", die sich durch „mehr Zuneigung zu anderen, mehr Freundlichkeit gegen die Armen und größeren Respekt vor der Natur" zeigt, kommt dem asiatischen Zartgefühl näher.[80] Christliche Spiritualität muss jedoch erst noch ernsthaft mit ähnlichen Traditionen in südasiatischen Religionen in Wechselwirkung treten. Im Lichte der modernen Bibelwissenschaften weisen südasiatische christliche Theologien zunehmend Bereiche und Möglichkeiten der Wechselwirkung zwischen asiatischen und biblischen Spiritualitäten auf.

5.4.2. Hermeneutik von *Mammon* und den *Armen*

Der asiatische Theologe und Buddhismus-Experte Aloysius Pieris ist ein guter Vertreter eines asiatischen christlichen Ansatzes. Ihn hat die „Religiosität der Armen Asiens und die Armut der Religiösen Asiens" bewegt und er schlägt eine „Hermeneutik von Mammon und Armut" vor, um Asiens Religiosität besser bekannt zu machen und die verbreitete Armut in Asien einzudämmen und zu bekämpfen. Pieris ist ein Bewunderer Gandhis und schreibt, Mahatma Gandhi sei das hervorragendste Beispiel freiwilliger Armut in Asien gewesen, als er vom befreienden Wesen der Religion Asiens durchdrungen war, das als prophetische Haltung und politische Strategie gegen aufgezwungene Armut dienen könnte.[81]

Der lebendige Kern der Botschaft des Evangeliums, wie er in der Bergpredigt erscheint, offenbart die zunehmende Vertrautheit Jesu

---

[79] Bouyer, L.: A History of Christian Spirituality I, New York: The Seabury Press 1963, S. 193f.

[80] Leonardo Boff schreibt: „Franz von Assisi ist mehr als eine Idee, er ist eine Lebensstimmung und Lebensweise. Beide zeigen sich nur in der Praxis und nicht in einer Formel, einer Idee oder einem Ideal. Alles an Franziskus lädt zum Handeln ein: extre de saeculo, verlasse im alternativen Handeln das imperiale System, in einem Handeln, das Folgendes verwirklicht: mehr Zuneigung zu anderen, mehr Freundlichkeit gegen die Armen und größeren Respekt vor der Natur" (Boff, Leonardo: St. Francis. A Model of Human Liberation, New York: Crossroad 1989, S. 157).

[81] Pieris, Aloysius: An Asian Theology of Liberation, New York: Orbis Press 1988, S. 19. 37. 61.

mit dem Vater, seine Unbeirrbarkeit darin, Seinen Willen zu tun, und seine ständige Zurückweisung des Mammons. Das nahm in der selbstleidenden Liebe bis zum Tod am Kreuz Gestalt an. Für Pieris ist Armut, in ihrem dynamischen Sinn betrachtet, „der bei Weitem umfassendste Ausdruck, um das Ethos des Jesus-Ereignisses wiederzugeben."[82] Er stellt das durch die Gegenüberstellung von Armut und Mammon dar.

MAMMON ist mehr als bloßer Reichtum. Er ist eine subtile Kraft, die im Innern wirkt, ein Erwerbsinstinkt, der einen antreibt, ein reicher Narr zu werden (Lk 12,13-20). „Mammon ist das, was ich mit Geld mache, was es sowohl verspricht als auch tatsächlich bringt, wenn ich mich mit ihm arrangiere: Sicherheit, Erfolg, Macht und Prestige. Ich bin begehrt."[83] Mammon ist mit Kapital gleichzusetzen und „beeinträchtigt das Reich Gottes nicht nur als psychischer Trieb, sondern als riesenhafte soziologische Kraft, die uns *in* einer Gesellschaftsordnung und *durch* sie nicht nur Gott, sondern auch einander entfremdet. Eine solche Gesellschaft kann nur durch ein Nebeneinander von Müll und Nachfrage [*waste and want*] gedeihen."[84] Sie macht Gier zur Institution.[85] „Tatsächlich kann keine religiöse Verfolgung unter einem marxistischen Regime mit dem unmerklichen Untergraben der religiösen Werte verglichen werden, die die kapitalistische Technokratie in unseren Kulturen schafft."[86]

ARMUT, wie sie Pieris erklärt, ist nicht bloße Abwesenheit von Reichtum. Für Jesus „führte Armut in einem Prozess der nicht endenden Einsicht in Gottes Willen zu schmerzhaftem Wachstum in Gnade und Weisheit". Sie sei eine Spiritualität des Kämpfens mit Mammon.[87] Armut verbürge die „ungeteilte Hingabe an Gott".[88]

Das Wort Armut hat im Grunde zwei Bedeutungen: Es bezeichnet sowohl freiwillige Armut als auch erzwungene Armut. Freiwillige Armut ist der Samen der Befreiung, erzwungene Armut entsteht aus Sünde. Allgemeine Verwirklichung von Armut in der ersten Bedeutung und die Beseitigung von Armut in der zweiten führen zum

---

[82] Ebd., S. 16.
[83] Ebd.
[84] Ebd., S. 20.
[85] Ebd., S. 22.
[86] Ebd., S. 76.
[87] Ebd., S. 17.
[88] Ebd , S. 18.

Reich Gottes. „Freiwillige Armut ist eine unverzichtbare Voraussetzung für die gerechte Gesellschaftsordnung, in der erzwungene Armut kein Existenzrecht hat. So war das Reich Gottes, das Jesus predig-
te."[89] Lazarus' Armut bestand in der Weigerung des Reichen, ihm aus
seinem übermäßigen Reichtum mitzuteilen (Lk 16, 19-31). „Armut
kann mit Armut geheilt werden."[90] Darin liegt ein Christus-Faktor:

> Gott hat in Gottes eigenem Selbst *entschieden*, in Jesus, dem Sohn,
> *geboren* zu werden (2. Kor. 8,9; Phil.2,6-8) und hat als Gottes Leib
> ein neues Volk gesammelt, das zwei Arten von Armen umfasste:
> die Armen ‚gemäß ihrem Wunsch', die *Jesu Jünger* sind (Mt. 19:21),
> und die Armen ‚durch Geburt', die *Stellvertreter Christi* sind (Mt.
> 25:31-46).[91]

Das bedeutet, Jesus, der damals arm war, *nachzufolgen* und *Christus* in
den heutigen Armen zu *dienen*.

Freiwillige Armut ist ein spirituelles Gegenmittel zum Hedonis-
mus und charakteristisch für die Spiritualität Asiens: sich selbst verlieren, um sich selbst zu finden.[92] „Die vordringlichste Aufgabe ist
daher nicht, die Armut auszurotten, sondern der Kampf gegen
Mammon – die undefinierbare Kraft, die sich in jedem Menschen und
zwischen Menschen einrichtet, sodass materieller Wohlstand antihu-
man, antireligiös und unterdrückerisch wird."[93]

„Mammon" ist sowohl eine persönliche als auch eine soziologische Kategorie. Der Begriff umfasst individuelle und institutionelle
Formen. Also nimmt auch „erzwungene und freiwillige Armut" persönliche und institutionelle Dimensionen an. Der Begriff „Mammon"
kann als Entsprechung zu Gewalt verstanden werden, da beide den
Einzelnen und die Gesellschaft verseuchen. Also führt freiwillige Armut den Menschen auf den Pfad der Gewaltfreiheit, der selbstleidenden Liebe. Aufgezwungene Armut wird von „Mammon" verursacht.
Freiwillige Armut ist sowohl eine Kritik an der Drohungen Mammons als auch die Lösung des Problems Mammon. Der indische Neu-

---

[89] Ebd., S. 20.

[90] L. Boff, zitiert bei Pieris, ebd., S.20.

[91] Ebd., S. 21.

[92] Ebd., S. 37. Aloysius Pieris erwähnt übrigens, Mahatma Gandhi sei das hervorragendste Beispiel freiwilliger Armut in Asien gewesen, und zwar mit sowohl psychischen als
auch sozialen Auswirkungen.

[93] Ebd., S. 75.

testamentler George Soares-Prabhu untermauert dies mit seiner Untersuchung des Konzepts „Arme" in der Bibel. Er schreibt:

Die ‚Armen' sind für Jesus die Massen der Unterprivilegierten und die An-den-Rand-Gedrängten, die einen großen Teil der ‚großen Menge' ausmachen, die sich gemäß den Evangelien in den frühen Tagen seines Wirkens in Galiläa ‚um ihn drängen' (Mk 5,21; 6,34; 8,1-2; Mt 4,25; 9:35).[94]

Für diese Armen hat Jesus eine sehr entschiedene und genaue Antwort. Soares-Prabhu erkennt vier Elemente in Jesu Antwort:

Jesus (1) identifiziert sich mit den Armen, um (2) ihnen aktive und wirksame Anteilnahme zu zeigen. Eine solche Anteilnahme zielt auf (3) die Beendigung ihrer ‚gesellschaftlichen' Armut, während sie (4) eine ‚spirituelle' Armut hervorruft, die sie und ihre reichen Ausbeuter vom ‚Mammon', dem zwanghaften Drang nach Besitztum, befreien wird. Diese vier Elemente zusammen verdeutlichen das ‚Mitleid' Jesu (Mt 9,36; Mk 6:34; 8.2), die aktive, fürsorgliche und leidenschaftliche Liebe, die so genau seinen Lebensstil bezeichnet und die seinen Jüngern ein Lebensmuster vorgibt, denn sie ist der eigentliche ‚Lebensstil', da sie von Gott ist. ‚Seid barmherzig, wie auch euer Vater barmherzig ist!', sagt Jesus (Lk 6:36).[95]

Das Evangelium enthält eine Kritik an Mammon bzw. an Gewalt und stellt freiwillige Armut bzw. gewaltfreie, selbstleidende Liebe dagegen. Dies sind ebenfalls wesentliche Merkmale der *Satyagraha*-Religiosität.

5.4.3. Die gewaltfreien Armen und die selbsthingebende Liebe

Mit dem Wort „Arme" (*Anawim* [die Bescheidenen] oder *Aniyyim* [die Armen] im AT und *Ptochoi* im NT) sind nicht nur die gemeint, die wirtschaftlich notleiden, sondern auch die Randständigen wie Analphabeten, Ausgestoßene, rituell Unreine, Körperbehinderte und Geisteskranke. In der Bibel sind die *Anavim* bzw. *Ptochoi* alle die, die in irgendeiner Weise (wegen wirtschaftlicher Bedürftigkeit, gesellschaftli-

---

[94] Soares-Prabhu, George: Jesus and the Poor In: J. Murickan (Hg.): Poverty in India. Challenges and Responses, Bangalore: The Xavier Board of Higher Education in India 1988, S. 265.

[95] Ebd. S. 265f.

cher Ausgrenzung, Geisteskrankheit oder Körperbehinderung) ‚gebeugt' (*anah*, arm: *ani*) sind, das heißt schwach, der Mittel, der Fähigkeit oder Würde, die sie brauchen, um ein wirklich menschliches Leben zu führen, beraubt.[96] Der Alttestamentler Norbert Lohfink schreibt, im Laufe der biblischen Geschichte habe sich der Begriff „Arme" entwickelt. Schon im alten Orient waren die Könige verpflichtet, sich um die Armen zu kümmern, und die Götter liebten die Armen besonders. Im AT ist Gott der Schöpfer am Hier und Jetzt interessiert, an der Stofflichkeit und an der Fülle. Gleichzeitig spielten die Armen in Israels Geschichte, ebenso wie im Kontext des alten Orients, eine besondere Rolle.[97]

Auf der Suche nach der Besonderheit des biblischen Verständnisses der Armen analysiert Lohfink die Exodus-Geschichte,[98] den Propheten Zefanja, den Vater der ganzen Anawim-Bewegung,[99] und Deuterojesaja; dort erfährt die Auffassung von den „Armen Jahwehs" eine entschiedene Entwicklung. In Deuterojesaja sind die Armen die Unterdrückten und die Diener Gottes. Die Gesellschaftsstrukturen erlegen den Armen Leiden auf. In ihrer Verzweiflung sind sie überzeugt, dass sie zweierlei lernen müssen: eine Haltung der vollkommenen Offenheit und Aufmerksamkeit auf Gott und Vertrauen zu ihm und die Bereitschaft, ihren Rücken den Schlägen der Unterdrücker darzubieten, indem sie Gott vertrauen, denn Jahwe hat eine besondere Beziehung zu den Armen.[100] Die Verwandlung der Unterdrückungssituation erfolgt durch die Lehre vom selbstleidenden Wider-

---

[96] Ebd., S. 264.
[97] Lohfink, Norbert: Option for the Poor. The Basic Principles of Liberation Theology in the Light of the Bible, California: Bibel Press, S. 5-13.
[98] Ebd., S. 37-47. Lohfink schreibt: 1) Die Armen in der Exodus-Geschichte (die Hebräer) stellen die Unterklasse in jeder großen Gesellschaft an sich dar. 2) Die Armut dieser Menschen war durch menschliches Handeln bewirkt (und nicht durch das Schicksal oder den Willen der Götter oder persönliche Schuld). 3) Es gab Versuche, ihre Armut zu überwinden, aber Gottes Absicht war, sie aus dem System herauszuführen. 4) Das Herausführen der Armen aus dem System, in dem sie versklavt waren, war allein Jahwehs Werk. 5) Gott schuf für sie eine neue Ordnung: Die Armen Ägyptens wurden durch den Exodus zu einer Art gottgewollter Gegengesellschaft. 6) Eine solche Gegengesellschaft ist zum Guten der gesamten Menschheit bestimmt.
[99] Hier wechselt die Perspektive vom Rückblick auf die Befreiung der Armen zu Beginn von Israels Geschichte hin zu einem Blick in die Zukunft, in der zum ersten Mal das Thema der Sorge Gottes für die Armen als Hoffnung Israels erschien. Die Armen waren die wirklich Armen und Ausgebeuteten in Israel selbst. (Lohfink, ebd., S. 59-63).
[100] Ebd., S. 67-70.

stand, bei dem die Menschen sich einzig auf Gott verlassen. Die Armen sind die leidenden Diener Jahwehs. Dieses Thema wird durch den hermeneutischen Schlüssel verstärkt, den die Klagelieder darstellen, die die Gebete „der Armen" sind.[101] Lohfink schreibt, die Haltung Jesu im Neuen Testament den Armen gegenüber solle in dem Sinn verstanden werden, den das Wort in Deuterojesaja habe.

Lohfinks Unterscheidung zwischen den „Armen Jahwehs" und den Armen der Welt und seine Interpretation der universellen Bedeutung von die Armen Jahwehs wird nicht von allen Neutestamentlern und Befreiungstheologen geteilt.[102] In seiner Untersuchung betont er unaufhörlich die Theologie der Armut von der Zeit des Exodus bis zu der der Evangelien. Besonders interessant sei die Neuheit des Begriffs in Deuterojesaja, wo die Armen eine erzieherische Rolle in der gewaltfreien Haltung und durch sie spielten.[103]

Unsere Untersuchung der Hermeneutik von Gewalt und Gewaltfreiheit in der biblischen Religiosität wird durch die neue Untersuchung biblischer Literatur von Raymund Schwager erweitert.[104] Der französische Denker René Girard betont in seinen anthropologischen Forschungsergebnissen, die er auf die Bibel bezieht, die Dynamiken von Gewalt und Gewaltfreiheit seien wichtige Themen. Girard stellt zwei bedeutsame Behauptungen auf: Erstens erkennt er Gewalt als die aus allen sozialen Systemen hervorgehende Energie, zweitens be-

---

[101] Ebd., S. 72.

[102] Vgl. Soares-Prabhu, George: Jesus and the Poor In: J. Murickan (Hg.): Poverty in India. Challenges and Responses, Bangalore: The Xavier Board of Higher Education in India 1988, S. 261-290; Gutierez, Gustavo: Biblical Meaning of Poverty. In: Ders.: A theology of Liberation, London: SCM Press 1988, S. 165-173 und Hope, Leslie J.: Being Poor. A Biblical Study, Delaware: Michael Glazier 1987.

[103] Hans Urs von Balthasar rühmt diesen religiösen Wert, der sich in den Armen bekundet und Leben und Lehre Jesu fortsetzt. Armut ist ein irdisches Übel, aber es erlangt die Merkmale von „Freiwilligkeit und Für-andere-da-Sein" (2. Kor 8,9) , vgl. von Balthasar, Hans Urs: The Poverty of Christ, *Communio* 13 (1986), S. 196-198.196f.

[104] Schwager, Raymund: Must There be Scapegoats? Violence and Redemption in the Bible (Trans. Maria L.Assad), New York: Harper & Row Publ 1987. (Übersetzung von: Brauchen wir einen Sündenbock? Gewalt und Erlösung in den biblischen Schriften, Kösel: München 1978). Eine kritische Bewertung des Buches findet sich bei North, Robert: Violence and the Bible: The Girard Connection, *The Catholic Biblical Quarterly* 47 (1985), S. 1-27; Galvin, John.P.: Jesus as Scapegoat, *Thomist* XLVI (1982), S. 173-194. Im selben Zusammenhang: Lohfink, Norbert: Great Themes in the Old Testament, Edinburgh: T & T Clark 1982, S. 223-238 und Lohfink, Norbert: The Violent God of the Old Testament and the Quest for a Non-violent Society, Rom: Päpstliches Bibelinstitut 1983, S. 1-36.

zieht er Gewalt auf das dreiseitige Wesen des Begehrens.[105] Die furchteinflößenden heiligen Mächte, besonders die des Opferrituals, bildeten Gesellschaftsinstitutionen. Sie waren die Mittel, die zerstörerischen und gewalttätigen Tendenzen in den Menschen, die aus Wünschen, Neid und Rivalität stammen, entweder im Zaum zu halten oder zu verteilen.[106] Schwager wendet das auf das AT an und findet heraus, dass Gewalt die Aktivität des Menschen ist, von der im AT am häufigsten die Rede ist. Neid, Hass, Rivalität, Kriege und Zerstörungen werden genau dargestellt.[107] Selbst Jahweh wird als „göttlicher Krieger" dargestellt und mehr als tausend Texte handeln von der Rache Gottes. Das bedeutet, dass die menschliche Gewalt sakralisiert und auf Gott projiziert wird. Oft verüben und leiden Menschen Gewalt, weil sie sich aus übermäßiger Gier von Gott entfernen. Leiden wird dann als Strafe Gottes verstanden. Schwager meint, viele der sonst unverständlichen Texte im AT, in denen von Gottes Zorn und Rache die Rede ist, würden durch Girards Hermeneutik verständlich.

---

[105] Girard, René: Deceit, Desire and the Novel, Baltimore: Hopkins Press 1965; Ders.: Things Hidden From the Foundations of the World, London: The Athlone Press 1978; Ders.: Violence and the Sacred, Baltimore: The John Hopkins University Press 1979; Ders.: Girard, René: The Scapegoat, London: The Athlone Press 1986.

[106] Zwei Traditionen des Heiligen tauchen auf: Die dürckheimsche, in der Girard steht, sieht Religion vorrangig als Ausdruck derjenigen Macht, die die Gesellschaft gestaltet, und Rituale als das Wesen der Religion. M. Eliade andererseits sieht Religion als Reaktion auf die Erfahrung des a priori Heiligen, das ontologisch dem Einzelnen und der Gesellschaft vorausgeht, und er sieht Mythen und Rituale als Reaktionen auf die Erscheinungsformen des Heiligen. Dagegen meint Girard, das Heilige sei selbst ein Produkt der Gesellschaft. „Die Gruppe schafft das Heilige durch die doppelte Übertragung auf das Opfer und das Heilige und das Heilige wiederum mandatiert Verbot, Ritual und Mythos" (Hamerton-Kelly, R.: Sacred Violence. Paul's Hermeneutics of the Cross, Minneapolis: Fortress Press 1992, S. 29). Das Heilige ist die lügnerische Darstellung der Gewalt des Menschen. Das Heilige ist die Summe der menschlichen Annahmen, die aus der kollektiven Übertragung hervorgeht, die sich am Ende einer mimetischen Krise auf ein Sühneopfer konzentriert. Das Heilige, weit entfernt davon, ein Sprung ins Irrationale zu sein, bildet die einzige Hypothese, die für den Menschen sinnvoll erscheint, so lange wie diese Übertragung ihre Macht behält (vgl. Girard, Rene: Things Hidden From the Foundations of the World, S. 42). Zwar gehörte zur „Erfahrung des Heiligen" auch die Erfahrung von Stürmen, Feuern und Seuchen, doch ihr ursprünglicher Inhalt war Gewalt, die als Sein oder Mangel an Sein verstanden wurde: „Gewalt ist das Herz und Geheimnis des Heiligen" (Girard, René: Violence and the Sacred, S. 31). Das Heilige ist durch doppelte Übertragung falsch verstandene Gewalt. In der Tat sind alle Hierarchien, alle Gesellschaftssysteme geheiligte Strukturen von Gewalt.

[107] Schwager, Raymund: Must There be Scapegoats?, S. 47-65.

Die Erziehung durch Gott wirkt in einer der mimetischen Gewalt der Menschen entgegengesetzten Richtung. Die allmähliche und wirkliche Offenbarung Gottes zeigt die verborgenen Gewalt-Mechanismen und bekundet eine Liebe, die wahrhaft göttlich ist. Nach Schwager offenbart sich diese Erziehung durch Gott im Versprechen Gottes einer unverbrüchlichen Beziehung und dem Vertrauen des Menschen darauf (ebenso wie auch gegen die habsüchtige und konfliktreiche Mimesis) in den Geschichten von David und Jonathan (Liebe über Rivalität hinaus), im Prophetenwort und in der Kritik an Opferpraxis und Bilderverehrung, im äußersten Gottvertrauen des Psalmisten (nicht den Gegner nachahmen) und in Gottes Versprechen, er werde den Rest (des Volkes) sammeln. Am bedeutsamsten im Offenbarungsprozess sei das Thema des leidenden Knechts in den Liedern Deuterojesajas (Jes 42,1-9; 49,1-6; 50,4-9; 52,13-53,12). Der neue und entscheidende Faktor in dieser Entwicklung ist die Reaktion des Knechts, der als Opfer von Gewalt dargestellt ist. Gott lehrt den Knecht, nicht an Rache zu denken oder der menschlichen Mimesis zu folgen. Für Schwager enthält Deuterojesaja die sicherste und deutlichste Erziehung durch Gott in der Entlarvung der Gewalt. „Der Prozess der Offenbarung ist also technisch mit dem Überwinden der Gewalt zwischen Mann und Frau identisch."[108]

Das Thema ‚leidender Knecht' biete den hermeneutischen Schlüssel für die Evangelien. Zwei Perspektiven erscheinen im NT. Die erste ist in erster Linie negativ. Wirken und Lehren Jesu stellen eine entschiedene Entlarvung des verborgenen Willens zu töten und zu lügen dar. Seine Anklage der Pharisäer (Lügner und Mörder von Anfang an) und die Voraussage der Zerstörung des Tempels machen die verborgenen Mechanismen von Gewalt und Bösem in der Gesellschaft sichtbar. Die Entlarvung des Bösen ruft scharfen Widerspruch hervor. Der hermeneutische Schlüssel, der nach Girard und Schwager das Verständnis des NTs öffnet, findet sich in Mk 12. Die kollektive Blindheit und die Darstellung dieser Blindheit durch den Tod des geliebten Sohns dient dem Prozess der wahren Offenbarung.[109] Die Passage findet sich auch in der Apostelgeschichte (Apg. 2,23; 3,13; 4, 9-12; 13,27-30).

---

[108] Ebd., S. 119; vgl. auch S. 109-135.
[109] Ebd., S. 139f.

Zweifellos verkündete Jesus die göttliche Erziehung in seiner Lehre in der Bergpredigt, darin, dass er eine neue Tischgemeinschaft um sich versammelte, die über die menschliche Mimesis hinausging, und vor allem in seiner Beziehung zum Vater, die weder habsüchtig noch mit Konflikt beladen war. Aber das Herausstellen der verborgenen Gewalt und die Erklärung der Erziehung durch Gott müssen den Widerstand der Gewalttätigen hervorrufen. Da rotten sich die Gewalttätigen gegen den Unschuldigen zusammen und das führt zum Mord. Der Widerstand gegen Jesus ergibt sich aus dem tiefsitzenden Groll gegen Gott, der sich wiederum aus dem Mangel an Selbstakzeptanz des Menschen ergibt. Aber Gott lässt seinen Sohn zum Sündenbock für die Sünde der Menschen werden, dem Sündenbock, der in seinem vollkommenen Gehorsam und in seiner vollkommenen Selbstaufopferung die Sünde der Welt trägt. Durch den Tod am Kreuz überschüttet Gott die Menschen mit seiner Liebe, sodass alles Böse und aller Hass in eine alles umfangende Liebe eingehüllt wird. Die Gewalttätigkeit des Menschen darf nicht auf die Menschen zurückfallen. Das Opfer am Kreuz überwindet alle Sündenbock-Opferungen. Damit wird alles Opfern als das entlarvt, was es ist, ein ‚Zum Opfer machen'. Damit erscheint eine qualitativ neue Art von Beziehung.[110]

In dieser Analyse werden zwei Aspekte der christlichen Spiritualität betrachtet: Erstens eine kritische Haltung gegenüber allen Arten von Gewalt, wie sie in Jesu Widerspruch zu „Mammon" und in seiner Entlarvung des Bösen in Mensch und Gesellschaft erscheint, und zweitens eine selbstleidende Liebe durch Identifikation mit den Opfern, wie sie sich in Jesu Tod am Kreuz als dem letztgültigen Eintreten der Liebe Gottes kundtut. In diesen beiden Aspekten wirken *Satyagraha*-Religiosität und christliche Spiritualität aufeinander[111] und weisen die funktionsfähige Geltung jeder wahren Religiosität für eine Theologie der Religionen auf.

---

[110] Ebd., S. 140-220.

[111] Vempeny schreibt in seinem Buch „Krsna and Christ: In the Light of Some of the Fundamental Concepts and Themes of the Bhagavat Gita and the NT", hinduistisches und christliches Ethos könnten einander durch die Symbole von Flöte und Kreuz bereichern; vgl. das Kapitel: „The Flute vis-a-vis the Cross" (ebd., S. 377-403).

Kapitel 6
Bedeutung der *Satyagraha*-Religiosität

Satyagraha-Religiosität spielte während einer entscheidenden Zeit in der indischen Geschichte eine wichtige Rolle. Die Zeiten haben sich geändert und *Satyagraha* scheint heute nicht mehr von Bedeutung zu sein. Wir geben einen Überblick über die indische und die internationale Situation, um die Bedeutung von *Satyagraha* in einem sich verändernden nationalen und internationalen Szenario zu untersuchen.

6.1. Die heutige Situation

Tag für Tag muss die Nation mit dem Schrecken des Blutdurstes fertig werden, der das Land überfallen hat. Es ist ein ständig schleichender Wahnsinn. Eine Psychose des Bösen hat jetzt das ergriffen, was uns noch gestern als uneinnehmbare und fast idyllische Inseln von Gesundheit und Heiterkeit erschienen ist. Ihr Symbol ist die Schusswaffe. Ihre Opfer sind Muslime, Hindus, *Harijans*, Brahmanen, Frauen, Kinder, wir Menschen […] Das Land erlebt eine der gewalttätigeren Zeiten in seiner Geschichte.[1]

Wenn dieser Kommentar auch als Zusammenfassung der Situation in den 1980er Jahren gelten kann, so bieten doch die 1990er Jahre durchaus kein optimistischeres Bild.

Infolge großer Entwicklungsprojekte werden Millionen Menschen heimatlos. Veränderungen in der Wirtschaftspolitik, von denen viele von internationalen Agenturen geleitet werden, machen die Armen noch verwundbarer und unsicherer. Natürliche Ressourcen – eine Grundlage der Ressourcen in Gemeinbesitz, der ohnehin schon unsicher ist, Ressourcen, die einmal das Überleben der armen, von ihnen abhängenden Gemeinden ermöglichten – werden zunehmend von Wirtschaftsinteressen oder dem Staat übernommen. Alles das geschieht im Namen des Dienstes für alle So-

---

[1] Leitartikel „March of the Gun"; *India Today*, 15. Oktober 1989.

bald jemand irgendwelche Fragen nach den schädlichen Konsequenzen dieser Logik stellt, wird er sofort als einer, der gegen Entwicklung, Wissenschaft und die Nation ist, heftig getadelt.[2]

Außerdem ist in den 1980er und 1990er Jahren zu beobachten, dass der Terrorismus zu einem bleibenden alltäglichen Phänomen geworden ist und dass er die politischen Entscheidungen beeinflusst. Er hat viele das Leben gekostet und bedroht die Substanz der Zivilgesellschaft. Man kann den Schluss ziehen, dass Kommunalismus, Entwicklungspolitik und Terrorismus heute in Indien die modernen Agenten der Gewalt sind. Diese Themen haben scheinbar nichts miteinander zu tun: Der *Kommunalismus* betrifft den Bereich der Religionen, *Entwicklung* wird als Vorrecht von Industrie und Technik betrachtet, und *Terrorismus* bereitet den Regierungen Sorgen. Sie haben jedoch nur scheinbar nichts miteinander zu tun. Soziologische Analysen und Interpretationen zeigen jedoch, dass sie miteinander verbunden sind und dass sie gemeinsam angegangen werden müssen. Kann man sich mit einem ganzheitlichen *Satyagraha*-Religiosität-Ansatz den Themen nähern und können wir Vorschläge, mit ihnen umzugehen, daraus ableiten?

6.1.1. Kommunale Gewalt

Wie sehr der Kommunalismus heute die Hauptrolle spielt, überrascht alle und jeden.[3] In Indien leben mehr als 120 Millionen Muslime, nur in Indonesien leben mehr. Neben der Mehrheitsgemeinschaft der Hindus gibt es Christen, Jainas, Buddhisten, Anhänger von Zoroaster,

---

[2] Sethi, Harsh: The Problem, *Seminar*, Mai 1993, S. 14.

[3] „Als Ideologie bezieht sich Kommunalismus auf den Glauben, dass Menschen, die zu einer Religionsgemeinschaft gehören, auch gemeinsame sozio-ökonomische, politische und kulturelle Interessen hätten. Als Gesellschaftsphänomen bezieht er sich auf eine exklusive Aussage, die im Namen einer Gruppe gerechtfertigt wird – in diesem Zusammenhang einer religiösen Gruppe [...] Wir betonen den Aspekt der Exklusivität als für den Kommunalismus charakteristisch; dieser schätzt gewöhnlich Beziehungen zwischen Gruppen als feindlich ein" (Mohanty, M.: Communalism: A Democratic Rights Perspective, *Lokayan Bulletin*, S. 58, zitiert nach: Das, Veena [Hg.]: Mirrors of Violence: Communities, Riots and Survivors in S. Asia, Delhi: Oxford Press 1990, S. 4.) [*Vgl. zu den von Pattery hier thematisierten Hintergründen unter der im deutschen Kontext fremden Bezeichnung „Kommunalismus" den Überblick bei Ursula Rao: Kommunalismus in Indien – Eine Darstellung der wissenschaftlichen Diskussion über Hindu-Muslim-Konflikte. Südasienwissenschaftliche Arbeitsblätter am Institut für Indologie und Südasienwissenschaften der Martin-Luther-Universität Halle-Wittenberg, Band 4, Halle (Saale) 2003.*]

Stämme und andere. Die bloße Anzahl und Vielfalt der Menschen machen Demokratie, Säkularismus und nationale Einheit schwierig, und es gibt viele weitere Themen, die damit zusammenhängen, wie vielleicht nirgendwo sonst in der Welt. Dieser Wirkungszusammenhang macht das Sozialgefüge anfällig und das kann leicht ausgebeutet werden.

In den beiden letzten Jahrzehnten ist eine Hindu-Ideologie erstarkt. (Hindutva-Ideologie muss vom Hinduismus unterschieden werden, der einfach der Glaube der großen Mehrheit der Inder und in ihrer Kultur verwurzelt ist.) Die Hindutva-Ideologie will die Hindus zu einer einzigen ethnischen Einheit oder Nationalität[4] machen, entsprechend den Begriffen von Nation im Europa des 19. Jahrhunderts. Die politische Partei, die auf der fundamentalistischen Haltung der Zeit vor der Unabhängigkeit aufbaut, hetzt die Massen auf, indem sie „ein mächtiges und ausbaufähiges Feindbild (von Muslimen) durch Zuweisung einzelner Elemente aus vergangenen Vorurteilen mit neuen Aspekten versieht und geschickt als alte Wahrheit auftischt, um das Ergebnis dann über die neuesten Medien zu publizieren."[5] Diese Partei will den Hinduismus mit einer zentralisierten Form von geistlicher Organisation versehen, die Lehrsätze und Rituale vereinheitlichen und alle Hindus gegen den „Pseudo-Säkularismus" unter einen Hut bringen. Erstaunlicherweise fand ein beträchtlicher Teil der Intelligenzija Merkmale der Erlösung in den Hindutva-Kräften, mit deren Hilfe sie sich auf der Basis einer neuen nationalen Identität sicher fühlen. Das löst bei den Minderheitengemeinschaften Unsicherheit und Furcht aus.

6.1.2. Developmentalismus

Entwicklung ist ein stark aufgeladenes Wort. Es gibt eine „Entwicklungskrise" und am passendsten ist dafür die Bezeichnung „Developmentalismus". Zunehmende Armut, Umweltzerstörung, Polarisierung und Kriege weisen darauf hin, dass das Entwicklungsmodell des kapitalistischen Wirtschaftswachstums uns nicht weiterbringt und dass Armut usw. die unerwünschten Folgen der Entwicklung an sich sind. Das Anwachsen des Kapitals und die zunehmende politisch-

---

[4] Nandy, Ashis: Three Propositions, *Seminar*, Februar 1993, S. 17.
[5] Sarkar, Sumit: The Fascism of the Sangh Parivar, *Economic and Political Weekly* 28 (5/1993) S. 165.

technische Kontrolle, die die Menschen, besonders die Armen, zu Recht als Problem betrachten, stellen durchaus keine Entwicklung dar. Es gibt anscheinend eine Verbindung zwischen „Entwicklung und Gewalt". Gewalt ist zu einem alltäglichen Phänomen geworden. Die zunehmende Kluft zwischen den Einkommen und der zunehmende Ausschluss einer großen Anzahl von Menschen aus der Konsumgesellschaft führen dazu, dass Kriminalität alltäglich wird. Die weit verbreiteten Phänomene Armut und dadurch bedingter Tod, Flüchtlingsbewegungen, zerstörte Nahrungsressourcen, riesige Verschwendung durch Investition in Waffen und eine zunehmend bedrohte und ausgebeutete Umwelt übertreffen alle Prognosen.[6] Im Namen der Entwicklung werden Projekte im großen Stil geplant, die zu Vertreibungen und zu Umweltzerstörung führen. Bei allen Entwicklungsprojekten sind die ersten Opfer die Stämme[7] und Frauen und Kinder; sie versinnbildlichen den Anschlag auf die Erde.

---

[6] Waring, Marilyn: If Women Counted. A New Feminist Economics, London: MacMillan 1988, S. 172.

[7] Die schlimmste Wirkung der Entwicklungspolitik ist die Vertreibung von Menschen. Das kann man aus drei Blickwinkeln betrachten: aus dem der Stammesbevölkerung („adivasi"= indigen), aus dem der Menschen, die aus ihrer traditionellen Dorfumgebung vertrieben wurden, und aus dem der Menschen, die in andere Länder ausgewandert sind. Indien hat nach Afrika in der Welt den größten Anteil an Stammesbevölkerung im Verhältnis zur Gesamtbevölkerung. Und doch ist die Situation der Stämme in Indien weniger verstörend als die kulturelle Auslöschung (Ethnozid) und die Ausrottung (Genozid) von Stammesangehörigen in vielen anderen Teilen der Welt. In der Tat haben wenige Länder mehr Anstrengungen unternommen als Indien, die Rechte der Indigenen zu schützen und sie in die nationale Entwicklungsplanung einzubeziehen. Vgl. Sengupta, Nirmal (Hg.): Fourth-World Dynamics, Jharkhand, Delhi: Authors Guild Pub 1982, S. xiii. Der Kommentar Nirmal Senguptas stellt die allgemeine Herangehensweise an die Stammesangehörigen in Indien dar. Verschiedenen Stammesgruppen ist es gelungen, eigenständige Provinzen zu bekommen. Andererseits beweist es die „paternalistische Haltung" des Nationalstaates, wenn er versucht, die Stämme in die bereits gestaltete Nationalpolitik einzubeziehen, ohne dass er die bei den Stämmen vorhandene andere Weltsicht und anderen Wertsysteme berücksichtigt. Die protektionistische Staatspolitik ging nicht so weit, die Bedeutung der Lebensweise der Stämme anzuerkennen und die ökologischen Fragen anzugehen, die sich besonders auf die für ihre Lebensweise notwendige Verbundenheit mit ihrem Land bezogen. Ebenso wenig lernte der Staat aus den bei den Stämmen herrschenden sozialen Beziehungen, in denen es kein Konkurrenzdenken gab. Die Regierungs-, Bildungs- und Entwicklungspolitik versucht das Leben der Menschen auf eine Weise zu vereinheitlichen, die Kultur und Ethos der Stämme schädigt, vgl. Fernandes, W. / Chaudhurv, A.R.: Search for a tribal identity. The dominant and the subaltern, *Social Action* 43 (1993), S. 8. „Alle gierigen Unternehmer, Missionare oder ähnlich gesinnte Personen verfolgen in den Gebieten der Indigenen ihre Eigeninteressen und

6.2. Alltägliche Gewalt: ein globales Phänomen

Die heutige Gewalt hat zwei Formen: Eine ist die institutionalisierte Oben-Unten-Gewalt, die von internationalen Agenturen und Regierungen in Nord und Süd legitimiert ist. Erzwungene Einführung von Entwicklungsprojekten in großem Maßstab, erzwungene Geburtenkontrolle, Staats-Terrorismus gegen Terrorismus und die Legitimierung der Nationalstaaten-Theorie sind nur einige Beispiele institutionalisierter Gewalt. Die andere Form von Gewalt folgt oft als Reaktion auf die Oben-Unten-Gewalt. Dazu gehören ethnisch und religiös legitimierte Bewegungen und terroristische und extremistische Gewalt, die zunehmend faschistische Züge trägt. Diese Form von Gewalt ist im Allgemeinen ein offener Protest gegen den Druck zu ökonomischer und kultureller Eingliederung in eine globale Ideologie. Widerstand wird sowohl gegen Eingliederung als auch gegen Marginalisierung geleistet. Beide sind Merkmale des herrschenden Entwicklungsmodells. Die institutionalisierte Gewalt wird vom System auf eine Weise legitimiert, dass sie kaum als Gewalt zu erkennen ist.

6.2.1. Die stille und institutionalisierte Gewalt

Heute besteht sowohl national als auch international das Problem mit der Gewalt nicht in ein paar Aufständen und Rebellionen, sondern das ganze, äußerlich geordnete und achtbare Gesellschaftsgefüge wird innerlich durch das beherrscht, was Thomas Merton „psychopathische Besessenheit und Irrglauben" nennt.[8] Merton bezeichnet die heutige Gewalt als Schreibtischgewalt. Sie organisiert sich selbst und vernichtet den Menschen auf bürokratische und technische Weise. Merton beschuldigt die Wohlstandsgesellschaft, Gewalt zu schaffen. Die Wohlstandsgesellschaft nähre sich ständig von der Kost einer brutalen Mythologie und Halluzination, und sie werde ständig durch

---

internationale Unternehmen suchen nach bisher noch nicht ausgebeuteten Teilen dieser Gebiete. Großflächige Entwaldung bringt Indien an den Rand eines ökologischen Kollapses. Überschwemmungen sind zu einem jährlich wiederkehrenden Merkmal geworden, da riesige Dämme Verlandungen schaffen [...] In der Folge vergrößern Treibstoff- und Futtermangel die Arbeitslast von Frauen und Kindern." (vgl. Pathy, Suguna: Political economy of the ethnic peoples in India, *Social Action* 43 [1993] S. 44). Das Narmada-Projekt in Indien, der Konflikt um das Amazonasgebiet in Brasilien und der Mahaweli-Entwicklungsplan in Sri Lanka sind nur einige solcher Beispiele.

[8] Merton, Thomas: Faith and Violence. Christian Teching and Christian Practice, Notre Dame: University Press 1968, S. 3. Nach Girard gehören Besessenheit und Enttäuschung zur Mimesis der Gewalt.

hektisches, innerlich gewalttätiges Konsumleben auf Hochspannung gehalten. Dieses gründe sich auf unersättliche Bedürfnisse und werde durch Überstimulierung verrückt gemacht, besessen von den Dämonen Lärm, Voyeurismus und Geschwindigkeit, die schließlich einen großen Teil der Bevölkerung zwängen, sich einem Leben zu unterwerfen, das für Menschen unerträglich sei. Daraus ergäben sich Mord, Straßenraub, Vergewaltigung und Korruption.[9] Seine Worte sind prophetisch:

Die wirklichen Verbrechen der modernen Kriege werden nicht an der Front (wenn dort überhaupt), sondern in Kriegsbüros und Verteidigungsministerien [wir können hinzufügen: in den Waffenfabriken, von denen die meisten in der sogenannten ‚Ersten Welt' stehen] begangen, in denen niemand jemals Blut sehen muss, es sei denn der Sekretär bekäme Nasenbluten. Moderner Massenmord mithilfe von Technik ist nicht direkt sichtbar, nicht wie der Mord Einzelner. Er ist abstrakt, gemeinschaftlich, geschäftsmäßig, kalt, ohne Schuldgefühle und deshalb tausendmal tödlicher und effektiver als Gewaltausbrüche Einzelner aufgrund von Hass. Es ist die höfliche, massenhaft organisierte Schreibtisch-Mordmaschine, die die Welt mit Vernichtung bedroht, nicht die Gewalt von ein paar verzweifelten Jugendlichen in einem Slum. Aber unsere veraltete Theologie konzentriert sich kurzsichtig allein auf die Gewalt Einzelner und ignoriert die Schreibtischgewalt. Es schaudert ihr beim Trugbild von Straßenraub und Tötungen, die vor unserer Haustür ein Durcheinander schaffen, aber sie segnet und spricht den sterilen Mord heilig, denn er ist ehrenwert, effektiv, sauber und vor allem sehr profitabel.[10]

Jeder weiß, dass sich der sogenannte zivilisierte Staat auf Gewalt gründet.

Der Wettbewerb, der mit dem viel gepriesenen System des freien Unternehmertums einhergeht, ist, mit einem Wort, ein wirtschaftlicher ‚Kampf bis aufs Messer', eine Ausübung schierer Gewalt, die das Gesetz bisher nicht regeln konnte. In diesem Wettbewerb ‚gewinnt der Beste' und die Schwächeren, Moralischeren, Sensib-

---

9 Ebd., S. 3.
10 Ebd., S. 6f.

leren verlieren zwangsläufig. Das System des freien Wettbewerbs ist eine Form von Gewalt, die absolut zu verurteilen ist.[11] Der dem Gott der Wirtschaft geweihte Völkermord ist nicht weniger gewalttätig, nur weil er von einem Parlament beschlossen wird. Der gewalttätige Wettbewerb in den Wirtschaftsbeziehungen (Gandhi sprach von seelenzerstörendem Wettbewerb) erzeugt Klassengewalt und die Gewaltspirale setzt sich unter dem Vorwand der sozialen Ordnung fort.

6.2.2. Billigung von Gewalt durch Religion

Der christliche Westen ist anscheinend mit diesem ökonomischen Bollwerk einverstanden.[12] Eine solche Konformität mit der „ökonomischen Gewalt" setzt einerseits voraus, dass hoher Konsum das höchste Ideal ist und dass der Mangel an Materiellem am meisten zu beklagen ist. Andererseits ist die politisch-ökonomisch-technische Realität die einzige, die zählt. Im Westen verbinden sich heute politische und religiöse Kräfte gerne miteinander, um einen Weltmarkt und eine „Konsumenten-Gesellschaft" herzustellen und damit allen kulturellen und ökonomischen Pluralismus einzuschränken und schließlich ganz auszuschalten. Eine solche Billigung der Kräfte der Gewalt ist weder ein besonders zeitgenössisches Merkmal noch gilt es allein für die Christen.[13] Paul N. Siegel analysiert das Verhältnis von Religion und

---

[11] Ellul, Jacques: Violence. Reflections from a Christian Perspective, London: SCM Press 1970, S. 86. Eine ausgezeichnete Darstellung der Krankheiten unserer mechanistischen Ansichten bietet Capra, Fritjof: The Turning Point: Science and the Rising Culture, London: Fontana Books 1989, S. 248-281 („The Dark Side of Growth").

[12] Ellul, Jacques: Violence, S. 28. Die katholische Soziallehre und die lateinamerikanische Befreiungstheologie kritisieren diese Konformität der westlichen Christen mit der Wirtschaftsgewalt. Sie haben die Schlacht aber anscheinend verloren. Leonardo Boff schreibt: „Die heute herrschenden Klassen, Nachfahren der Sklavenhalter sowie auch der (englischen, portugiesischen, niederländischen und nordamerikanischen) Sklavenhändler haben die tiefe Verachtung für die Armen geerbt. Sie halten sie für gesellschaftlich disqualifiziert; sie vermeiden den Kontakt mit ihnen, machen einen Bogen um sie und sind unempfindlich gegen ihr Elend." (Boff, Leonard: St Francis, S. 51).

[13] Ashis Nandy schreibt: „[Also] wurden Millionen als Feinde der Christenheit getötet, Millionen wurden versklavt, sodass sie christliche Zivilisation bekamen, Millionen wurden wegen Heidentum angeklagt und dann wurde ihnen das Recht zum Überleben abgesprochen. Alles das wurde oft als Abirrung von der wahren christlichen Ethik und als Werk von Christen, die ihren Glauben nicht kennen, wegerklärt, damit die christliche Vision unschuldig und unbefleckt aus der Geschichte hervorgehe" (Nandy, Ashis: Traditions, Tyranny, and Utopias, S. 6f.) – Wenn das schon auf das Christentum als Religion zu-

Macht in der Welt aus marxistischem Blickwinkel. Aufgrund ihrer ideologischen Tendenz zeigt seine Untersuchung die widersprüchliche Rolle, die Religionen gespielt haben: manchmal als Bollwerk der bestehenden Gesellschaftsordnung und manchmal als revolutionäre Kraft.[14] David Apter weist darauf hin, dass Entwicklungsgewalt strukturell sei, und schreibt, Industrialisierung führe zur „Vertreibung der Schwachen": der ethnischen und religiösen Minderheiten, besonders der Frauen. Die sich daraus ergebenden Spiralen der Randständigkeit verstärken die Gewalt.

Der Rassismus hat deutlich zugenommen: gegen Araber, Türken, Schwarze, Juden, Menschen aus der Karibik, Afrikaner und Asiaten. Tatsächlich sehen wir in allen Teilen der Welt Tendenzen zu starker Neubelebung von Rassismus und zu Fremdenfeindlichkeit, die oft faschistisch sind. Und je mehr die gesellschaftliche Po-

---

trifft, so trifft es noch mehr auf die Nationen zu, die sich selbst für christlich erklären. Jacques Ellul bezieht sich auf die nordamerikanische Gewalt, wenn er ein solches Beispiel nennt: „Die Spanier konnten die Indianer, obwohl sie (zu ihrer ewigen Schande) ihnen unvergleichliche Schrecken antaten, nicht ausrotten und konnten ihnen nicht einmal einige Rechte vorenthalten. Aber die Amerikaner der USA haben beides geschafft, und zwar auf die klügste Weise, die man sich vorstellen kann: leise, legal, philanthropisch, ohne Blutvergießen und, soweit die Welt es sehen konnte, ohne eines der großen moralischen Prinzipien zu verletzen. Man kann sich keine bessere Art und Weise vorstellen, Menschen zu vernichten und dabei gleichzeitig höhere Achtung für die Gesetze der Menschlichkeit zur Schau zu stellen." (Ellul, Jacques: Violence, S. 88, Tocqueville zitierend [Democracy in America, II. Ch.10, para 2]). – Die Geschichte aller Religionen zeigt, dass sich die Religionen an dem vorherrschenden Modell ausrichteten und dessen Rechtfertigung von Gewalt übernahmen. Das blutbefleckte, unterdrückerische Erbe der orientalischen religiösen Ideologien versuchte, obwohl die Interpreten der Gegenwart sie als unbefleckt darstellen, „einen Hinduismus zu konstruieren, der Unberührbarkeit als Fehlentwicklung oder als einen Unfall der Geschichte" oder als ein notwendiges Produkt einiger Teile der Hindu-Kosmologie ansieht. (Nandy, Ashis: Traditions, Tyranny, and Utopias, S. 7). Trevor Ling schreibt über den Hindu-Muslim-Kommunalismus, die englisch-christliche Haltung der Überlegenheit über die Muslime und die Verachtung für sie im 19. Jahrhundert habe in der kommunalen Rivalität den Umgangston bestimmt. (Ling, Trevor: Communalism and the Social Structure of Religion. In: John Hick [Hg.]: Truth and Dialogue. The Relationship between World Religions , London: Sheldon Press 1974, S. 59f.) Nicht nur in den Religionen gibt es Schuldige an der Billigung von Gewalt. Antireligiöse marxistische Ideologen sahen Stalin zwar als anti-marxistischen Sadisten und doch legitimierten sie den Stalinismus als einen „notwendigen Teil des Marxismus" und billigten alle institutionalisierte, vom Staat geförderte abschreckende Gewalt.
[14] Siegel, N. Paul: The Meek and the Militant: Religion and Power across the World, London: Zed Books Ltd. 1986.

larisierung zu politischer Polarisierung führt, umso mehr halten die extreme Rechte und die extreme Linke ihren eigenen ,Diskurs' und eine allgemeine Bereitschaft zur Gewalt bereit, wenn auch aus unterschiedlichen Gründen. Es wundert nicht, dass das, was einmal ein Phänomen der Dritten Welt war, jetzt in bestimmten fortgeschrittenen Industriestaaten alltägliche Lebensaspekte geworden sind.[15]

Ashis Nandy bringt einen Überblick über die unbeständige soziopolitische Situation in Indien in den beiden letzten Jahrzehnten und weist darauf hin, dass die Themen Kommunalismus, sozio-politische Unruhe und Terrorismus miteinander verknüpft sind und dass sie bestimmte ideologische Annahmen gemein haben.

6.3. Modernisierung, Nationalismus und Säkularisierung als ideologische Grundannahmen

Die unmittelbaren Gewaltakteure auf dem indischen Subkontinent mögen unterschiedlich und zahlreich sein, es gibt jedoch wohl gemeinsame ideologische Annahmen, die bei ihnen allen wirksam sind.

6.3.1. Modernisierung

Ashis Nandy hat in seiner Analyse der kommunalen Unruhen gezeigt, dass der Kommunalismus hauptsächlich ein städtisches Phänomen ist und dass die Teilnehmer meist „ganz und gar verlassene Kinder des modernen Indiens sind, die im Prozess des sozialen Wandels und der Entwicklung verzweifeln"[16]. Tatsächlich lassen sich der Terrorismus und die Vertreibung von Bevölkerungen auch auf die Modernisierung in Indien zurückführen. Sudhir Kakar ist folgender Ansicht:

Da die Modernisierung immer schneller voranschreitet, streben immer mehr Personen die Mitgliedschaft in Gruppen mit absoluten Wertesystemen und mit wenig Toleranz für Abweichungen von ihren Normen an. Zunächst werden Jugendliche und die ver-

---

[15] Apter, David E.: Rethinking Development. Modernization, Dependency and Post-Modern Politics, Beverly Hills CA: Sage Publ. 1987, S. 36f.
[16] Nandy, Ashis: Three Propositions, S. 16.

städterten Klassen angezogen, aber der Kreis erweitert sich und mehr Menschen werden hinein gesogen.[17]

Die Modernisierung hat einige Merkmale[18], die großen Einfluss auf die drei schon genannte Arten von Gewalt haben: 1) Modernisierung führt zu Bevölkerungswanderungen, die Trennung der Familien, den Verlust von Nachbarn und ökologische Nischen mit sich bringen. 2) Die dank den Kommunikationsmitteln und den multinationalen Konzernen immer mehr zunehmende Globalisierung greift in die traditionellen Gruppensolidaritäten ein und Migration geschieht über die nationalen Grenzen hinweg. 3) Die Wanderbewegungen im Inland führen dazu, dass Menschen in überfüllten Wohngebieten leben, besonders in den ausgedehnten Elendsvierteln und Slums. Dort leben die Menschen unter „ständiger psychischer Anspannung und in hektischer Erregung". 4) Ideale und Werte der Vorfahren gehen verloren und die Menschen trauern um die Werte der verlorenen Welt. 5) Neben diesen Verlustgefühlen gibt es das Gefühl von Demütigung und ein stark verringertes Selbstwertgefühl, da die Modernisierung weder kulturelle Vielfalt noch lokale Werte respektiert. Das trifft vor allem auf die Stämme zu. Einerseits spielt der Nationalstaat um der nationalen Integration willen die Vielfalt herunter, und andererseits verfestigt er die ethnischen und kulturellen Unterschiede als exotische Ausstellungsstücke. 6) Für die Eliten der nicht westlichen Welt gibt es die zusätzliche Demütigung, dass sie sich stärker der Niederlage ihrer Kultur, die sie beim kolonialen Zusammentreffen mit dem Westen erlitten haben, bewusst sind. Diese Niederlage ist nicht nur eine Erinnerung an die Vergangenheit, sondern dank der peripheren Rolle, die ihre Länder im globalen Marktsystem spielen, ebenso eine gegenwärtige Realität. Das trifft umso mehr hinsichtlich der (besonders in die USA) eingewanderten Inder zu, die der Gleichgültigkeit gegenüber ihren kulturellen Traditionen ausgesetzt sind. Dann wenden sie sich mit größerem Eifer ihrer ethnischen Identität zu. 7) Globale Migrationen, Tourismus und Kommunikationsformen konfrontieren die Menschen der einen Gesellschaft mit der Fremdheit von anderen und das führt dazu, dass sie sich selbst infrage stellen und, besonders die ethnischen Gruppen, nach ihrer Identität suchen. Ethnische und religiöse

[17] Kakar, Sudhir: Reflections on Religious Group Identity, *Seminar*, Februar 1993, S. 50.
[18] Ebd., S. 51f.

Gruppen werden Klassengruppen vorgezogen, weil sie, wie z.b. Hindus und Muslime, ursprünglicher Natur sind und eine umgreifende Weltsicht und Mythen bieten, die Sinn und Hoffnung für die Zukunft ihrer Angehörigen enthalten.

Die Modernisierung schafft ein Vakuum, das Terroristen und kommunale Gruppen aktiv ausfüllen. Die Hindutva-Ideologie arbeitete an Begriffen von ursprünglichen „Zeiten und Orten", um ein Gefühl der „nationalen (Pseudo-)Identität" zu vermitteln. Sie stellt auch die Großartigkeit der Hindu-Religion heraus, um dem Gefühl der Erniedrigung oder Wertlosigkeit entgegenzuwirken. Die Modernisierungsideologie ist somit der Nährboden für Gewalt auf verschiedenen Ebenen.

6.3.2. Nationalismus

Der Nationalismus wurde in Indien im Widerstand gegen die Kolonialherrschaft zu einer verbindlichen Ideologie. Zwar hatten nationalistische Bewegungen schon in der britischen Zeit einen religiösen Ton angeschlagen, doch trug Gandhis Anwesenheit auf der nationalen Bühne dazu bei, die religiösen Gefühle für eine nationale Befreiung zu kontrollieren und wachzurütteln, auch als der Subkontinent nach religiösen Zugehörigkeiten geteilt wurde. In der Zeit nach dem Erlangen der Unabhängigkeit wurde der Nationalismus dazu verwendet, „eine moderne und zentrale Staatsmacht" zu schaffen. Diese war auf Homogenisierung, Modernisierung und nationale Integration ausgerichtet. Das führte dazu, dass Gemeinschaften wie Muslime, Dalits (Menschen der untersten Schicht des hinduistischen Gesellschaftssystems) und Stammesangehörige schließlich in den Stand „rückständiger Minderheiten" gedrängt wurden.[19]

Durch den starken Vorstoß zur Modernisierung in der Nehru-Ära wurde dem Aufbau Indiens als Nationalstaat unter anderen Nationalstaaten in der Welt Vorrang eingeräumt. Ein geradliniges Entwicklungsmodell, starke nationale Schutzkräfte und einheitliche Gesetze waren die Stichworte. Dass aufständische Gruppen entstanden und kulturelle und sprachliche Gemeinschaften erstarkten, lieferte dem Staat die Legitimation, sich mehr Macht anzueignen.

Die Logik der Entwicklungspolitik hat den Nationalstaat Indien in die Schuldenfalle tappen lassen, die die globalen Finanzagenturen

---

[19] Srivastva, Mukesh: Whose Nation?, *Seminar*, Februar 1993, S. 36.

aufgestellt hatten, und zwang ihn, unter den Bedingungen des IWF zu funktionieren. Der Nationalstaat muss sich der herrschenden internationalen Ordnung unterwerfen, die bekanntlich rein technisch, gefühllos, sachlich und leistungsorientiert ist. Sie glorifiziert Männlichkeit, Homogenität und Erwachsensein und gerät durch Weiblichkeit, Pluralität und Menschlichkeit in Verlegenheit. Handel, Technik und Kommunikation werden von internationalen Agenturen beherrscht, denen gegenüber der Nationalstaat machtlos ist. Dies wiederum erzwingt Schwerfälligkeit hinsichtlich lokaler Identitäten und Pluralitäten, um diese der globalen Technikkultur anzupassen. Terrorismus, kommunale Gewalt und Vertreibungen von Bevölkerungen werden von der inneren Logik der Entwicklungs-Ideologien des Nationalstaates geschaffen.

6.3.2.1. Terrorismus

Das neue Aufleben des Terrorismus geschieht in einer Zeit, in der ein beträchtlicher Teil der Inder beginnt, Indien in erster Linie als Nationalstaat und erst in zweiter Linie als eine Zivilisation mit einer eigenen politischen Sprache und eigenen Werten zu betrachten. Dies wiederum bewirkt die Einfuhr von Konzepten, Managementstilen und Techniken der Terrorismusbekämpfung aus sogenannten „fortschrittlichen Ländern".[20] Dabei vereinheitlichen die Medien die unterschiedlichen traditionellen kulturellen Reaktionen auf den Terrorismus zu einer vorherrschenden Auffassung. Aufgrund dessen begrüßt die Gesellschaft im Glauben an die Zwangsgewalt des Staates „eine hartgesottene Herangehensweise an Recht und Ordnung" im Großen und Ganzen und das Ergebnis ist *„Staatsterrorismus"*. Terrorismus und Gegenterrorismus werden zu zwei Seiten einer Medaille. „Begegnungsmord" [außergerichtliche Hinrichtung], Tod im Gefängnis und Polizeifolter werden zu „wirksamen" Mitteln, um mit dem Antinationalismus fertigzuwerden und die nationale Integrität zu verteidigen.[21] Dieselben Medien und dieselbe Öffentlichkeit, die den Sicherheitskräften „Korruption, Ineffizienz, Vetternwirtschaft, Gier und geistlo-

---

[20] Nandy, Ashis: Terrorism – Indian style, *Seminar*, Januar 1993, S. 36. Trotz ihren technischen und professionellen Fähigkeiten haben die „fortschrittlichen Länder" den Krieg gegen den Terrorismus nicht gewonnen: USA, Großbritannien und Israel gelingt es nicht, den Terrorismus zu beseitigen.

[21] Karan, Vijay: Third Degree, *Seminar*, Mai 1993, S. 47.

sen und übermäßigen Gewalteinsatz" vorwerfen, sehen keinen Widerspruch darin, Staat und Polizei aufzufordern, den Terrorismus mit illegalen Mitteln zu bekämpfen. Wenn diese sich dann strafrechtliche Vergehen zuschulden kommen lassen, haben die Menschen keine Regressansprüche mehr.[22] Nationale wie internationale Medien werben für Terrorismus und Gegenterrorismus, kaufen und verkaufen ihn. Die meisten Rüstungsbetriebe haben ihren Standort in den am meisten fortgeschrittenen und entwickelten Länder und existieren nach der „Angebot-und-Nachfrage"-Logik der Marktwirtschaft. Der diesbezüglich lukrative Handel wird immer auf Kosten der geografisch, wirtschaftlich und gesellschaftlich Armen und Bedürftigen getrieben.

6.3.3. Säkularismus

Modernisierungsprozess und kommunale Gewalt haben die Religion im politischen Leben Indiens wieder ins Zentrum gerückt. Wenn man Religion als Glauben betrachtet, wirkt sie als Lebensweise und ist in ihrem Ausdruck pluralistisch, wenn man sie dagegen als Ideologie betrachtet, wirkt sie in bestimmten politischen und gesellschaftlichen Interessen als starker Hebel. Im Indien nach dem Erlangen der Unabhängigkeit wurde Säkularismus wieder gesellschaftsfähig und Nehru war ihr wichtigster Befürworter; es war in der Hauptsache ein europäischer Säkularismus. Dementsprechend wurde Religion als eine Ideologie betrachtet. Man fühlte sich damit unbehaglich und wollte sie einschränken. Religiöse Zusammenstöße wurden auf sozio-ökonomische Zusammenstöße reduziert. Anhänger des Säkularismus vertraten die Meinung, Religion sei Privatsache und sollte den modernen Nationalstaat nicht beunruhigen.

In den letzten fünf Jahrzehnten hat diese Form von Säkularismus im Namen der Moderne immer mehr Inder überzeugt, sodass Religi-

---

[22] Tyer, V.R. Krishna: Dream or Reality?, *Seminar*, Mai 1993, S. 37. In diesem Zusammenhang wird viel über das Thema „Menschenrechte" debattiert. Die Ansprüche und Berichte der Menschenrechtsgruppen sind heutzutage umstritten. Drei Bereiche bereiten Sorgen: Die Menschenrechtsorganisationen sprechen nicht von den Opfern der Massaker, die die Terroristen begangen haben, sondern sie verteidigen nur die Menschenrechte der Terroristen. Die Sicherheitsoperationen des Staates gegen die Terroristen sollten im größeren Zusammenhang gesehen werden, Folter und Erpressung, die die Strafverfolgungsbehören gegen die Massen begehen, sind real und wiegen schwer, vgl. Shankarda, Vijay S.T: Living up to Our Commitment, *Seminar*, Mai 1993, S. 21.

on als persönlicher Glaube in den Hintergrund geraten ist. Nandy ist der Meinung, dass

> ein Großteil von Fanatismus und Gewalt, die heutzutage mit Religion verbunden sind, aus dem Gefühl der Gläubigen, sie seien besiegt und ohnmächtig, und aus freischwebendem Zorn und Selbsthass stammt, da sie sich einer Welt gegenüber sehen, die zunehmend säkular und entheiligt ist.[23]

Sowohl der Staat Indien als auch seine Modernität drängen die gewöhnlichen Gläubigen dazu, sich zurückzuhalten oder ihren Glauben nicht in der Öffentlichkeit kundzutun, sondern ihn als Privatsache zu behandeln, denn nur dann könne es einen „Fortschritt" geben. Für den Durchschnitts-Inder ist das Leben aber ohne eine Vorstellung von Transzendenz nicht lebenswert. Während der Staat Religion streng aus dem öffentlichen Leben heraushält, bewahrt er die Staatsbürger nicht vor dem Ansturm anderer Ideologien: der Moderne, des Säkularismus und Ähnlichem. Stattdessen setzt er das Volk diesen aus, um die Religion auszuschalten. Nandy stellt die der Moderne innewohnende Gewalt deutlich heraus:

> Die Ideen Nationenbildung, Wissenschaftsentwicklung, Sicherheit, Modernisierung und Entwicklung gehören ganz gewiss zu einer ungeschickten Technik mit eindeutigem Anflug von Religiosität – einer modernen Dämonologie, ein *Tantra* mit eingebautem Gewalt-Code.[24]

Die vorherrschenden Säkularisierungskonzepte berücksichtigen die indische Psyche nur mangelhaft. Der Begriff „Selbst" ist in der Kultur Asiens eine Ausgestaltung von vielen Selbst, und Religion als Glaube ist eine Ausgestaltung von Prinzipien und Glaubensüberzeugungen. Sie auf gut definierte monolithische Begriffe zu reduzieren, bekommt dem Geist Asiens nicht. Säkularismus als Ideologie hat der Westen in Indien hinterlassen. Indien sucht einen Säkularismus, der aus seinen eigenen Traditionen und Kulturen geboren wird.

---

[23] Nandy, Ashis: The Politics of Secularism and the Recovery of Religious Tolerance. In: Veena (Hg.): Das Mirrors of Violence. Communities, riots and survivors in S. Asia, Delhi: Oxford Press 1990, S. 79.
[24] Ebd., S. 80.

6.4. Neue Muster in der Gewaltanalyse der indischen Gesellschaft

6.4.1. Fehlerhafte Ideologien

Die extremsten Formen von Gewalt in Indien treten im städtischen Industriebereich auf. Die meisten dieser Gewaltakte ergeben sich nicht aus schlimmen Leidenschaften, sondern sie sind das Ergebnis der fehlerhaften Ideologien des Nationalstaates, der Modernisierung und des Säkularismus. Terrorismus, kommunale Gewalttaten und Vertreibung der Bevölkerung sind für eine Gesellschaft symptomatisch, die sich von den Ideologien Sicherheit, moderner Technikfortschritt und Entwicklung um jeden Preis leiten lässt.

6.4.2. Ein monokultures indisches Selbst

Auf diesem ideologischen Marsch des neu-kolonialistischen Nationalstaats Indien sind moderne Nationalisten und religiöse Institutionen eine unheilige Allianz eingegangen. Damit Indien ein ausgeprägter und starker Nationalstaat unter anderen Nationen wird, befürworten seine Agenten eine Identität mit nur einer Kultur und das bedeutet: mit einer religiösen Hindu-Kultur. Die zunehmende Globalisierung der Marktwirtschaft und der Kommunikation drängt die Nationalstaaten paradoxerweise zum Kampf um Identität. Während das wahre indische Selbst pluralistisch und inklusiv ist, ist das neue Ideologieprojekt ein erkennbares und exklusives indisches Selbst, das in religiöser Hinsicht eng zusammengefügt ist.

6.4.3. Suche nach Identität

Die Teilnahme der städtischen, englisch erzogenen Jugend der Mittelschicht an terroristischen Aktivitäten und kommunaler Gewalt zeigt, dass diese Menschen, die entwurzelt sind und ihre Traditionen verloren haben, nach einer eigenen Identität suchen. Die Unterstützung durch im Ausland lebende Inder bestätigt diese Suche nach einer kulturellen und traditionellen Identität auf dem Hintergrund ihrer Minderwertigkeitsgefühle. Die allgemein „paternalisierende" Haltung dieser Gruppen gegenüber Angehörigen von Minderheitenkulturen und gegenüber Stammesangehörigen und ihr Versuch, diese auf Kosten von deren Identität in den „nationalen Mainstream" einzugliedern, verursachen bei Stammesangehörigen und Minderheitengruppen Entfremdung und Furcht.

6.4.4. Unsichtbare Bezugsperson

Ashis Nandy meint, dass hinter den ideologischen Kämpfen und den sich daraus ergebenden Gewalttaten in Indien eine unsichtbare Bezugsperson steht: der westliche Mann. Dieser ist allerdings kein realer oder historischer, sondern eine Konstruktion der besiegten Zivilisation dieses Weltteiles.[25] Er ist einer, der die Welt mit technischer Rationalität, wirtschaftlicher Staatskunst und organisierter Religion beherrscht.

6.4.5. Vorbild oder Rivalität

Darauf gibt es zwei mögliche Reaktionen: Man nimmt sich den Westler zum Vorbild oder man rivalisiert mit ihm nach seinen Spielregeln.[26] Wenn man ihn zum Vorbild nimmt, versucht man, kulturell, politisch, wirtschaftlich und religiös *die* Züge von ihm zu übernehmen, von denen man denkt, sie seien die Gründe für den Erfolg des Westens. Glücklicherweise ist man sich der neuen Gesetzmäßigkeiten, der Herrschaftssysteme und der Ausbeutung, die der zeitgenössische Westen fortsetzt, nicht bewusst. Wenn man rivalisiert, versucht man den Westler auf den Gebieten zu schlagen, von denen man glaubt, dass er darauf stark sei. In den neuen fundamentalistischen Hindu-Kämpfen gab es offensichtlich den Versuch, den Hinduismus zu semitisieren, ihn als eine monotheistische, auf einer Schrift beruhende und strukturell organisierte Religion darzustellen und damit *Hindu Rashtra* (Staat einer einzigen Nation) zu befürworten. Die vorherrschenden Modelle waren im Bereich Religion das christliche und das islamische und im Bereich Politik der westliche Begriff vom Nationalstaat.

6.4.6. Sündenbock

Da der Westler weder als Modell noch als Rivale der gewöhnlichen, nicht modernen Mehrheit zur Verfügung steht (allerdings erreicht das weltweite Netzwerk des Kommunikationssystems, das im Ausland seinen Sitz hat, erfolgreich die abgelegenen Dörfer), stellten die Hindu-Fundamentalisten bei ihrem Versuch, einen Nationalstaat mit nur einer einzigen Kultur zu schaffen, die Muslime als die, die „anders" als die Hindus seien, heraus und setzten sie dann, um das Wiederaufleben des

---

[25] Ebd., S. 81.
[26] Ebd., S. 82.

Hinduismus zu beweisen, herab.[27] Nebenbei bemerkt, nehmen die
Muslime wie die einstigen Eroberer und Besatzer Indiens und wie die
gegenwärtigen Petro-Dollar-Händler der Welt eine dominierende Stellung ein. Jedoch ermöglichten der „Status der Rückständigkeit" und die
sogenannte „unangemessen privilegierende Behandlung" der indischen muslimischen Minderheit den Hindu-Fundamentalisten, auf sie
als auf besiegbare Rivalen zu zielen.[28] Für das Entwicklungsmodell sind
die Frauen und Kinder die Sündenböcke, die den Vorwärtsmarsch zum
Erfolg behindern.

6.5. Epistemologische Untermauerung

Die drei Ideologien Modernisierung, Nationalstaat und Säkularismus
setzen einen epistemologischen Rahmen voraus, der von dem seit der
Zeit Francis Bacons und anderer vorherrschenden neopositivisti-
schem Ansatz der westlichen Weltsicht ererbt ist. „Der Glaube an Objektivität und Neutralität der Wissenschaften, die sich auf die strenge
Trennung von Beobachter (Subjekt) und Beobachtetem (Objekt) gründet, ist das Zentrum dieses Ansatzes."[29] Die vermutete Objektivität
gründet sich auf bestimmte Regeln von Trennung, Hierarchie und
Ausschluss. Diese Regeln tragen schließlich dazu bei, das For-
schungsobjekt zu beherrschen. Das Endergebnis dieses Ansatzes ist,
dass Natur, Frauen (der weibliche Körper) und Kinder beherrschbar
und zum untergeordneten „anderen" werden. Dieser beherrschbare
„andere" steht schließlich für die Schwarzen, die Farbigen und die
Indigenen. Diese dürfen manipuliert, ausgebeutet und marginalisiert
werden, ganz nach dem Bedarf des Forschers. Nandy kennzeichnet
die Haltung der modernen Wissenschaft als eine doppelte „Spaltung"
im Bewusstsein:

---

[27] Nandy, Ashis: Three Propositions, *Seminar*, Februar 1993, S. 17.

[28] „Weitaus zentraler für Hindutva als Massenphänomen (übrigens auch für den Fa-
schismus) ist die Entwicklung eines mächtigen und erweiterbaren Feindbildes durch die
Übernahme verirrter Elemente aus Vorurteilen der Vergangenheit, die mit neuer, ge-
schickt als alte Wahrheiten verkleideten kombiniert werden. Die sich daraus ergebende
Verbindung wird durch modernste Medientechnik verbreitet. [...] Die Muslime werden
zur nächstliegenden genauen Entsprechungen der Juden [im Faschismus] und der
Schwarzen im zeitgenössischen weißen Rassismus" (Sarkar, Sumit: The Fascism of the
Sangh Parivar, *Economic and Political Weekly* 28 [5/1993], S. 165).

[29] Schrijvers, Joke Therese: The Violence of „Development": Choice for Intellectuals,
New Delhi: Kali for Women 1993, S. 35.

Nur wenn jemand (1) sein Wissen von seinen Gefühlen und seiner Ethik trennt oder abspaltet und (2), wenn er sich von den Subjekten seiner Untersuchung emotional distanziert, verspricht das, ,wahres' Wissen zu sein und die mit diesem Wissen einhergehende Herrschaft und Voraussagbarkeit zu besitzen. Die beiden Spaltungen bilden gemeinsam den Kern der modernen wissenschaftlichen Weltsicht. Experimentieren ist nur ein epistemischer Versuch, das herauszufinden.[30]

Die Ideologie der modernen Wissenschaft (Szientismus) bringt einen „mechanomorphen Begriff" von Gesellschaft hervor. In einer solchen Gesellschaft irritiert die Menschlichkeit des Menschen nur. Diese Ideologie reduziert die menschliche Rationalität auf eine besonders enge Version von Objektivität und Objektivierung.[31]

Wissenschaft wurde auf „objektives und rationales" positivistisches Wissen reduziert und das Wort hat seine Konnotation mit „Weisheit" verloren. Außerdem wurde Technik mit Wissenschaft gleichgesetzt. Gefühllose, nüchterne und leistungsbezogene Binsenweisheit der Technik wird für besonders wissenschaftlich gehalten. Technik glorifiziert „Männlichkeit und Über-Erwachsensein" als ihren natürlichen Verbündeten, wertet Gefühle und das nicht rationale Selbst ab und gerät durch Menschlichkeit und Weiblichkeit in Verwirrung. Technische Annahmen verursachen Spaltung und Zwietracht zwischen dem Menschen und der Welt der Natur (ökologische Krise), zwischen Mann und Frau (Mann gegen Frau) und zwischen dem Menschen und der menschlichen Natur (Themen wie Abtreibung und Euthanasie). Und das sind die Folgen einer solchen Ideologie:

Nach Schätzungen sterben 1000 Kinder jährlich in Britannien durch ihre Eltern; die Anzahl der körperlich misshandelten Kinder in den Vereinigten Staaten wird auf zwischen 200.000 und 500.000 geschätzt und weitere 465.000 bis 1.175.000, werden vernachlässigte und/oder sexuell misshandelt. Sie sind nicht Opfer von Irreführung, Schwarzer Magie oder falschen religiösen Werten (wie beim rituellen Kinderopfer oder dem indirekten Mord an weiblichen Kindern in Indien) oder Armut, die zu Vernachlässigung und

---

[30] Nandy, Ashis: Traditions, Tyranny, and Utopias, S. 130f.
[31] Ebd., S. 136.

Mord führen würde.[32] Sie sind Opfer der Sinnlosigkeit, des Zusammenbruchs der Gegenseitigkeit der Generationen, des unbegrenzten Individualismus und eines Systems, in dem Kinder als
Eindringlinge in das gesehen werden, was zunehmend ausschließlich als eine legitime Dyade in der Familie gesehen wird, nämlich
das (Ehe)Paar. Sie sind Opfer einer Weltsicht, in der das Kind als
unterlegene und schwache, aber doch brauchbare Version des
vollkommen produktiven, leistungsfähigen Menschen, dem die
moderne Welt gehört, angesehen wird.[33]

Die Technik bringt mit ihrer Effizienz große Produktion, und große
Produktion fordert großen Konsum. In einer Technik-Kultur wird der
Erfolg am Konsumniveau gemessen. Erich Fromm fasst die Haltung
der modernen Konsumgesellschaft folgendermaßen zusammen:

> Konsumieren ist eine Form des Habens und vielleicht die wich
> tigste für die heutigen wohlhabenden Industriegesellschaften.
> Konsumieren hat zwiespältige Eigenschaften. Es verringert die
> Angst, denn das, was man hat, kann einem nicht genommen wer
> den. Aber es verlangt auch, dass man immer mehr konsumiert,
> weil der vorangegangene Konsum seinen befriedigenden Charak
> ter verloren hat. Moderne Konsumenten können sich in der For
> mel erkennen: Ich bin das, was ich habe und was ich konsumiere.[34]

Die Modernität wird von der industriell-technischen Kultur definiert
und sie versucht, „Transzendenz" als unwissenschaftlich abzuwehren. Dementsprechend ist eine moderne Gesellschaft eine säkulare
Gesellschaft, und alle nicht-säkularen Gesellschaften werden als primitiv betrachtet. Auf diese Weise wird die moderne Säkularität des
Westens als Superkultur legitimiert und diese wird zum Richtwert.
Die geokulturellen Unterschiede in der Weltsicht nicht-westlicher Nationen werden als Stadien in ihrer Entwicklung zum gegenwärtigen
„modernen Westen" gedeutet. Die alten Kulturen und Zivilisationen
des Nichtwestens werden je nach ihrer Entfernung vom „entwickel-

---

[32] Light, Richard J.: Abused and Neglected Children in America: A Study of Alternative
Policies, *Harvard Educational Review* XLIII (1973), S. 566f.; zitiert von Steiner, Gilbert Y.:
The Children's Cause, Washington DC: Brookings Institute 1976, S. 85-89 und von
Nandy, Ashis: Traditions, Tyranny, and Utopias, S. 61.
[33] Nandy, Ashis: Traditions, Tyranny, and Utopias, S. 61.
[34] Fromm, Erich: To Have or To Be, London: Abacus Books 1976, S. 36.

ten" Westen abgewertet. Das richtige Modell nach Ort und Zeit erscheint in der westlichen technischen Kultur.[35] Dem liegt eine technikzentrierte wirtschaftliche Entwicklung zugrunde. Transzendenz oder Immanenz sind verboten.

Technik stellt sich als die moderne fortschrittliche Kultur dar und ihr überwältigender, multinationaler Charakter und ihr Zugriff auf die Medien haben ihren Weg in die Privatsphäre eines jeden Heims gefunden. Sie spielt den Armen (und den armen Nationen und Kulturen) Modernität als etwas Begehrenswertes vor, und die Armen versuchen, das nachzuahmen. Daraus ergeben sich unvermeidlich Entfremdung und Misserfolg, und diese führen zu Frustration und Gewalt. Die Hightech-Medien-Kultur gibt vor, sie schaffe eine Weltkultur, die aber nichts anderes als eine „Monokultur" ist, die die Vielfalt der bestehenden Traditionen und Kulturen, Symbole und Künste untergräbt. Wie R. Kothari schreibt:

die Welt wird zu einförmig, zu standardisiert, zu sehr von einer einzigen Lebensauffassung und ihrer Bedeutung beherrscht, und sie hat wenig Spielraum für andere verfügbare kulturelle und historische Tendenzen und Möglichkeiten. Eine derartige Herrschaft einer einzigen Auffassung führt zur politischen und kulturellen Herrschaft einer einzigen Weltregion über die anderen.[36]

Nandy kommentiert die Entwicklungstheorien des Staates folgendermaßen:

Gesellschaften können heute im Namen von Entwicklung einem beliebigen Anteil ihrer eigenen Bevölkerung so gut wie jedes Leiden auferlegen, ebenso wie in früherer Zeit unter der Führung von Experten in Angelegenheiten der Seele Hexen getötet wurden, damit ihre Seele gerettet würde.[37]

Moderner Technizismus verlangt Angepasstheit an seine Logik. Mangel an Angepasstheit wird als Neurose bezeichnet, die Weigerung, in

---

[35] Ashis Nandy schreibt, in der westlichen intellektuellen Tradition habe es zwei Tendenzen gegeben: Eine hat Raum in Zeit verwandelt (geo-kulturelle Unterschiede in historische Stadien) und die andere Zeit in Raum (Stadien in Typen). Vgl. Nandy, Ashis: Traditions, Tyranny, and Utopias, S. 146.

[36] Kothari, Rajani: Rethinking Development, N.Delhi: Ajantha Publ 1988, S. 5.

[37] Nandy, Ashis: Traditions, Tyranny, and Utopias, S. 139.

Übereinstimmung mit seinen Befehlen zu handeln, wird Psychopathie genannt.[38]

Diese auf Technik zentrierte Epistemologie hat dreierlei Folgen: Erstens erscheint bei einem industriell-technischen Ansatz die Welt als Konsumgut und gemäß diesem Ansatz werden unbegrenzte Forderungen an die begrenzten Ressourcen der Erde gestellt. „Jede Bedrohung der Erde ist eine Bedrohung für uns, jede Wunde, die wir der Erde zufügen, ist unsere Wunde."[39] Zweitens ist eine technische Kultur zwar nicht neutral, doch will sie eine einförmige Weltordnung errichten, die unterschiedlichen politischen, moralischen und religiösen Entscheidungen ignorieren und alle kulturellen Unterschiede nivellieren.

Ein neues Imperium nimmt Gestalt an, ein Imperium, das totaler und globaler ist als jedes, das die Geschichte bisher gekannt hat Es wird – vielleicht zum ersten Mal in der Geschichte – von organisierter Information und organisiertem Wissen und organisierten Fähigkeiten gestützt, die es in der Vergangenheit noch nie gegeben hat, und doch sind, obwohl es eine unvorstellbar zwingende Macht zur Verfügung hat, wie vor einigen Jahren im Krieg mit Irak deutlich wurde, die Grundstrategien zur Errichtung des Imperiums in erster Linie ökonomisch, kulturell und sogar moralisch.[40]

Drittens sind die Probleme, die die Technikkultur bereitet, nicht nur die der Dritten Welt. Sie sind menschliche Probleme und haben globale Ausmaße.

Kurz gesagt: Die technokratische Vision propagiert bestimmte Vorstellungen von „Entwicklung", „Wachstum" und „Fortschritt" und diese versklaven die Menschen und berauben sie ihres Rechts, abweichende Meinungen zu haben. Wie der frühe Bewunderer Gandhis Lanza del Vasto es ausdrückte: „Der Mensch wurde erobert. Er wurde doppelt erobert: überzeugt. Er protestiert nicht mehr, nicht einmal mehr innerlich."[41] Technizismus setzt voraus, dass alle Prob-

---

[38] Vgl. Illich, Ivan: Deschooling Society, New York: Harper and Row 1971 und Ders. : Medical nemesis and Tools for Conviviality, New York: Harper and Row 1973.

[39] Porrit, Jonathan: Seeing Green, Oxford: Basil Blackwell Ltd. 1984, S. 111.

[40] Krishna, Dava: „New World Order and Indian Intellectuals", *Economic and Political Weekly* 14 (1/1995) S. 93.

[41] del Vasto, Lanza: Return to the Source, New York: Simon and Schuster 1971, S. 112.

leme, vor die die Technik uns stellt, mithilfe von Technik gelöst werden sollten. Die kritischen Traditionen von H. Thoreau, E. Carpenter, L. Tolstoi und besonders von Gandhi verweisen auf diesen epistemologischen Irrtum und seine Folgen für die moderne Gesellschaft.

6.6. Eine *Satyagraha*-Antwort: Ein Ansatz zu Kritik und Umgestaltung

Die Reaktionen auf die Probleme Kommunalismus, Entwicklungspolitik und Terrorismus sind entweder instrumentalistische oder primordiale Ansätze.

6.6.1. Die instrumentalistische Sichtweise geht davon aus, dass kommunale Gewalt, Terrorismus und Vertreibung das Werk politischer und wirtschaftlicher Elitegruppen ist, die die unterschiedlichen Identitätssymbole für politische Macht und Wirtschaftsinteressen zubereiten. Gemäß dieser Sichtweise sind Fragen der Identität politischen und wirtschaftlichen Themen untergeordnet. Folglich wird behauptet, wirkliche politische und wirtschaftliche Reformen würden mit Gewalt erreicht. Im Großen und Ganzen hat die politische Linke in Indien diese Sichtweise übernommen und sie verwirft religiöse und kulturelle Aspekte als unwichtig. Sozialanalytiker geben heutzutage zu, dass nicht-ökonomische Faktoren wie Kultur, Religion und ethnische Zugehörigkeit zum Leben gehören, sodass sie bei Gesellschaftsanalysen nicht unbeachtet bleiben dürfen, auch wenn sie nicht unter die Normen der Rationalität der Linken fallen.[42] Wirtschaftliche und politische Interessen wirken als „Faktoren", die zu Gewalt „aufwiegeln". Sudhir Kakar weist jedoch darauf hin, dass man die Rolle der „Aufwiegler" nicht ignorieren darf, denn ihre Teilnahme ist wesentlich für die Umwandlung von Feindlichkeit zwischen religiösen Gruppen in Gewalt.[43]

6.6.2. Gemäß der primordialen Sichtweise (die hauptsächlich im Zusammenhang mit kommunalen Spannungen entwickelt wurde, aber auch auf die Themen Terrorismus und Vertreibung angewandt werden kann) werden die Entfremdung des Menschen von Kultur und

---

[42] Kurian, C.T.: The Future is Yet to Come, *Seminar*, Juli 1993, S. 19.
[43] Kakar, Sudhir: Reflections on Religious Group Identity, S. 53.

Religion als ernsthafte Ursachen von Gewaltanwendung betrachtet. Wenn in der modernen Gesellschaft Lösungen für dieses Problem gefunden werden sollen, dann muss das Bedürfnis entfremdeter Gruppen nach Identität erforscht werden. In der Tat wählen Hindu-Fundamentalisten einen ursprünglichen Ansatz, indem sie schon vor dem Erlangen der Unabhängigkeit den Hindu-Nationalismus neu belebten. Ihre Ursprünglichkeit besteht in einer „strategischen" Bezugnahme auf das Goldene Zeitalter, um den Hinduismus neu zu beleben. Gleichzeitig sind sie „synkretistisch", indem sie Elemente aus den westlichen Entwicklungsmodellen und den Organisationsformen des Christentums adaptieren.[44] Zwar erkennen die Anhänger des instrumentalistischen Ansatzes ganz richtig, dass wirtschaftliche Faktoren bei sozialen Problemen eine Rolle spielen, doch ziehen sie die wesentliche Rolle von Kultur und Religion nicht in Betracht, gehen in ihrer Analyse nicht weit genug und beziehen die epistemologischen Annahmen der modernen Technik nicht mit ein, deshalb wird der Ansatz vom indischen Mainstream-Denken ausgegrenzt. Die primordiale Sichtweise bestätigt zu Recht, dass Tradition und Kultur eine wichtige Rolle spielen. Ihr kultureller Ansatz ist jedoch nicht pluralistisch und verdeutlicht nicht, welchen Beitrag die alten Traditionen geleistet haben. Vermutlich steht sie in einer Modell-Rivalen-Dynamik in einem Wettstreit mit dem Westen. Der Ansatz der *Satyagraha*-Religiosität ragt heraus und gleicht die Mängel der beiden anderen Sichtweisen aus. Wir wollen jetzt die Einzelheiten dieses Ansatzes verdeutlichen.

6.6.3. Die Reaktionen in Indien auf die Einführung der modernen Wissenschaft durch die Engländer stellten sich typischerweise einerseits als „religiöse", und andererseits als „säkulare Reaktion" dar.[45]

---

[44] Jaffrelot, Christophe: Hindu Nationalism: strategic syncretism in ideology building, *Economic and Political Weekly* 20 (1993), S. 517-519.

[45] Der Ausdruck „säkular" muss erklärt werden. Gerald O'Collins beleuchtet in seinem Buch „The Theology of Secularity" die unterschiedlichen Nuancen des Ausdrucks. Er unterscheidet drei Bedeutungen: 1) säkular, Säkularität = betrifft die diesseitige Welt, das Nichtreligiöse. 2) Säkularisierung = Bewegungen in der Geschichte, eine Veränderung des Religiösen in Diesseitiges. 3) Säkularismus = atheistische Ideologie der Säkularisten, d. h. der Menschen, die alles ausschließlich mit diesseitigen Ausdrücken erklären. Mit ihm wird beabsichtigt, zu „einer gesunden, säkularen Haltung für die Neuordnung des christlichen Lebens" anzuregen, vieles, das Christen einengt und arm macht, abzulegen und die Christen einzuladen, an der Kraft der echten Humanisten teilzunehmen. (vgl.

Der Mainstream-Hinduismus – die Mischung aus klassischem und Volks-Hinduismus – gemäß dem die Mehrheit der Inder lebt, misstraut weiterhin der Kultur der modernen Wissenschaft und hält sie für antireligiös. Der ultra-brahminische Hinduismus, der von den Wissenschaftshierarchien neu bestätigt wurde, beschuldigte Gandhi, er habe antiwissenschaftliche Ideen, z. B. *soul-force* und Moral, in das gesellschaftliche und politische Leben eingeführt.[46] Gandhi versuchte, die Folgen des „religiösen Verdachts" des Volkes zu formulieren und im öffentlichen Leben Indiens Raum für das Volks-Religiöse zu schaffen. Die moderne Wissenschaft unterstützte den Brahmismus und wertete die Volksreligion ab. Gandhi bestand darauf, dass der epistemische Glaube Wissenschaft und Technik durchdringen und bewerten müsse.

Er wies den Glauben zurück, es könne ein objektives Gesellschaftswissen geben, das von denen, die es kennen, unabhängig sei, oder eine objektive Geschichte, die moralischen Entscheidungen der Einzelnen unzugänglich sei. Einmal wies er darauf hin, Institutionen könnten niemals so vollkommen oder wissenschaftlich erdacht sein, dass sie die Notwendigkeit, dass Einzelne gut seien, überflüssig machten.[47]

6.6.4. Gandhi suchte mit seiner Einstellung gegen den Technizismus (er wies Technizismus, nicht Technik zurück) Lösungen für technische Probleme teilweise außerhalb der Technik. Da er die falsche Ge-

---

O'Collins, Gerald: The Theology of Secularity, Dublin: The Mercier Press 1974, S. 13). Wenn wir uns auf den Ausdruck „religiös" versus „säkular" beziehen, sollte „säkular" als „Säkularismus" verstanden werden, die eine diesseitige, a-theistische Ideologie vorschlägt. Satyagraha–Religiosität sei so umfassend, dass sie sogar bekennende Nichtgläubige in ihre Reihen aufnimmt, um mit ihnen gemeinsam eine wirklich soziale Ordnung anzustreben, vorausgesetzt sie lassen echte Wahrheitssuche zu.

[46] Nandy, Ashis: Traditions, Tyranny, and Utopias, S. 132-32. Ashis Nandy bezieht sich auf Gandhis Tod durch die Hand Nathuram Vinayak Godses und dessen letzte Rede vor Gericht, bevor das Todesurteil verlesen wurde. Er „erhob den Anspruch, er habe Gandhi gegen seinen Willen im Namen der modernen Welt, besonders im Namen der modernen Ideen von Staatskunst und Rationalität, getötet, damit die neugeborene indische Nation überleben könne." (ebd., S. 133). Godse habe eine „säkulare" und Gandhi eine „religiöse" Lösung für das moderne Indien angestrebt; vgl. auch Nandy, Ashis: The Final Encounter: The Politics of the Assassination of Gandhi. In: Ders.: At the Edge of Psychology, University Press 1980, S. 70-98.

[47] Ebd., S. 135.

gensätzlichkeit zwischen geistigem „Überbau" und materieller „Basis" nicht akzeptierte, dachte er, *soul-force* könne Lösungen für technische Probleme finden, und er wies Techniken zurück, die die einzigartigen menschlichen Aspekte des Menschen ersetzen sollten. In vielen Fällen, in denen der Mensch durch Technik ersetzt wurde, verwandelte ihn das in „einen mechanischen Teil der Produktionsmaschine" und in einen mechanischen, „toten" Konsumenten nützlicher Einrichtungen. Technik sollte sowohl gemäß dem, was sie bewirkte, als auch nach dem, was sie symbolisierte, beurteilt werden.[48] Die Technik dürfe nicht das Streben des Menschen bestimmen, sondern Religiosität und Selbstverwirklichung des Menschen sollten als einheitlicher Zweck und einigendes Mittel aller seiner Aktivitäten und Entdeckungen wirken.[49] *Satyagraha* wirke als eine Art Wissenschaft, die in der Hierarchie der im menschlichen Geist verborgenen Möglichkeiten viel höher stehe als die „Wunder" der Technik, denn sie sei die Wissenschaft vom Leben, deren Summe Liebe ist, die wiederum das Gesetz des Seins ist.[50] Ananthu schreibt, das Wesen von Gandhis Annäherung an den technischen Fortschritt liege darin, dass wir die Natur als unseren Freund und Wohltäter behandeln und dass wir erkennen, wie unbedeutend und machtlos wir im Vergleich mit unserem Schöpfer sind. Das Ziel der Wissenschaft ist dann, das Universum als ein ökologisches Ganzes zu offenbaren.[51]

6.6.5. Gandhi sprach sich gegen unkontrollierte Industrialisierung aus, gegen unkontrollierte Produktion und unkontrollierten Konsum. Er strebte eine „inklusivere Männlichkeit" an, die auch die Weiblichkeit einschließe, besonders die Mutterschaft, und ein „inklusiveres Er-

---

[48] Nach Nandy akzeptierte Gandhi die charkha, das Spinnrad, als eine moralisch höher stehende und effektivere Maschine, weil 1) die charkha den Menschen nicht ersetze, 2) Würde und Autonomie des Einzelnen symbolisiert, der gegen die Forderungen der Kollektive Widerstand leistet, 3) es eine vormoderne Technik und nicht entfremdete Arbeit symbolisiert, vgl. Nandy, Ashis: Traditions, Tyranny, and Utopias, S. 138.

[49] Amlan Datta weist darauf hin, die Menschheit müsse sich ihrer tieferen Grundbedürfnisse bewusst werden und versuchen, eine diesen Bedürfnissen entsprechendere Technik zu entwickeln, und dürfe nicht zulassen, dass eine sich blind entwickelnde Technik sie beherrscht. Vgl. Datta, Amlan: The Gandhian Way, S. 18.

[50] Ananthu, T.S.: A Gandhian Approach to Technological Wonders for the 21st Century, New Delhi: A Gandhi Peace Foundation Publication, 1987, S. 12.

[51] Ebd., S. 19 und 25.

wachsensein", das nicht vor der Kindheit zurückschrecke.[52] Er sprach sich für eine Wissenschaft mit Weisheit aus, für eine Technik mit Menschlichkeit, für Frauen und Arme, für die Mitgefühl und Gewaltfreiheit Werte darstellen. Er sprach sich dafür aus, dass religiöse Erkenntnis das „vereinigende Mittel und den Zweck" allen Wissens bilden solle.[53] Mit diesem Ansatz ist Gandhi wohl gut in der Mainstream-Hindu-Philosophie verortet.

Nandy schreibt, der soziale Status der Brahmanen, die sich mit der Interpretation des Makro- und des Mikro-Kosmos der Natur beschäftigen, sei höher als der der Handwerker-Kasten, also derer, die Werkzeuge herstellen und gebrauchen.[54] In Persien, Ägypten und China gehörte die Wissenschaft zur Berufung der Kontemplativen. Dagegen hat die heutige Technik die Ordnung umgekehrt und kümmert sich wohl mehr um das „Werden" und um Machtspiele.[55] Ashis Nandy ist der Meinung, die Ressourcen und Mit-

---

[52] Nandy, Ashis: Traditions, Tyranny, and Utopias, S. 143.

[53] Die Zeitschrift Concilium (3/1988) hat eine ihrer Ausgaben der Erörterung von „Ethik in den Naturwissenschaften" gewidmet. Der allgemeine Trend der Artikel behandelt die Ethik innerhalb des Rahmens der Technik.

[54] Nandy, Ashis: Traditions, Tyranny, and Utopias, S. 86. Über die Betonung des „männlichen Prinzips" in der modernen Technik schreibt er: Während in allen Gesellschaften Techniken mit Macht verbunden waren, „wurden zwischen dem 17. und 19. Jahrhundert in Westeuropa Wissenschaft und Technik mit dem maskulinen Prinzip der jüdisch-christlichen Kosmologie verbunden." Diese Gleichsetzung habe den Calvinismus dabei beeinflusst, die Bildlichkeit der Muttergottes und des weiblichen – eher des mütterlichen – Elements im Kosmos als zum Heiligen gehörig herunterzuspielen (ebd., S. 80). „Technik wurde das säkulare Werkzeug der Selbsterlösung der unsicheren männlichen Kinder des himmlischen Vaters, der sein früheres Bild als himmlischer Uhrmacher teilweise behielt, aber immer weniger wie ein kosmischer Handwerker aussah und immer mehr wie ein imperialer Technokrat" (ebd., S. 81).

[55] Ebd., S. 86. Die Göttin des Wissens Saraswati ist eine erstrangige Göttin, während der Gott der Technik Viswakarma eine geringere, zweitrangige Gottheit ist. Dann schreibt Nandy: „Die Theorie des Imperialismus schrieb den modernen Wissenschaftlern und Technikern und den Gesellschaften, die solche Wissenschaftler hervorbrachten und unterhielten, nicht nur überragende Objektivität und Rationalität zu, sie bestand auch darauf, Objektivität und Rationalität habe immer Vorrang vor Werten wie Mitgefühl, Freiheit und partizipatorischer Demokratie (ebd., S. 87). Über die gesunde Verbindung, die im buddhistischen Sangha zwischen Wissenschaft und Weisheit bestanden habe, schreibt Pieris und macht über den Zustand der Technik heute folgende Bemerkung: „Technik ist ebenso ambivalent wie die kosmischen Kräfte, die zu zähmen sie behauptet. Ihr unkluger Gebrauch ist weit davon entfernt, der Menschheit die kosmischen Kräfte tatsächlich zu unterwerfen und hat diese stattdessen nur dazu provoziert, sich zu rächen und die Menschen mit Umweltverschmutzung, Konsumismus, Materialismus und einer Menge ande-

tel für eine Erneuerung der politischen und wirtschaftlichen Kultur Indiens seien weder bei den heutigen Mittelschicht-Politikern noch in den modischen Theorien der Intellektuellen, sondern im nicht modernen Indien, im Erforschen von Symbolik und Toleranz in den verschiedenen Glaubensrichtungen der Durchschnittsinder zu suchen.[56]

---

rer Übe. zu versklaven, die die technokratischen Gesellschaften der Ersten Welt hervorgebracht haben. Außerdem hat sie den Geist des Menschen der Mythen und Rituale beraubt, zweier Dinge, in denen die Menschheit ihre tiefen Sehnsüchte darstellt und durch die sie sich geistig und körperlich gesund erhält. [...] Technik nimmt den Massen die kosmische Religion weg und ersetzt sie durch Neurosen. Sie nimmt uns die religiöse Armut weg und gibt uns stattdessen den Mammon" (Pieris, Aloysius: An Asian Theology of Liberation, New York: Orbis Press 1988, S. 79). Der gesamte Vorstoß der grünen Bewegung spiegelt die Pathologie der Industriegesellschaft wider. Jonathan Porritt stellt das in seinem Buch „Seeing Green" auf verblüffende Weise dar. Er schreibt: „eine Umwelt, die von einer Mehrheit der Weltbevölkerung vergewaltigt und verwüstet wird, nur damit diese Menschen von einem Tag auf den anderen leben können, und von einer Minderheit, die ihre oft verschwenderischen und gedankenlosen Konsumgewohnheiten befriedigt." (Porrit, ebd. S. 42). „Kräfte des zeitgenössischen Industrialismus erlegen uns allen einen so beunruhigenden Konsens auf und tun das mit so viel Härte, dass die Führer der kapitalistischen Welt und die Führer der kommunistischen Welt ebenso ununterscheidbar geworden sind wie Schweine und Menschen am Ende von Orwells Animal Farm. Und sie sind abhängig von uns, den Tieren auf dem Hof, denen nicht klar ist, was da geschieht – denn wie könnten sie sonst an ihrer Unterwürfigkeit festhalten?" (Porrit, ebd. S. 53). Er legt überzeugend dar, dass „Entfremdung" zu „einer Lebensweise" in einem „seelenlosen System" geworden ist und der einzige Ausweg „Grüner Frieden" ist. T.S. Ananthu behauptet, in Gandhis Vision seien Wissenschaft und Technik von größerer Bedeutung als sie es heute sind, aber die Betonung liege auf anderem: auf dem Glücklichwerden und nicht nur auf der Ansammlung von Reichtum und Luxusartikeln, vgl. Ananthu, T.S.: Gandhi's „Hind Swaraj". Its Appeal to Me (A mimeographed Document prepared for a seminar organized by Kerala Gandhi Smarak Nidhi), Trivandrum 1982, S. 17.

[56] Nandy, Ashis: The Politics of Secularism and the Recovery of Religious Tolerance, S. 85-87. „Nicht das moderne Indien hat das Judentum seit fast zweitausend Jahren, das Christentum, bevor es nach Europa kam, und den Zoroastrismus seit mehr als zwölfhundert Jahren in Indien toleriert, sondern es war das traditionelle Indien, das diese Toleranz aufgebracht hat. Aus diesem Grund nimmt im sich modernisierenden Indien die Gewalt zu. In früheren Jahrhunderten waren, so die verfügbaren Berichte, Unruhen zwischen den Religionen selten und örtlich begrenzt. Sogar nach dem Erlangen der Unabhängigkeit hatten wir weniger als einen religiösen Konflikt in der Woche. Jetzt haben wir eineinhalb am Tag. Mehr als neunzig Prozent dieser Unruhen beginnen in den Städten Indiens, in und um Industriegebiete. Sogar jetzt in den 1980er Jahren zeichnen sich indische Dörfer und kleine Städte dadurch aus, dass in ihnen kommunale Unruhen vermieden werden. [...] Offenbar hat irgendwo und irgendwie religiöse Toleranz etwas mit der städtisch-industriellen Lebensauffassung und mit den politischen Prozessen zu tun, die diese Auffassung freisetzen" (ebd., S. 84).

6.6.6. Gandhis Reaktion auf Gewalt kann man „ursprünglich religiös"
nennen. Er sieht den Ort von Gewalt im Zentrum der menschlichen
Wünsche und im nachahmenden Verhalten der Menschen, und er
geht darauf ein, indem er an das wahre Selbst, die *soul-force im* Menschen, appelliert. Diese *soul-force ist das* Göttliche im Innern des Menschen, und wenn Gott erst einmal als *soul-force* erfahren worden ist,
verschwinden Zorn und Furcht. Die *soul-force ist* die Waffe der Starken, und sie lehrt uns, uns auf uns selbst zu verlassen; es wäre falsch,
andere nachzuahmen. Sie ist die Grundreligion in den Menschen.
Gandhi geht über die Rituale und Dogmen der Religionen hinaus und
appelliert an die eigentliche Religiosität des Menschen. Für ihn besteht diese Religiosität darin, „an der Wahrheit festzuhalten", denn
die Wahrheit ist Gott.[57] Dies ist eine Art „Kernreligion": Sie leugnet
nicht die Realität der einzelnen Religionen, sondern sie vertieft die Religionen.

In den Freiheitskämpfen der frühen 1920er Jahre und durch sie lernte Gandhi, dass unermüdliches Streben nach Wahrheit nur mit einer
ernsthaften Erziehung zur Gewaltfreiheit möglich ist. Das Wesen der
Wahrheit verlangt das. In dieser Suche nach Wahrheit inmitten von
Unwahrheit und Gewalt lehrte ihn die *Gita*, dass „ungebundenes Handeln" das sichere Mittel ist, Selbstverwirklichung zu erlangen. Und
wirklich selbstloses Handeln wird immer gewaltfrei und deshalb
furchtlos sein. „Einer, der *anasakta* (ohne Bindung an Wünsche) ist,
muss unbedingt Gewaltfreiheit ausüben, um den Zustand der Selbstlosigkeit zu erreichen. *Ahimsa* (Gewaltfreiheit) ist darum eine notwendige
Voraussetzung. Sie ist in *Anasakti* enthalten und geht nicht darüber hinaus."[58]

6.6.7. Gandhis Reaktion auf Gewaltfreiheit ist in einem weiteren Sinn
primordial, ursprünglich. Er beruft sich auf die mythischen Personen
und Symbole, um seine *Satyagraha*-Religiosität zu bestätigen und die
Erziehung zur Gewaltlosigkeit zu stärken. So sind Buddha, Jesus
Christus, Harichandra, Prahalad und Mirabhai *Satyagrahis* und folgen
unermüdlich dem Pfad des Wahrheitsbewusstseins.[59] Sie sind Vorbil-
der, die Unwahrheit und Gewalt bloßstellten und sich selbst im selbst-

---

[57] CW LXI, S. 81.
[58] CW LXXII, S. 393.
[59] CW XIII, S. 522; CW XVII, S. 408.

losen Handeln hingaben. Sita, die Gestalt aus dem Epos, lenkt Gandhis besondere Aufmerksamkeit auf ihre Liebe zu Rama, in der sie sich selbst opfert. In dieser sich selbst aufopfernden Liebe, die der Höhepunkt der Gewaltfreiheit ist, werden Frauen idealisiert. Selbstleidende Liebe ist das Gegenteil von nachahmender und gebundener Liebe, und sie ist für die Verwirklichung von Wahrheit wesentlich.[60] Sein ursprünglicher Ansatz geht so weit, „das Gesellschaftssystem von Indiens Vergangenheit für unsere Zeit neu zu errichten". Diese Vergangenheit idealisiert Gandhi nicht, sondern es ist eine Vergangenheit in der die wesentlichen und letztgültigen Werte des Lebens verkörpert sind. Gandhis Gesellschaftstheorien und -praktiken erscheinen gleichzeitig als alt und als äußerst modern.

6.6.8. Der Ansatz der *Satyagraha*-Religiosität umfasst eine interreligiöse Pädagogik. In ihr werden die Fragen von Gewalt und Ungerechtigkeit aus dem religiösen Blickwinkel angesprochen, doch ohne Zugehörigkeit zu einer einzelnen religiösen Tradition oder Ablehnung irgendeiner anderen Tradition. Auf der Ebene ihrer religiösen Ursprünglichkeit trifft sie sich mit verschiedenen religiösen Traditionen. Der *Satyagraha*-Ansatz akzeptiert nicht die säkulare Perspektive der Moderne, die versucht, Transzendenz abzuwehren. Gleichzeitig billigt sie nicht den Primorialismus der fundamentalistischen Gruppen, die versuchen, exklusiv zu sein. Der interreligiöse pädagogische Wert des *Satyagraha*-Ansatzes besteht in seiner Kritik an religiösen und säkularen Traditionen. Der Horizont der Transzendenz ermöglicht, dass *Satyagrah*-Religiosität auf radikale Weise kritisch ist.

6.6.9. Die Dimension der Gewaltfreiheit der *Satyagraha*-Religiosität versetzt sie in die Lage, hervorragend auf dialogische Weise zu wirken. Ein solcher Dialog ist nicht auf Religionen beschränkt. Er umfasst auch den Dialog zwischen Politik und Religion, zwischen Ökonomie und menschlichen Gefühlen, zwischen dem Säkularen und dem Heiligen, zwischen Technik und menschlichen Beziehungen, zwischen Städten und Dörfern, zwischen Ost und West, zwischen dem Männlichen und dem Weiblichen.[61] Jede Vorstellung anderer ist in diesem

---

[60] CW XLIV, S. 41 u. 269; CW LXXXVII, S. 97.
[61] Eine Kultur, die eine durchsetzungsfähige Sprache entwickelt hat, dominiert die schwache stumme Sprache anderer Gruppen. Eine Kultur neigt dazu, ihre säkulare und

Dialog-Ansatz willkommen. Der dreifache Rahmen von *Satya, Ahimsa* und Swaraj sorgt für eine sowohl kritische als auch verwandelnde Pädagogik. Mit der echten Religiosität aller Religionen ist diese Pädagogik vereinbar, in der wahren Säkularität ist sie willkommen, ein ganzheitliches Verständnis von Fortschritt und Entwicklung kann diese Pädagogik nicht ignorieren. Die Glaubensvision einer gewaltfreien Gesellschaftsordnung läuft auf eine gewaltfreie Lebensweise hinaus. James Douglass schreibt darüber:

> Die Wahrheit kann ihre enorme Kraft nur ausüben, wenn sie sich in Demut und in die scheinbare Schwäche der leidenden Liebe kleidet, einer Liebe, die deshalb nicht gewaltsam Hindernisse gegen die Wahrheit errichtet, sondern die im Gegenteil die Grundlage der Existenz des anderen durch Dienst und Opfer sichert und ihm den Dialog mit dem, der sich ihm entgegenstellt, öffnet. Die Wahrheit ist ohne die leidende Liebe als ihre Vermittlerin machtlos.[62]

6.6.10. Durch die Pädagogik der *Satyagraha*-Religiosität versucht Gandhi, das wahre Selbst in Einzelnen und in der ‚Nationalseele‘ zu erneuern und damit den gedemütigten Millionen ein Gefühl von Selbstwert und Selbstachtung zu vermitteln. Sie ist auch das Heilmittel gegen eine falsche Nachahmung des verfälschten Anderen. *Satyagraha*-Religiosität gründet sich auf das religiöse Fundament der Wahrheit, bzw. auf die Religion hinter allen Religionen, und darum kann sie als „transzendente Kritik" aller Ideologien, Unwahrheit und Gewalt – auch den in Religionen enthaltenen – wirken. Entsprechend ist die selbstleidende, selbstlose Liebe eines *Satyagrahi* eine transzendente Lebensweise, die die Nachahmung des falschen anderen aufhebt und sich weigert, mit einem mimetischen Kreis übereinzustimmen. Im Grunde ist Gandhis Herangehensweise an Unwahrheit und

---

technische Weiterentwicklung dazu zu benutzen, den nicht säkularen und nicht technischen Kulturen ihre Weltsicht aufzuzwingen, wie es im Dialog zwischen Ost und West, zwischen kosmischen und nicht kosmischen Religionen und zwischen Stadt und Land geschehen ist. Die sprachlichen Werkzeuge der meta-kosmischen Religionen erfassen nicht den Wert der symbolischen, rituellen und Alltagssprache der kosmischen Religionen und der Durchschnittsmenschen, vgl. Nandy, Ashis: Traditions, Tyranny, and Utopias, S. 15f.
[62] Douglass, James W.: The Non-violent Cross. A Theology of Revolution and Peace, S. 19.

Gewalt aus seinem Engagement für die Wahrheit entstanden, die in der kenotischen Liebe aufblüht. Er deckte die hermeneutischen Implikationen dieser kenotischen Liebe in zweierlei Hinsicht auf: als Urteil über Unwahrheit und Gewalt und als Selbsthingabe bis zum Tod. Das heißt, der Macht der Gewalt und den monolithischen Ideologien der Gewalt wie Nationalismus, Säkularismus und Modernisierung eine Absage erteilen. Macht wird in der Macht Gottes entdeckt, die Machtlosigkeit ist. Es geht um eine Einladung, in Gottes Politik einzutreten. C. S. Song hat, wenn auch in anderem Zusammenhang, diese göttlich-menschliche Pädagogik so formuliert:

> Das Versetzen der Macht mit ihrer Grundlage in Gottes Wahrheit ist deshalb eine äußerst revolutionäre Art von Politik. Sie ist eine radikale Politik [...] Sie ist der Einmarsch von Gottes Politik in die Politik der Menschheit. Sie ist die Gegenüberstellung von Gottes Wahrheit mit der Scheinwahrheit, die die Regierenden, Führer und Politiker der Nation [und die Modernisten, Nationalisten und Säkularisten] besitzen.[63]

Kein Wunder, dass Gandhi so vertraut mit dem Jesus am Kreuz war, dort, wo in der Machtlosigkeit Gottes die Macht zwischen Gott und Mensch vertauscht wurde.

---

[63] Song, C.S.: Third-Eye Theology, S. 241. Das in der Klammer Stehende wurde hinzugefügt.

Gandhi – Zeichnung von Indrajit Das
(https://meta.wikimedia.org/wiki/Mahatma_Gandhi_2021_edit-a-thon)

Kapitel 7
Satyagraha-Religiosität:
Eine interdisziplinäre Pädagogik
Schlussfolgerungen

7.1. „Dass wir alle begehren, begehrt zu werden, von dem, den wir begehren."[1] Dieses Begehren, begehrt zu werden, liegt dem Grundbedürfnis nach Anerkennung zugrunde, also danach, angenommen zu werden und Selbstwert zu besitzen. Die Selbstanerkennung und die Selbstakzeptanz sind mit einem „anderen", mit dem anderen verbunden. Er bestimmt mein Begehren, denn seine Anerkennung ist bedeutsam für mich. Wenn der andere anerkennt und anerkannt wird, wird damit das Leben gefeiert. Wenn nicht, führt das zu Abwertung und Schuldgefühlen.

7.2. Dieses am „anderen" orientierte Begehren ist der Anfang menschlicher Beziehungen. Das einzelne Ego und die ‚Nationalseele' folgen dieser Dynamik des Begehrens. Begehren bringt einen auf den Weg, nach dem unendlich Anderen zu suchen. Dieser „andere" (diese anderen, andere Nationen und der andere) sind oft mentale Konstruktionen, die durch meine Vergangenheit, meine Kultur, meine Traditionen und mein Sozialgefüge bedingt sind. Der konstruierte andere ist nicht der reale andere. Ideologien und Kulturen projizieren einen „begehrenswerten anderen", einen „anderen", der begehrt werden soll. Bei meinem Begehren eines anderen bin ich konditioniert. Ich bin in meiner Wahrnehmung des anderen konditioniert. Ich bin auch in der Wahl des anderen konditioniert. Im Laufe unseres Wachstums und unserer Reifung durchlaufen wir eine „Dekonstruktion" des anderen und gehen wahrscheinlich in Richtung des Anderen, des absolut Begehrenswerten.

---

[1] Moore, Sebastian: The Fire And the Rose Are One, London: Darton, Longman & Todd 1980, S. xii. Von der Einsicht Ernest Beckers beeinflusst, dass das Selbstwertgefühl die menschliche Existenz charakterisiere, schreibt Moore, „das Begehren, begehrt zu werden" spiele eine wichtige Rolle für den Selbstwert. Dieses Begehren enthält wiederum Möglichkeiten für vollkommene Selbsthingabe.

7.3. Die *Satyagraha*-Religiosität berücksichtigt diese Struktur des „menschlichen Begehrens", setzt das Unübertreffbare, die Wahrheit, als das Begehrenswerteste und ordnet alle anderen Begierden in dessen Licht. Sie baut das „Begehrenswerte", das die Moderne entwirft, radikal ab und kritisiert es. Das unendlich Begehrbare wird nicht nur als das Transzendente, sondern auch als das Immanente gesetzt, nicht nur als das Begehrenswerteste unseres Begehrens, sondern auch als das, was von allem „anderen" am gegenwärtigsten ist. Zwar stellen auch die organisierten Religionen das Unendliche als das Begehrenswerteste dar, doch als exklusive Kategorie ihrer Religionen. In dieser Hinsicht verlässt *Satyagraha*-Religiosität den Konkurrenz-Kreis und streckt dem anderen, der schon als der Gegenwärtigste und Verfügbarste gegeben ist, die Hand entgegen. *Satyagraha*-Religiosität stellt den unendlichen Anderen als das Handlungsprinzip auf der Ebene der Strukturen des menschlichen Begehrens und der Sozialstrukturen dar.

7.4. *Satyagraha*-Religiosität beruht auf der *soul-force* (der Gegenwart des unendlichen Anderen) als ihrer *Dýnamis* (Kraft). Die Seele ist der Wohnsitz von *Atman*, dem göttlichen Funken in uns. Das Begehren des anderen als Ausdruck unseres Selbstwertes bezieht sich auf den anderen, die anderen und den Anderen. Dieser Andere ist bereits in *Atman* dargestellt, da er der *Atman* von *Brahman* ist. In gewissem Sinn ist also das Begehren, vom anderen begehrt zu werden, schon von *Atman* erfüllt. Aber wir wollen von dem einen, den wir begehren, begehrt werden und wir begehren nicht *Atman* in unserem Begehren. Wir begehren den anderen unserer Erfahrung, den anderen, den uns Kultur, Medien usw. darstellen. Wenn *Satyagraha*-Religiosität darauf besteht, dass wir auf die *soul-force* als die *Dýnamis* unserer Bindungen vertrauen, dann bedeutet das eine Pädagogik, in der das menschlichen Grundbegehren anerkannt wird und die gleichzeitig dieses Begehren in Richtung des nicht konkurrierenden, nicht erschöpfbaren und allgegenwärtigen Anderen lenkt. In diesem Sinne nennen wir sie Kernreligion oder ursprüngliche Religion, die früher als alle organisierten Religionen und für die Menschen grundlegend ist. Sie setzt das Transzendente / Immanente wieder als das letztgültige Andere und im Innern immer Gegenwärtige ein.

7.5. Die *soul-force* ist das Tiefste, das Allgemeinste und das Einfachste im Menschen. Dieses Vertrauen auf unsere innere Kraft macht uns zu unserem wahren Selbst. In gewissem Sinn ist unser Begehren des anderen schön mit den Worten „du bist mir ebenso kostbar wie ich dir" erfasst, es ist die Antwort von *Brahman* in *atman*. Ich bin im echten Sinn im Innern zufrieden, da das Selbst vom SELBST stammt, „ich bin selbst-besessen". Ich bin wahrhaftig *swadeshi*. Das befähigt mich, die Hand nach den anderen in ihrer *soul-force* auszustrecken, und zwar auf befreiende, nicht besitzergreifende und nicht konkurrierende Weise. In gewisser Weise erkenne ich mich selbst im anderen, denn das Selbst des anderen ähnelt dem meinen. Ich bin respektvoll und kraftvoll, weil ich die Macht der *soul-force* in mir und dem anderen kenne. Diese Religiosität appelliert an das wahre menschliche Element in uns und befähigt Einzelne dazu, stolz auf sich selbst und respektvoll zu anderen zu sein.

7.6. Entfremdung und Gewalt treten auf, wenn ein „gefälschter anderer" den Platz des „anderen" einnimmt und wenn andere als vollkommen anders gesehen werden, sodass sie nicht dem Selbst ähneln. Wissenschaft und Technik haben die Neigung, den „anderen" als Fremden darzustellen. *Satyagraha*-Religiosität erkennt diese Entfremdung auf der persönlichen, Gemeinschafts- und gesellschaftlichen Ebene und ist sich bewusst, dass diese Entfremdung strukturelle Dimensionen annehmen kann. Die Entfremdung ist so überzeugend, dass es schwierig ist, das wahre Selbst vom „gefälschten anderen" zu unterscheiden. Hier wird *Satyagraha* zum entscheidenden und unterscheidenden Werkzeug.

7.7. Wenn wir die Perspektive der Gewaltfreiheit einnehmen, können wir den anderen in tiefstem Mitgefühl und wahrer Offenheit erreichen und wir können den / die anderen jenseits der Entfremdung erkennen. Wahre Wissenschaft, Technik und Wirtschaft tragen dazu bei, das wahre Selbst der anderen zu erkennen und auf den letztgültigen Anderen zuzugehen. Die „distanzierende, zergliedernde und dichotomisierende" Haltung der heutigen Wissenschaft und Technik heben nur die entfremdenden Kräfte des Menschen hervor. Stattdessen sollten sie Werkzeuge dazu sein, andere zu erreichen und die Entfremdungen in ihnen zu beseitigen.

7.8. Wir wollen wir selbst sein und wir wollen wir selbst für andere, vor anderen und mit anderen sein. „Für andere" fordert von mir, dass ich mich zugunsten des anderen loslasse. Dieses Sich-selbst-Loslassen, das Selbstleiden, ist eine positive Bestätigung meiner selbst, ich finde mich selbst im anderen. Das Selbstleiden wird unternommen, weil ich an mein eigenes Selbst glaube. Es ist ein Appell an eben das Selbst im anderen.

7.9. Das unermüdliche Streben nach der Verwirklichung der Wahrheit bildet die Grundlage der *Satyagraha*-Religiosität. Allein die Wahrheit – das letztgültig Andere – befriedigt das Streben der Menschen. Wahrheit ist sowohl die letztgültige Transzendenz als auch die ständige Immanenz im Innern. Dieser transzendente Rahmen ermöglicht, dass die *Satyagraha*-Religiosität alle Wissens-Systeme und -Theorien radikal infrage stellt.

7.10. *Satyagraha*-Glaube wirkt wie eine Wissenstheorie, die eine Hermeneutik des „religiösen Verdachts" gegenüber wissenschaftlichen Neuerungen und der Herrschaft der Technik anbringt. Alle Wissenstheorien werden unter die Hermeneutik des Verdachts und der religiösen Suche gestellt. Eine solche Glaubens-Epistemie führt wohl antiwissenschaftliche Ideen wie *soul-force und* Wahrheitsverwirklichung in politische und säkulare Gebiete ein. Die kognitiven Dimensionen des Glaubens werden in die Öffentlichkeit gebracht.

7.11. Die Glaubens-Epistemie der *Satyagraha*-Religiosität stellt die Wissenstheorien, die unabhängig von ihrer moralischen Getöntheit den Anspruch auf „Objektivität und Rationalität" erheben, radikal infrage. Ihr Streben geht dahin, die Hierarchie der menschlichen Potenziale zu verändern, und zwar vom Wunder der „Technik" zur Wissenschaft vom Leben und zu den Gesetzen der Liebe, und zwar ohne dass sie die Rolle von Wissenschaft und Technik im menschlichen Leben verneinen.

7.12. In der *Satyagraha*-Religiosität wird die Rolle des Einzelnen stark hervorgehoben. In der Tat befürwortete Gandhi eine Art „anarchischen Individualismus", in dem das persönliche Heil, einsamer Dissens und moralische Kraft des einzelnen *Satyagrahi* betont werden.

Das stand nicht im Widerspruch zum Gesellschaftlichen. Wenn der Einzelne eine richtige moralische Entscheidung trifft, dann ist das ein sicheres Fundament für eine Gesellschaft und sicherer als die einfache Unterwerfung unter irgendein Kollektiv im Namen der Gesellschaftlichkeit.[2] Der gewaltfrei nach Wahrheit Strebende kann nicht umhin, Entscheidungen zu treffen, die gleichzeitig individuell und gesellschaftlich sind.[3]

Eine sachkundige individuelle Entscheidung ist die beste Versicherung gegen jede Art religiösen Fanatismus.

7.13. Wegen der Bezogenheit der Erkenntnis der Wahrheit auf die Transzendenz und wegen ihrer gewaltfreien Epistemie konnte *Satyagraha*-Religiosität eine gesellschaftliche Vision hervorbringen. Diese unterschied sich von jeder Ideologie.[4] Sie besaß eine Utopie[5] im

---

[2] „Viele nicht westliche Anhänger der Kultur des modernen Westens, seines Lebensstils, seiner Literatur, seiner Kunst und seiner Humanwissenschaften, waren betroffen vor. der Art, in der der vertragsrechtliche, auf Konkurrenz basierende Individualismus und die äußerste Einsamkeit, die daraus folgt, die westliche Massengesellschaft beherrscht", so Nandy, Ashis: Traditions, Tyranny, and Utopias, S. 50; Jonathan Porrit von den Grünen schreibt über die westliche Industrialisierung: „[Denn] die treibende Kraft, die die zerbrechliche Maschine, die Ideologie des Industrialismus, antreibt, hat die Herrschaft sowohl über die Richtung als auch über die Geschwindigkeit, in der wir reisen, übernommen. [...] Der eiserne Griff des Industrialismus hat unseren Geist gelähmt und unsere Seelen verdorben." (Porrit, Jonathan: Seeing Green, S. 75f.)

[3] Nandy bemerkt: „während Gandhi den indischen Freiheitskampf organisierte, stellte er Söhne und Töchter gegen ihre Eltern, Einzelne gegen ihre Kaste und sogar seinen eigenen persönlichen politischen Glauben gegen die kollektiven Entscheidungen der Organisationen, die er führte" (Nandy, Ashis: Traditions, Tyranny, and Utopias, S. 149). All das tat er im Namen der Stärkung des Indischseins, des Hinduismus und von Dharma, die wohl alle „kollektiv-hierarchisch orientiert sind".

[4] Eine Ideologie projiziert Ideale, aber ruft keine wirkliche Umwandlung der etablierten Ordnung hervor. Sie neigt dazu, zu bewahren und zu dogmatisieren. Eine Utopie projiziert Ideale, die die Wirklichkeit übersteigen und orientieren sich an der bestehenden Ordnung. (Gustavo Gutierrez: A Theology of Liberation, S. 137).

[5] Ashis Nandy erkennt den Wert von Utopien. Er schlägt auch einige Sicherheitsmaßnahmen vor, damit sich die Utopie nicht in ein weiteres Mittel der Unterdrückung umwandeln lässt. Eine Utopie besitzt folgende Kriterien: 1) Eine Utopie (Vision oder Glaube) kann für ihre legitimen und illegitimen geistigen Kinder verantwortlich gemacht werden. 2) Eine Utopie kann Kritik von anderen Utopien vertragen. 3) Eine Utopie muss in gewisser Weise in der Lage sein, ihre Utopier aus ihren Zwangsjacken zu befreien. Moderne Wissenschaft und Technik drohen das menschliche Bewusstsein zu totalisieren. 4) Missionierende Visionen tendieren dazu, die Alleinherrschaft zu beanspruchen, und versuchen andere Utopien zu verschlingen, indem sie deren Andersartigkeit zurückweisen oder indem sie sie zu früheren Entwicklungsstadien erklären. 5) Da jede Utopie aus Er-

guten Sinn des Wortes. *Swaraj* war eine solche Gesellschaftsvision und lud zum Dialog mit ähnlichen Gesellschaftsvisionen anderer Religionen und anderer säkularer Theorien ein.

7.14. *Satyagraha*-Religiosität bildet mit ihrer transzendenten Bezogenheit auf die Wahrheit und ihrer gewaltfreien Art eine ursprüngliche Religiosität. Sie fordert einen letztgültigen Bezugspunkt im menschlichen Handeln und eine Vision, für die zu leben sich lohnt. Gleichzeitig stellt sie praktische Forderungen an die Lebensweise des Einzelnen. Eine solche Religiosität ist nicht gegen andere Religionen oder deren Verbindungen mit der eigenen Religion, sondern sie schafft eine gemeinsame Plattform für alle Religionen, auf der sie sich zusammentun und miteinander arbeiten können, und zwar nicht trotz, sondern wegen ihrer Religiosität.

7.15. *Satyagraha*-Religiosität hat etwas Bilderstürmerisches an sich. Religiöse Symbole und geheiligte Rituale werden durch säkulare Anliegen und politische Aktionen ersetzt, aber auf religiöse Weise. In dieser Hinsicht war sie ein Angriff auf Religionen und hat ihren Platz deshalb eher in der sramanischen als in der brahmanischen Tradition. Sie ist gleichermaßen gegen einen offenkundig ritualistischen Standpunkt wie gegen eine exklusive gnostische Tradition. Stattdessen akzeptiert sie beide, vorausgesetzt, beide haben operativen Wert hinsichtlich *Satya* und *Ahimsa*.

7.16. Auf subtile Weise versucht *Satyagraha*, die Bilder der traditionellen Religionen zu zerstören. Zu ihr gehört das Bekenntnis eines tiefen Glaubens an das Letztgültige, aber sie vermeidet Tempel, Rituale und Bilder. Diese bilderstürmerische Tradition hat anscheinend sowohl ihre Stärke als auch ihre Schwäche. Stärke, weil sie sich nicht in puritanische und ritualistische Traditionen verirrt und den Zugriff der Priester auf die Gesellschaft nicht stärkt. Stattdessen verschiebt sie das Zentrum der religiösen Kraft in den Glaubenden. Schwäche, weil sie

---

fahrung entstanden ist, müssen Utopien im Dialog zeitweise von der Geschichte unabhängig sein, um dem Historizismus zu entgehen und die Geschichte zu überleben, denn diese ist zu sehr von der Weltsicht der Beherrschten beeinflusst. 6) Eine negative Utopie ist besser als eine positive. Sie verhilft zu einer toleranteren Gesellschaft, in der leichter kommuniziert werden kann. (Nandy, Ashis: Traditions, Tyranny, and Utopias, S. 4-13).

sich von allem Ritualismus distanziert und versucht, diesen durch „säkulare Rituale" zu ersetzen, zum Beispiel *Charka* (Spinnrad) und *Khadi*. Damit ist eine echte Säkularisierung in Gang gesetzt. Diese säkularen Rituale sprachen jedoch die Fantasie und die ursprüngliche Religiosität der Menschen nicht an und deshalb konnten sie sich nicht lange halten.

7.17. Das bedeutet nicht, *Satyagraha*-Religiosität hätte bewusst daran gearbeitet, den Religionen ihre Legitimität abzusprechen. Sondern das Engagement für *Satyagraha* mit ihrer tiefgehenden religiösen Resonanz lieferte die Pädagogik für ein interreligiöses Vorhaben. Sie kann in kreative Interaktion mit allen Religionen treten und dazu beitragen, dass diese sich nicht absolut setzen, sie kann sie zusammenbringen, damit alle für das gemeinsame Wohlergehen arbeiten.

7.18. Eine solche Interaktion bedeutet einen Versuch, das offenkundig ritualisierte Heilige zu säkularisieren und das unmenschlich Säkulare zu vergöttlichen. Diese Dynamik macht *Satyagraha*-Religiosität tatsächlich sowohl auf säkularem als auch auf religiösem Gebiet zu einer Ausgestoßenen. Diejenigen, die sich zur traditionellen Religion mit all ihrer Rigidität bekennen, meiden *Satyagraha*-Religiosität als irreligiös und nicht traditionell; diejenigen, die Moderne und wissenschaftlichen Fortschritt hochhalten, verwerfen sie als utopisch und traditionell.

7.19. *Satyagraha*-Religiosität gründet sich auf das bloße Minimum und die wesentlichsten und allgemeinsten Elemente in allen Religionen und menschlichen Plänen. Sie baut auf die Gemeinsamkeit der echten Menschlichkeit: wahrhaftig sein und lieben (und nicht verletzen). Das sind die ontischen Prinzipien des Seins. *SAT* (Existenz, Sein) ist die Wurzel von *Satya* (Wahrheit) und die Grundlage von *Ahimsa* (nichts Lebendes verletzen). Die Unterschiede auf der Ebene des Glaubens, der Ideologie und der Rituale müssen im Lichte des bloßen Minimums und des Wesentlichsten beurteilt werden und nicht umgekehrt. Diese radikal anthropologische Grundlage der *Satyagraha*-Religiosität steht nicht im Gegensatz zu irgendeiner „theologischen" Grundlage. Nichts wahrhaft Menschliches kann ohne eine „göttliche" – transzendente und immanente – Bezogenheit sein. In diesem Sinne kann *Satyagraha*-Religiosität viele verschiedene Menschen mit Unterschieden in Glaubenssystem und -praktiken umfassen, denn sie haben eine gemeinsame Grundlage.

7.20. *Satyagraha* ist weder eine weitere Religion noch eine gnostische Theorie. *Satya* und *Ahimsa* finden sich im „Hier und Jetzt". Sie gründen in *swadeshi*. Eben dieser Funktionswert macht *Satyagraha* zu einer gemeinsamen Pädagogik unterschiedlicher Religionen. Religionen könnten mit dem im „Hier und Jetzt" erkannten Prinzip von Wahrheit und Gewaltfreiheit zusammenwirken. Verwurzelung im „Hier und Jetzt" ist wesentlich für *Satyagraha*. Diese Erde, dieses Habitat, diese Kultur und diese Menschen sind die Orte des „Transzendenten und des Immanenten". Die einzelne Religion, die sich durch die Kultur eines Volkes entwickelt hat und in die der Einzelne hineingeboren wird, ist das Zeichen der Transzendenz für dieses Volk, vorausgesetzt sie achtet „*Satya* und *Ahimsa*". In der Tat ist das Hereinbrechen des Heiligen oder das Erblühen der Immanenz im Hier und Jetzt die letztgültige Grundlage aller Religiosität.

7.21. Die gewaltfreie Hermeneutik der Religiosität bewirkt eine von Mitgefühl erfüllte Annäherung an das Leben: Mitgefühl, das den gesamten Kosmos umfasst. Auf diese Weise spricht sie die öko-theologische Dimension aller religiösen Glaubensrichtungen an und betont damit eine weitere Gemeinsamkeit; dies könnte die Religionen zusammenbringen.

Um *Satyagraha*-Religiosität zu erreichen, muss man weder vollkommen noch ausschließlich ein „Gandhi" sein. Sie ist eine Pädagogik, ein Funktionsprinzip, das je nach Zusammenhang nach verschiedenen Interpretationen verlangt und das nur in dem Maße wirksam ist, als einer ein *Satyagrahi* ist.

Glossar

Begriffe, Personen, Orte, Ereignisse

Agraha: das Sich-Klammern an etwas, das Bestehen und Versessensein auf etwas.

Ahimsa: „Gewaltlosigkeit"; ein im Hinduismus, Buddhismus und im Jainismus klassischer philosophischer Begriff; nicht Ausdruck von Ohnmacht und Schwäche oder einfachem Erdulden, sondern von innerer Stärke und geistiger Kampfbereitschaft; auch die Bereitschaft, dafür zu leiden und zu sterben, kann dazugehören.

Ahmedabad Satyagraha: Fabrikarbeiterstreik 1918 für bessere Löhne; Anasuya Sarabhai, die Schwester des Fabrikbesitzers und Förderers von Gandhis Aschram Ambalal Sarabhai, bat Gandhi um Hilfe.

Alvaren bzw. **Alwars:** eine Gruppe von „Heiligen", die zusammen mit den Nayanaren / Nayanars während des 6. bis 8. Jahrhunderts in Tamil Nadu lebten und sich dem hinduistischen Gott Vishnu zuordneten; sie beeinflussten die →*Bhakti-Bewegung* in Südindien.

anāsakta: ohne Bindung an Wünsche sein.

Arya-Samaj: Hindu-Bewegung, gegründet von Swami Dayananda Saraswati (1824-1902).

aparigraha: bewusster Verzicht auf Besitz und Vorratshaltung mit dem Ziel, die „Krankheit" Gier durch Armut zu „heilen", d.i. mit der Armut der Gewaltlosigkeit die „Gewalt" der Armut zu verwandeln.

Āschram: Trainingszentrum, die Satyagraha als Lebensweise und als Handlungsdisziplin kennenzulernen und in gewaltfreiem Geist leben zu lernen.

Ātman: Begriff aus der indischen Philosophie, der das (absolute) Selbst, die unzerstörbare ewige Essenz des Geistes meint, häufig mit „Seele" übersetzt.

Bania: steht für die Bania-Kaste in Indien, die sog. Kaufmanns-Kaste (zu der Gandhi gehörte); sie umfasst die Händler, Bankiers, Geldverleiher, Korn- und Gewürzhändler und heute vor allem die Geschäftsunternehmer.

Bardoli Satyagraha: Satyagraha in Bardoli (Gujarat) in 1928; wurde begonnen, nachdem die Pacht im Bezirk um 30 Prozent angehoben worden war. Nach den Ereignissen von Chauri Chaura blies Gandhi die Kampagne am 12. Februar 1922 jedoch ab.

Bhagavata Purana: einer von den 18 Mythen des Hinduismus. Die zentrale Figur ist Krishna, der menschgewordene Gott.

Bhakti: im Hinduismus eine Frömmigkeitsrichtung, die ihren Ausdruck findet in Hingabe und Liebe an eine personale Gottheit, die das Universum geschaffen hat, die es liebt und lenkt; verbunden mit der Einhaltung sehr strenger Regeln und Gelübde.

Bhangi: Straßenkehrer, gehört zu der Kaste der sog. „Unberührbaren".

Bose, Subhas Chandra (1897-1945): Beiname Netaji (Hindi: geachteter Führer), vertrat einen militanten Ansatz zur Befreiung Indiens von der britischen Herrschaft.

Brahma: der Name eines der Hauptgötter im Hinduismus.

Brahman: Wahrheit als das *Warum* und *Wozu* des Lebens; die Suche danach ist die einzige Rechtfertigung zum Leben, die Wurzel aller Existenz.

brahmacharya: Enthaltsamkeit, Keuschheit, freiwilliges Zölibat.

Brahmanadharma: die der Vorschrift entsprechende Verpflichtung der Brahmanen.

Brahmanen: im indischen Kastensystem die Angehörigen der obersten Kaste (Vama); sie stellen bis heute die meisten Priester.

Brahma-Sabha: Richtung im Hinduismus von Raja Ram Mohan Roy (1772-1833) gegründet.

Brihadāranyaka: eine der frühesten Upanishaden, also eine Sammlung philosophischer Schriften des Hinduismus und Bestandteil des Veda; die Upanishaden wurden zwischen 700 und 200 v. Chr. niedergeschrieben.

Chalukyas: eine indische Dynastie, die in den Jahren 550–757 im nordwestlichen Dekkan in Indien regierte.

Champaran Satyagraha: Bauernaufstand 1917 in Champaran, Bihar; die Bauern protestierten dagegen, dass sie Indigo anbauen mussten und nur sehr schlecht dafür bezahlt wurden; der Aufstand war die erste von Gandhi in Indien geführte Satyagraha-Kampagne, die als historisch wichtige Wende in der Indischen Unabhängigkeitsbewegung gilt.

Chandogya Upanishad: sie gehört zu den ältesten Upanishaden; hier wird die Basis der Vedanta-Philosophie begründet.

charka: Spinnrad.

Chauri Chaura: Zusammenstoß am 4. Februar 1922 mit der Polizei; zur Vergeltung setzten die Demonstrierenden die Polizeistation in Brand, es starben drei Zivilisten und 23 Polizisten.

Cholas: indisches Königreich vom 9. bis zum 13. Jahrhundert; bedeutsamstes hinduistisches Reich mit weitreichendem kulturellem Einfluss in Südindien und in ganz Südostasien.

CVJM: ursprünglich: „Christlicher Verein junger Männer"; heute: „... junger Menschen".

Dalits: gängige Bezeichnung der Nachfahren der indischen Ureinwohner, die innerhalb des indischen Kastensystem als „Unberührbare" gelten, Gandhi nannte sie Harijan (im Westen ungenau als „Kinder Gottes" übersetzt, eigentlich: „Hari/Vishnu-Geborene"); diese Bezeichnung wurde aber von den Dalits immer abgelehnt; in der Sprache der heutigen indischen Verwaltung ,Scheduled Tribes'.

Dandi-Marsch: der sog. „Salzmarsch" nach Dandi von 1930.

Daridranārāyan: Gandhi beschreibt es so: „Das ist einer der Millionen Namen, mit denen die Menschheit Gott kennt, der durch das menschliche Verständnis unergründlich ist; und er bedeutet Gott der Armen, Gott, der in den Herzen der Armen erscheint."

Desai, Mahadev (1892-1942): Sekretär Gandhis.

Developmentalismus: eine Wirtschaftstheorie, die besagt, dass der beste Weg für weniger entwickelte Volkswirtschaften darin besteht, einen starken und vielfältigen Binnenmarkt zu fördern und hohe Zölle auf importierte Waren zu erheben.

Dharma: „ewiges Gesetz", von dem in den religiösen Schriften, den Veden, die Rede ist; oder auch: das „Gesetz im Gewissen"; es beinhaltet religiöse Verpflichtungen und Werte wie auch Aussagen zu Moral, Ethik und Ritualen.

Dhed: Angehöriger der Weber-Kaste.

Durga: eine Göttin der Vollkommenheit, die als Sarasvati, Lakshmi, Ambika und Ishvari sowie in anderen Formen erscheinen kann und unter anderem Kraft, Wissen, Handeln und Weisheit verkörpert.

Gita: eine der zentralen Schriften des Hinduismus in der Form eines spirituellen Gedichts mit 700 Versen; sie befindet sich im 6. Buch des großen Epos →*Mahabharata* und wird den vedantischen Überliefeungen zugeordnet; Entstehungszeit vermutlich zwischen dem 5. und dem 2. Jahrhundert v. Chr.

Gokhale, Gopal Krishna Gokhale (1866-1915): sozialer und politischer Reformer in Indien; einer der frühesten Gründungsmitglieder der indischen Unabhängigkeitsbewegung; Führungsmitglied des Indischen Nationalkongresses; gründete 1905 die „Servants of India Society", die sich für Bildung, Gesundheitsversorgung und für die Bekämpfung des sozialen Übels der Unberührbarkeit und der Armut – wie auch gegen die Unterdrückung von Frauen – einsetzte und häuslichen und sexuellen Missbrauch anging.

Harijan: vgl. →Dalits.

hartāl: eine indische Form des Streiks, an dem für einen Tag der Trauer oder des Protests alle Läden geschlossen bleiben, die Menschen nicht arbeiten und nicht einkaufen.

hijrat: freiwilliges Exil als eine Ausdrucksform bzw. Handlungsweise von Satyagraha.

himsa: Gewalt.

Indian Association of Calcutta: Vorläufer-Organisation des Indischen Nationalkongresses.

IWF: Internationaler Währungsfonds (englisch: International Monetary Fund: IMF); er ist eine rechtlich, organisatorisch und finanziell selbständige Sonderorganisation der Vereinten Nationen mit Sitz in Washington D.C., USA.

Jains: Anhänger des →*Jainismus*; sie glauben, dass jegliche Gewalt gegen Lebewesen, ob Tiere oder Menschen, schwere Schuld ist.

Jainismus: Religion, etwa im 6./5. Jahrhundert v. Chr. entstanden; Gründer ist Mahavira (um 599–527 v. Chr.). 2001/2002 etwa 4,4 Millionen Gläubige, davon etwa 4,2 Millionen in Indien. Die Ethik des Jainismus ist leitend bestimmt durch *Ahimsa* (Gewaltfreiheit, Ablassen von Töten und Verletzen von Lebewesen), *Satya* (Wahrheit, Verzicht auf nicht wahrheitsgemäße Rede), *Asteya* (sich nicht an fremdem Eigentum vergreifen), *Brahmacharya* (keine unkeuschen Beziehungen eingehen), *Aparigraha* (Nichtbesitz, nur lebensnotwendige Güter besitzen).

Kali: Göttin des Todes und der Zerstörung, aber auch der Erneuerung.

karma: Schicksal; bezeichnet ein spirituelles Konzept im Hinduismus, nach dem jede menschliche Handlung – physisch wie geistig – unweigerlich eine Folge hat, nicht nur im gegenwärtigen Leben, möglicherweise auch erst in einem zukünftigen, wiedergeborenen Leben.

Karmakānda: der sogenannte Werkteil der *Veden*, der sich mit Ritualen, Opferhandlungen und Zeremonien befasst.

karuna: Sanftheit, Mitgefühl, Mitleid, Liebe, Barmherzigkeit.

khadi: Gandhis Programm für eine dezentralisierte, an den Dörfern orientierte Wirtschaftsweise mit dem Ziel, durch Überzeugungsarbeit, Erziehung und körperliche Arbeit die Ungleichheit zwischen Arm und Reich zu überwinden: z.b. Kleidung aus handgewebten, auf dem Spinnrad (*charka*) gesponnenen Naturgarnen zu erstellen.

Khan Abdul Ghaffar Khan (1890-1988): muslimischer politischer Führer in der Nordwestgrenzprovinz, kämpfte mit Gandhi für Gewaltfreiheit; wird in Indien der „zweite Gandhi" genannt.

Kheda Satyagraha: Zweiter Satyagraha nach der →*Champaran Satyagraha* zur Unterstützung der Bauern gegen unterdrückerische Besteuerung durch die Briten während einer Hungersnot 1918 im Kheda-Distrikt im Gujarat.

Khedut-Klasse: Bauern, Landbewohner.

Kommunalismus: Begriff aus der britischen Kolonialzeit (vor 1947), um die zahlreichen Auseinandersetzungen, die sich auf örtlicher Ebene zwischen den unübersehbar vielfältigen Gruppen in der damaligen indischen Gesellschaft abspielten, unter einem Begriff zu subsumieren; heute Bezeichnung für das Phänomen, dass sich Menschen vorwiegend über ihre Gruppeninteressen definieren; als Begriff vor allem im politischen Umfeld Südasiens verwendet mit meist negativem Beiklang.

Koromandelküste: die südöstliche Küste Indien wird so genannt; sie war im 17. und 18. Jahrhundert Schauplatz von Kämpfen zwischen Niederländern, Franzosen und Briten um die Kontrolle des Indienhandels.

Kshatriya: Angehöriger der Krieger-Kaste.

Mahābhārata: „die große Geschichte der Bharatas", das bekannteste indische Epos; vermutlich zwischen 400 v. Chr. und 400 n. Chr. entstanden; beruht auf älteren Traditionen; umfasst etwa 100.000 Doppelverse.

maitri: Freundschaft.

Malabar: eine Region in Indien; ursprüngliche Bezeichnung für das gesamte Gebiet des heutigen Bundesstaates Kerala an der Südwestküste Indiens.

Manu bzw. die **Manusmriti**: indischer religiöser Text mit dem Titel ‚Gesetzbuch des Manu'; gehört zu den Dharmasutras und Dharmashastras, die Offenbarungen und Abhandlungen über das angemessene Verhalten darstellen.

Maurya-Zeit: eine altindische Dynastie, die Maurya, im Zeitraum zwischen 320 und 185 v. Chr.

Mīmamsa: epistemologisches Werk von Jaimini (ca. 200 v. Chr.), das die Veden interpretiert.

Moguln: ein von 1526 bis 1858 auf dem indischen Subkontinent bestehender muslimischer Staat (Mogulreich); sein Kernland befand sich in der nordindischen Indus-Ganges-Ebene; das Reich umfasste Ende des 17. Jahrhunderts fast den gesamten Subkontinent und Teile Afghanistans; man schätzt den damaligen Anteil an der Weltbevölkerung auf 20 Prozent.

Mōksha: „frei sein von Geburt und Tod"; damit ist beschrieben die „Selbstverwirklichung mit dem Ziel, Gott von Angesicht zu Angesicht zu sehen" (Gandhi); d.h. Erlösung oder Befreiung, Ausbrechen aus dem Kreislauf der Wiedergeburten (samsāra). Moksha ist allgemein das letzte der vier Lebensziele (purushārtha). Die anderen sind Wohlstand (artha), Religion, Gesetz oder Ordnung (dharma), Lust oder Leidenschaft (kama).

Narayan, Jayaprakash (1902-1979): indischer sozialistischer Aktivist und Freiheitskämpfer.

Nāyanāren: eine Gruppe von „Heiligen", die zusammen mit den Alvaren während des 6. bis 8. Jahrhunderts in Tamil Nadu lebten und dem hinduistischen Gott Shiva verbunden waren; sie beeinflussten die Bhakti-Bewegung in Südindien.

Nayyar, Pyarelal (1899–1982): Sekretär Gandhis, Verfasser einiger Bücher über Gandhi, veröffentlichte ausschließlich unter seinem Vornamen.

Ostindische Kompanie / Ostindien-Kompanien: Gesellschaften, die den Handel z.B. bzgl. Gewürze und Tee mit Indien sowie Südost- und Ostasien bestimmten; im Gegensatz zu einer Kolonialpolitik, die hauptsächlich Gold- und Grundbesitz anstrebte, suchten die Kompanien möglichst große Handelsgewinne zu erwirtschaften.

Pāli: Bezeichnung für eine mittelindo-arische Sprache; heute eher als eine Literatursprache eingestuft; sie gehört zu den Prakrit-Sprachen.

Panchāyat: dezentrale Regierungsform der dörflichen Selbstverwaltung durch gewählte Räte.

paradeshi: vom Ausland besetzt werden und damit die eigene Tradition auslöschen zu lassen.

Pathanen, auch **Paschtunen:** Volk in der Grenzprovinz im Nordwesten des Subkontinents Indien; heute gehören sie zu Afghanistan bzw. Pakistan.

Ramakrishna-Mission: Hindu-Bewegung; gegründet von Swami Vivekananda (1863-1902).

Rāmāyana: zweites großes Volksepos Indiens (nach Mahabarata).

Rāmanāma: die Rezitation des Heiligen Namens „Rama"; gilt als eine wertvolle spirituelle Praxis im Hinduismus, die in der Familie Gandhis auch praktiziert wurde.

Rigveda: ältester Teil der vier Veden; eine der wichtigsten Schriften des Hinduismus.

Ruskin, John (1819-1900): britischer Schriftsteller, von dessen sozial- und wirtschaftstheoretischen Artikeln Gandhi sich inspirieren ließ; in Abgrenzung zu einer liberalen Nationalökonomie plädiert er für die Einheit von Wirtschaft und Werten, von Gewinnstreben und sozialer Verantwortung, von Selbstinteresse und Gemeinwohl.

Saivismus: Die Ausrichtung der Volksreligiosität, wo Shiva als Hauptgott verehrt wird.

samādhi: Bewusstseinszustand, der über Wachen, Träumen und Tiefschlaf hinausgeht und in dem das diskursive Denken aufhören soll.

sangha: Versammlung, Gemeinschaft.

Sankara, auch **Shankara:** ein religiöser Lehrer und Philosoph des Hinduismus um das Jahr 800; nach der Legende gründeten er selbst oder seine Schüler vier Klöster in Indien.

sannyāsa: das Aufgeben aller weltlichen Dinge und Verpflichtungen in Gelübden der Entsagung.

Sannyāsin: jemand, der **sannyāsa** lebt, also ein Mönch.

Sanskrit: die klassische Sprache der Brahmanen; es ist die bedeutsamste Sprache im Hinduismus; sie verbreitete sich mit Buddhismus und Hinduismus und wurde zu einer der wichtigsten Kultur- und Herrschaftssprachen in Indien.

Sarojini, Naidu (1879-1949): indische Dichterin und Politikerin, enge Vertraute Gandhis, Schlüsselfigur der Unabhängigkeitsbewegung, nahm am Salzmarsch teil.

sarvōdaya: meint ursprüngliche „das Wohl aller"; Gandhi nutzte diesen Begriff, als er 1908 das Werk von John Ruskin über Politische Ökonomie übersetzte. Der Mensch, die ländliche Entwicklung und die politische Ermächtigung in den Dorfstrukturen stehen im Mittelpunkt allen gesellschaftlichen Wandels; angezielt wird eine spirituelle Revolution, die die erfahrene Gewalt und alle Ausbeutung in der Gesellschaft gewaltfrei zu überwinden sucht.

Sati: Witwenverbrennung.

satya: Wahrheit, das Gesamtwohl, das Wohl aller Bürger.

Satyāgraha: „Festhalten an der Wahrheit" oder Kraft der Wahrheit; gemeint ist ein bewusst eingesetzter gewaltloser Widerstand gegen Ungerechtigkeit, der die Umkehr des Gegners zum Ziel hat.

Satyāgrahi: ein Mensch, der Satyagraha praktiziert.

shastra: eine Schrift, Lehre, Anweisung im allgemeinen Sinne.

shruti: so heißen die 22 Intervall-Töne, mit denen in der indischen Musik eine Oktave unterteilt wird.

Shudra: Angehöriger der vierten Kaste (*Varna*) innerhalb des traditionellen Kastensystems.

Sikhs: Mitglieder einer im 15. Jahrhundert in Nordindien entstandenen monotheistischen Religion, die auf den Guru Nanak Dev zurückgeht.

Sīta: im Hinduismus die Göttin der Landwirtschaft.

Soul-force: „*Gewaltfreiheit bedeutet, seine Stärke im eigenen Inneren wahrzunehmen; das wird auch soul-force genannt, kurz: Gott kennen"* (LXVIII., S. 3: 15.10.1938). „*Satyāgraha ist schlicht und einfach Soul-force."* (Gandhi 1928, S. 113).

Sramānisch: außerhalb der Veden; Śramaṇa, „eine Person, die sich abmüht und (für einen höheren oder religiösen Zweck) verausgabt"; Sucher, Asket; zur Śramaṇa-Tradition gehören Jainismus, Buddhismus und andere.

Svadharma: Gesetz im Hinduismus, welches das menschliche Fühlen, Denken und Handeln eines jeden Individuums bestimmt.

Swadeshi: Gandhis Selbstversorgungsprogramm, um Indien in wirtschaftliche Autarkie zu führen: als Symbol das Spinnrad; bis heute zentrales Symbol für Autonomie; das Programm gründet sich auf Gewaltfreiheit und auf die Überzeugung von der Verbundenheit und Einheit allen Lebens und auf den Wunsch, diese Einheit mit allem Leben erreichen zu wollen.

Swaraj: Selbstverwaltung bzw. (administrative) Selbstbestimmung.

Taittiriya Upanishad: gehört zu den ältesten →*Upanishaden* (vor 550 v. Chr.), wird dem schwarzen Yajurveda zugerechnet, es werden drei Abschnitte aufgeführt.

tal: Musikinstrument.

tapas: eine Vielzahl strenger spiritueller Praktiken in indischen Religionen.

Tapascharya: Zeit intensiver Übung von Askese, Selbstleiden.

Thoreau, Henry David (1817-1862): Im Jahr 1849 erscheint sein Buch „Civil Disobedience", das Gandhi während seines ersten Gefängnisaufenthaltes liest; es hat Gandhis Strategie zum zivilen Ungehorsam stark beeinflusst.

Thuggee-Bruderschaft: der Name einer Bruderschaft von religiös verbrämten Mördern und Straßenräubern zur Zeit des vorkolonialen Indien; zu Beginn des 19. Jahrhunderts von der britischen Kolonialmacht zerschlagen.

Tolstoi, Leo (1828-1910): inspirierte Gandhi vor allem durch sein Buch „Das Reich Gottes ist inwendig in euch" von 1905, wie auch durch die Art, wie er die Bergpredigt ins Zentrum von Jesu Verkündigung und Verhalten stellt und daraus für das Christsein ableitet, keine Gewalt anzuwenden und Ehrfurcht vor allem Lebendigen auszubilden.

Upanishaden: eine Sammlung geistlicher Schriften des Hinduismus und Bestandteil des →*Veda*, zwischen 700 und 200 v. Chr. niedergeschrieben

Vaishnavaismus: Glaube, der symbolisch und unverfälscht im →*Ramanama* verbildlicht ist.

Varnasharmadharma: das Erfüllen kastenbedingter Aufgaben.

Varna-System: Kastensystem.

Varna: Bezeichnung der verschiedenen Kasten.

Varna Dharma: Kastengesetz.

Veden oder der **Veda**: Sanskrit: „Wissen", „heilige Lehre"; eine zunächst mündlich überlieferte, später verschriftlichte Sammlung religiöser Texte im Hinduismus.

Wahabi-Bewegung: fundamentalistische Muslim-Gruppierung; stark unter Syed Ahmed aus Raebareli (1786-1831).

Yoga: Mittel, um →*Moksha* zu erreichen, besteht aus Jnana (Kenntnis der Realität, wie sie ist), Sraddha (Glaube an die Lehre Jinas) und Caritra (richtiges Verhalten und Beendigung von allem, was böse ist); zu Caritra gehören die fünf Gelübde Ahimsa (Nichtverletzen), Satya (Wahrhaftigkeit), Asteya (Nichtstehlen), Brahmacharya (Enthaltsamkeit) und Aparigraha (Unbestechlichkeit/Nichtbesitzen).

Young India: eine Zeitschrift in englischer Sprache, von 1919 bis 1931 von Gandhi in Indien herausgegeben.

Literaturverzeichnis

In das Literaturverzeichnis der deutschsprachigen Ausgabe sind alle Literaturangaben aus den Anmerkungen aufgenommen.

Mit Kürzel zitiert:

CW = The Collected Works of Mahatma Gandhi, 92 Vols, N.Delhi: The Publication Division, Ministry of Information and Broadcasting, Government of India, 1958-1984.

MPW = Iyer, Raghavan: The Moral Political Writings of Mahatma Gandhi. I-III, New York: Oxford University Press 1978 (zuerst 1973) und Oxford: Clarendon Press, 1987.

Indische theologische Zeitschriften:

Gandhi Marg. Quarterly Journal of the Gandhi Peace Foundation.

Seminar: The Monthly Symposium, New Delhi; https://www.india-seminar.com

Aus der Bibel wird nach der Einheitsübersetzung 2016 zitiert.

*

Allan, James u.a. (Hg): The Cambridge Shorter History of India, London: Cambridge University Press 1934.

Anantharangachar, N.S.: The Philosophy of Sadhana in Visistadvaita, Prasaranga: University of Mysore 1967.

Ananthu, T.S.: Gandhi – plus Truth and God, *Gandhi Marg*, April 1977.

Ananthu, T.S.: Gandhi's Hind Swaraj. Its Appeal to Me (A mimeographed Document prepared for a seminar organized by Kerala Gandhi Smarak Nidhi), Trivandrum 1982.

Ananthu, T.S.: A Gandhian Approach to Technological Wonders for the 21st Century, New Delhi: A Gandhi Peace Foundation Publication 1987.

Anirvan, Shrimat: Vedic exegesis. In: The Cultural Heritage of India Vol.1, S. S. 311-333.

Andrews, C.F.: What I Owe to Christ, London: Hodder & Stoughton 1932.

Andrews, C.F.: Mahatma Gandhi's Ideas (including selections from his writings), London: George Allen & Unwin Ltd. 1949.

Apter, David E.: Rethinking Development. Modernization, Dependency and Post-Modem Politics, Beverly Hills CA: Sage Publ. 1987.

Arendt, Hannah: On Violence, New York: Harcourt, Brace and World. Inc 1970.

Barr, F. Mary: Bapu. Conversations and Correspondence with Mahatma Gandhi, Bombay: International Book House Ltd. 1949.

de Bary, William Theodore (Hg.): Sources of Indian Tradition, New York: Columbia University Press 1958.

Basham, A.L.: Traditional Influences on the Thought of Mahatma Gandhi. In: R. Kumar (Hg.) Essays in Gandhian Politics, Oxford: The Clarendon Press 1971.

Bethge, Eberhard: Dietrich Bonhoeffer. Man of Vision, Man of Courage, New York: Harper & Row 1970.

Boff, Leonardo: St. Francis. A Model of Human Liberation, New York: Crossroad 1989.

Bondurant, Joan: Conquest of Violence: The Gandhian Philosophy of Conflict, Berkeley: University of California Press 1965.

Bonhoeffer, Dietrich: Letters and Papers from Prison, London: The Macmillan Co. 1962.

Borman, William: Gandhi and Non-Violence, New York: State University Press 1986.

Bose, N.K.: Studies in Gandhism, Calcutta: Indian Associated Publishing Co. 1947.

Bose, N.K.: My Days With Gandhi, Calcutta: Indian Associated Pub. Co. Ltd. 1953.

Bouyer, L.: A History of Christian Spirituality I, New York: The Seabury Press 1963.

Brown, Judith M.: Prisoner of Hope, New Haven Conn: Yale Uni. Press. 1990.

Brown, Judith, M.: Gandhi's Rise to Power, Cambridge: University Press 1972.

Bühler, Georg: The Laws of Manu. Translated with extracts from seven commentaries (The Sacred Books of the East, Vol. XXV). Oxford: The Clarendon Press 1886.

Capra, Fritjof: The Turning Point: Science and the Rising Culture, London: Fontana Books 1989.

Carpenter, E.: Civilization. Its Cause and Cure and other Essays, London: Swan Sonnenschein & Co. 1889.

Chatterjee, Margaret: Gandhi's Religious Thought, London: The Macraillan Press Ltd. 1983.

Dasgupta, Surendranath: A History of Indian Philosophy. Vol IV, Cambridge: University Press 1949.

Das, Veena (Hg.): Mirrors of Violence: Communities, Riots and Survivors in S.Asia, Delhi: Oxford Press 1990.

Datta, Amlan: The Gandhian Way, Shillong: North-Eastern Hill University Publications 1986.

Datta, Dhirendra Mohan: The Philosophy of Mahatma Gandhi, Madison: Uriversity of Wisconsin Press 1961.

Datta, Dhirendra Mohan: Epistemological Methods in Indian Philosophy. In: Charles A.Moore (Hg.): The Indian Mind. Essentials of Indian Philosophy and Culture, Honolulu: University of Hawaii Press 1967.

Dhavamony, Mariasusai: Classical Hinduism (Documenta Missionalia 15), Rom: Gregorian Biblical Book Shop 1982.

del Vasto, Lanza: Return to the Source, New York: Simon and Schuster 1971.

Desai, Mahadev: The Gospel of Selfless Action or The Gita According to Gandhi, Ahmedabad: Navajivan Publishing House 1984.

Devarandan, P.D.: Gandhi's Critique of Christianity. Preparation for Dialogue, Bangalore: Christian Institute for the Study of Religion and Society 1964.

Dhanagare, D.N: Agrarian Movements and Gandhian Politics, Agra: University Press 1975.

Dhawan, G.: The Political Philosophy of Mahatma Gandhi, Ahmedabad: Navajivan Publishishing House 1951.

Doke, J. Joseph: M.K. Gandhi. An Indian Patriot in South Africa, Delhi: Publications Divisions of Government of India 1967 und 1976.

Douglass, James W.: The Non-violent Cross. A Theology of Revolution and Peace, London: The Macmillan Company 1968.

Dupuis, Jacques: Gesu Cristo Incontro Alle Religioni, Assisi: Cittadella Editrice 1989.

Ellul, Jacques: Violence. Reflections from a Christian Perspective, London: SCM Press 1970.

Emilsen, William: Rezension von Jesudasan, Ignatius: Gandhian Theology of Liberation, Anand: Gujarat Sahitya Prakash 1987, *Religion and Society*, März 1986, S. 91.

Erikson, H. Erik: Gandhi's Truth. On the Origins of Militant Nonviolence, New York: W.W. Norton & Co. 1969.

Ferguson, J.: War and Peace in the World's Religions, London: Oxford University Press 1978.

Fernandes, W./Chaudhurv, A.R.: Search for a tribal identity. The dominant and the subaltern, *Social Action* 43 (1993).

Fischer, Louis: The Life of Mahatma Gandhi, New York: Harper & Bros 1950.

Fromm, Erich: To Have or To Be, London: Abacus Books 1976.

Galvin, John.P.: Jesus as Scapegoat, *Thomist* XLVI (1982), S. 173-194.

Gandhi, M.K.: Satyagraha in S.Africa, Ahmedabad: Navajivan Publishing House 1928.

Gandhi, M.K.: Hind Swaraj or Indian Home Rule, Ahmedabad: Navajivan 1938. – Vollständiger Text unter: https://www.mkgandhi.org/ebks/hind_swaraj.pdf

Gandhi, M.K.: Unto This Last. A Paraphrase of Ruskin, Ahmedabad: Navajivan Publishing House, 1951.

Gandhi, M.K.: The Story of My Experiments with Truth. An Autobiography, London: Penguin Books 1985.

Gandhi, M.K.: From Yeravda Mandir. Ashram Observances, Ahmedabad: Navajivan Publishing House, 1986 Vollständiger Text unter: www.mkgandhi.org/ebks/yeravda.pdf.

George, S.K.: Gandhi's Challenge to Christianity, Ahmedabad: Navajivan Publishing House 1947.

Girard, René: Deceit, Desire and the Novel, Baltimore: Hopkins Press 1965.

Girard, René: Things Hidden From the Foundations of the World, London: The Athlone Press 1978.

Girard, René: Violence and the Sacred, Baltimore: The John Hopkins University Press 1979.

Girard, René: The Scapegoat, London: The Athlone Press 1986.

Ghosh, Bata Krishna: The Origin of the Indo-Aryans. In: The Cultural Heritage of India Vol. 1, S. 129- 143.

Griffiths, Bede (Hg.): Christ in India. Essays Towards a Hindu-Christian Dialogue, New York: Charles Scribners' Sons 1966.

Gutierrez, Gustavo: A Theology of Liberation. History, Politics, and Salvation, London: SCM Press 1988.

Hamerton-Kelly, R.: Sacred Violence. Paul's Hermeneutics of the Cross, Minneapolis: Fortress Press 1992.

Hick, John (Hg.): Truth and Dialogue. The Relationship between World Religions, London: Sheldon Press 1974.

Hingorani, Anand T.: The Message of Jesus Christ, Bombay: Bharatiya Vidya Bhavan, 1963.

Holmes, John Haynes: My Gandhi, New York: Harper & Bros 1953.

Hope, Leslie J.: Being Poor. A Biblical Study, Delaware: Michael Glazier 1987.

Hoyland, S.John: The Cross Moves East. A Study in the Significance of Gandhi's Satyagraha, London: George Allen & Unwin Ltd. 1931.

Hunt, D. James: Gandhi and The Nonconformists. Encounters in South Africa, New Delhi: Promilla & Co. Publishers 1986.

Illich, Ivan: Deschooling Society, New York: Harper and Row 1971.

Illich, Ivan: Medical nemesis; and Tools for Conviviality, New York: Harper and Row 1973.

Jaffrelot, Christophe: Hindu Nationalism: strategic syncretism in ideology building, Economic and Political Weekly 20 (1993) 517-519.

Jaggi, Om Prakash: Religion, Practice and Science of Non-Violence, Delhi: Munshiram Manoharlal 1974.

Jesudasan, Ignatius: Gandhian Theology of Liberation, Anand: Gujarat Sahitya Prakash 1987.

[Johannes Paul II.:] The Pope Speaks to India, Bombay: St. Paul Publications 1986. http://www.vatican.va/content/john-paul-ii/en/speeches/1986/february/documents/hf_jp-ii_spe_19860201_raj-ghat.html. Nr.2.

John, T.K.: Theology of Liberation and the Gandhian Praxis: A Social Spirituality for India, Vidyajyoti Journal XLIX (10/1985).

Jones, E.S.: The Christ of the Indian Road, London: Hodder & Stoughton Ltd. 1925.

Jones, E.S.: Mahatma Gandhi: an Interpretation, London: Hodder and Stoughton 1948.

Jones, E.S.: Soul of Mahatma Gandhi, World Tomorrow (New York), 7. December 1924, S. 367-378.

Kakar, Sudhir: Reflections on Religious Group Identity, Seminar, Februar 1993.

Karan, Vijay: Third Degree, Seminar, Mai 1993.

King, Martin Luther: Strength to Love, New York: Harper & Row 1963.

Kothari, Rajani: Rethinking Development, N.Delhi: Ajantha Publ 1988.

Krishna, Dava: New World Order and Indian Intellectuals, Economic and Political Weekly 14 (1/1995).

Kumarappa, J.C.: Practice and Precepts of Jesus, Ahmedabad: Navajivan Publishing House 1945.

Kumarappa, J.C.: Christianity – Its Economy and Way of Life, Ahmedabad: Navajivan Publishing House 1945.

Kumar, R. (Hg): Essays on Gandhian Politics, Oxford: The Clarendon Press 1971.

Kurian, C.T.: The Future is Yet to Come, Seminar, Juli 1993.

Kuttianicakl, J.: Non-violence the Core of Religious Experience, *Journal of Dharma* XIV (3/1989).

Law, B.C./Beni Prasad: Democracy in Ancient India. In: Murty, K. Satchidananda (Hg.): Readings in Indian History, Politics and Philosophy, London: Allen & Unwin 1967, S. 55-58.

Light, Richard J.: Abused and Neglected Children in America: A Study of Alternative Policies, *Harvard Educational Review* XLIII (1973).

Ling, Trevor: Communalism and the Social Structure of Religion. In: John Hick (Hg.): Truth and Dialogue. The Relationship between World Religions, London: Sheldon Press 1974.

Lohfink, Norbert: Great Themes in the Old Testament, Edinburgh: T & T Clark 1982.

Lohfink, Norbert: The Violent God of the Old Testament and the Quest for a Non-violent Society, Rom: Päpstliches Bibelinstitut 1983.

Lohfink, Norbert: Option for the Poor. The Basic Principles of Liberation Theology in the Light of the Bible, California: Bibel Press 1987. (Zuerst deutsch: Gott auf der Seite der Armen: Biblische Befreiungstheologie. München: Kösel-Verlag 1978.)

Magno, A. Joseph: Hinduism on the Morality of Violence, *International Philosophical Quarterly* XXVIII (1/1988).

Mahadevan, T.M.P.: Social, Ethical and Spiritual Values in Indian Philosophy. In: Charles A.Moore (Hg.): The Indian Mind. Essentials of Indian Philosophy and Culture, Honolulu: The University of Hawaii Press 1967.

Mahadevan, T.K. (Hg.): Truth and Non-Violence, Paris: UNESCO 1970.

Majumdar, R.C. et al. (Hg.): An Advanced History of India, London: Macmillan & Co 1953.

Majumdar, R.C.: British Paramountcy and Indian Renaissance. Part I, Bombay: Bharatiya Vidya Bhavan 1963.

Maharashtra Rajya Sahkari Sakhar Karkhana Sangh (Hg.): Gandhi 1869-1948: darshan 2 Oct. 1969-22 Feb 1970: a centenary souvenir, Bombay o.J.

Majumdar, R.C.: The Struggle for Freedom, Bombay: Bharatiya Vidya Bhavan 1968.

Malamoud, Charles: Vengeance et Sacrifice dans L'Inde Brahmanique. In: La Vengeance Tome 3: Vengeance, pouvoirs et ideologies dans quelques civilisations de L'Antiquite, Paris: Cujas 1985.

Merton, Thomas: Faith and Violence. Christian Teaching and Christian Practice, Notre Dame: University Press 1968.

Merton, Thomas: A Tribute to Gandhi. In: Gordon C. Zahn (Hg.): Thomas Merton on Peace, New York: The McCall Publishing Co. 1971.

Merton, Thomas: Eine Huldigung an Gandhi. In: Ders., Gewaltlosigkeit. Eine Alternative, Zürich, Köln 1986, 248-257. 255 (= Handbibliothek Christlicher Friedenstheologie, Berlin 2004).

Miller, William Robert: Non-Violence. A Christian Interpretation, London: George Allen and Unwin Ltd.,1964.

Mirabehn: The Spirit's Pilgrimage, London: Longman's Green & CO. Ltd. 1960.

Mishra, Ramamurti S. Yoga Sutras: The Text Book of Yoga, New York: Anchor Books, 1963.

Moon, Sir P.: The British Conquest and Dominion of India, London: Gerald Duckworth & Co.Ltd 1989.

Moore, Sebastian: The Fire And the Rose Are One, London: Darton, Longman & Todd 1980.

Müller, Max (Hg.): The Upanishads II. Part II (The Sacred Books of the East Vol. XV), Oxford: The Clarendon Press 1884.

Müller, Max (Hg.): The Upanishads I. Part I (The Sacred Books of the East Vol. I), Oxford: The Clarendon Press 1879.

Müller, Max: Dhammapada, trans (The Sacred Books of the East Vol. X Part I), Delhi: Motilal Babarasidas 1977.

Murthy Satchidananda (Hg.): Readings in Indian History, Politics and Philosophy, London: George Allen & Unwin Ltd 1967.

Naess, Arne.: Gandhi and Group Conflict, Oslo Begen-Troms: Universitetsforlager 1974.

Namboodiripad, E.M.S: The Mahatma and the Ism, Calcutta: National Book Agency 1981 (Revised Edition).

Nandy, Ashis: The Final Encounter: The Politics of the Assassination of Gandhi. In: At the Edge of Psychology. University Press 1980.

Nandy, Ashis: Traditions, Tyranny, and Utopias: Essays in Politics of Awareness, Delhi: Oxford University Press 1987.

Nandy, Ashis: The Politics of Secularism and the Recovery of Religious Tolerance. In: Das, Veena (Hg.): Mirrors of Violence. Communities. riots and survivors in S. Asia, Delhi: Oxford Press 1990.

Nandy, Ashis: Three Propositions, Seminar, Februar 1993.

Nandy, Ashis: Terrorism – Indian style, Seminar, Januar 1993.

Nehru, Jawaharlal: Mahatma Gandhi, Calcutta: Signet Press 1949.

Nehru, Jawaharlal: Freedom From Fear (hg v. T.K.Mahadevan) New-Delhi: Gandhi Smarak Nidhi, 1960.

232

North, Robert: Violence and the Bible: The Girard Connection, *The Catholic Biblical Quarterly* 47 (1985), S. 1-27.

O'Collins, Gerald: The Theology of Secularity, Dublin: The Mercier Press 1974.

Panikkar, K.M.: Asia and Western Dominance. A Survey of Vasco da Gama Epoch of Asian History 1498-1945, London: George Allen & Unwin Ltd. 1954.

Panikkar, K.M.: A Critical Historians Interpretations of Indian History. In: Murthv Satchidananda (Hg.): Readings in Indian History, Politics and Philosophy, London: George Allen & Unwin Ltd 1967.

Pathy, Suguna: Political economy of the ethnic peoples in India, *Social Action* 43 (1993).

Philip, T.M: The Encounter between Theology and Ideology. An Exploration into the Communicative Theology of M.M. Thomas, Madras: The Christian literature Society 1986.

Pieris, Aloysius: An Asian Theology of Liberation, New York: Orbis Press 1988.

Polak, H.S.L et al. (Hg.): Mahatma Gandhi, London: Odhams Press Ltd. 1949.

Porrit, Jonathan: Seeing Green, Oxford: Basil Blackwell Ltd. 1984.

Pusalker, A.D: Cultural interrelationship between India and the Outside World before Asoka. In: The Cultural Heritage of India Vol. 1, S. 148.

Pyarelal: Mahatma Gandhi. The Last Phase, I, A hmedabad: Navajivan Publishing House 1956.

Radhakrishnan, Sarvepalli: The Hindu View of Life, London: George Allen & Unwin Ltd. 1927.

Radhakrishnan, Sarvepalli/ C. A. Moore (Hg.): A Source Book in Indian Philosophy, Bombay: Oxford University Press 1957.

Raja, C. Kunhan: Vedic Cultur. In: The Cultural Heritage of India Vol. 1, S. 199-220.

Regamey, P.: Non-violence and the Christian Conscience, London: Darton, Longman & Todd 1966.

Rao, K.L. Seshagiri: On Truth: A Hindu Perspective, *Philosophy East and West* XX (4/1970).

Richards, Glyn: The Philosophy of Gandhi. A Study of His Basic Ideas, London: Curzon Press 1983.

Richards, Glyn: Gandhi's Concept of Truth and the Advaita Tradition, *Religious Studies* XXII (1/1986).

Richards, Glyn: Faith and Praxis in Liberation Theology, *Modern Theology* III (4/1987).

Rolland, Romain: Gandhi Correspondence, https://archive.org/stream/in.ernet.dli.2015.201616/2015.201616.Romain-Rolland_djvu.txt

Romero, Oscar: The Violence of Love, London: Collins 1989.

Sastri, Pandit N. Aiyaswami: Sramana or-non-Brahmanical sects. In: The Cultural Heritage of India Vol.1, S. 389-399.

Sarkar, Sumit: The Fascism of the Sangh Parivar, Economic and Political Weekly 28 (5/1993).

Schrijvers, Joke Therese: The Violence of Development: Choice for Intellectuals, New Delhi: Kali for Women 1993.

Schwager, Raymund: Must There be Scapegoats? Violence and Redemption in the Bible (Trans. Maria L.Assad), New York: Harper & Row Publ 1987 (Brauchen wir einen Sündenbock? Gewalt und Erlösung in den biblischen Schriften, Kösel: München 1978).

Sengupta, Nirmal (Hg.): Fourth-World Dynamics, Jharkhand, Delhi: Authors Guild Pub 1982.

Seshagiri Rao, K.L.: On Truth: A Hindu Perspective, Philosophy East & West XX (4/1970).

Sethi, Harsh: The Problem, Seminar, Mai 1993.

Shankarda, Vijay S.T: Living up to Our Commitment, Seminar Mai 1993.

Sharma, Arvind: Ahimsa. An Explanatory Reinterpretation, Gandhi Marg, Januar 1976.

Shourie, Aran: Gandhi – Minus Truth and God, Gandhi Marg, April 1977.

Siegel, N.Paul : The Meek and the Militant: Religion and Power across the World, London: Zed Books Ltd. 1986.

Sinha, Jadunath: A History of Indian Philosophy Bd.I, Calcutta: Sinha Publications 1956.

Soares-Prabhu, George: Jesus the Teacher. The Liberative Pedagogy of Jesus of Nazerath, Jeevadhara XII 69 (1982).

Soares-Prabhu, George: Jesus and the Poor In: J.Murickan (Hg.): Poverty in India. Challenges and Responses, Bangalore: The Xavier Board of Higher Education in India 1988.

Song, C.S.: Third-Eye Theology. Theology in Formation in Asian Settings, London: Lutterworth Press 1980.

Srivastva, Mukesh: Whose Nation?, Seminar, Februar 1993.

Staffner, Hans. SJ.: The Significance of Jesus Christ in Asia, Anand: Gujarat Sahitya Prakash 1985.

Steiner, Gilbert Y.: The Children's Cause, Washington DC: Brookings Institute 1976.

Strasser, Susan: Waste and Want. A social History of Trash, New York: Metropolitan Books 1999.

Strecker, George: The Sermon on the Mount: An Exegetical Commentary (Trans. O.C. Dean, Jr.), Edinburgh: T & T Clark 1988.

Swan, Maureen: Gandhi. The South African Experience, Johannesburg: Ravan Press 1985.

Tahtinen, U.: Non-violence as an Ethical Principle with special reference to the views of Mahatma Gandhi, Turku: Turun Yliopisto 1964.

Talib, Rasheed (Hg.): Darshan. A Centenary Souvenir (1869-1969), Bombay: M.R.S.S. Karkhana Sangh Ltd. und New Delhi: Mahatma Gandhi Marg. Raj Ghat 1969.

Tendulkar, D.G. (Hg.): Mahatma (8 Bände), N.Delhi: Publications Division of the Govt of India 1951-1957.

The Collected Works of Mahatma Gandhi, 92 Vols, N.Delhi: The Publication Division, Ministry of Information and Broadcasting, Government of India, 1958ff.

The Cultural Heritage of India. Vol. 1 Calcutta: The Ramkrishna Mission Institute, 1970. https://archive.org/details/in.ernet.dli.2015.524800/page/n15/mode/2up

Thibaut, Georges: The Vedanta-Sutras, vol. 1 of 3, with the commentary of Sankaracharya, part 1 of 2 (The Sacred Books of the East, Vol. XXXIV), Oxford: The Clarendon Press 1890.

Thomas, M.M.: The Acknowledged Christ of the Indian Renaissance, London: SCM Press 1969.

Thomas, M.M.: Ideological Quest Within Christian Commitment, Madras: Christian Literature Society 1983.

Thoreau, D. Henry: Life Without Principle (A Collection of Essays, hg. v. James Ladd Delkin), Palo Alto: Stanford University 1946.

Thoreau, H.: The Portable Thoreau (hg. von Carl Bode) New York: Viking Press 1947.

Thottakara, Augustine (Hg.): Gandhian Experiments with Ahimsa. In: Thottakara, Augustine (Hg.): Gandhian Spirituality Bangalore: Dharmaram Publ. 1992.

Trevelyan, E. J.: The Imperial Gazetteer of India. The Indian Empire II (Historical) Oxford: The Clarendon Press 1928, S. 446-485.

Tyer, V.R. Krishna: Dream or Reality?, *Seminar*, Mai 1993.

The Brihadaranyaka Upanishad. (trans, not mentioned) Madras: Sri Ramakrishna Math 1979.

The Chandogya Upanishad (trans Swami Swahananda) Madras: Sri Ramakrishna Math 1984.

Valentine, C.: Indian Unrest, London: Macmiiian & Co: 1910.

von Balthasar, Hans: The Poverty of Christ, *Communio* 13 (1986), S. 196-198.

Vempeny, Ishanand: Krsna and Christ: In the Light of Some of the Fundamental Concepts and Themes of the Bhagavat Gita and the NT, Anand: Gujarat Sahitya Prakash 1988.

Waring, Marilyn: If Women Counted. A New Feminist Economics, London: MacMillan 1988.

Whitney. W.D: The Roots. Verb-Forms and Primary Derivatives of the Sanskrit Language, Delhi: Motilal Banarasidas 1979.

Yoder, H.J.: The Politics of Jesus, Michigan: Grandrapids, Eerdmans 1972.

Zaehner, R.C.: Hinduism, London: Oxford University Press 1962.

WAS IST FRIEDENSTHEOLOGIE ?
EIN LESEBUCH

Herausgegeben von Thomas Nauerth
im Auftrag des
Ökumenischen Instituts für Friedenstheologie

edition pace 12

256 Seiten; farbige Abbildungen; Taschenbuch; Preis 9,90 €
Norderstedt: BoD 2020 – ISBN: 978-3-7526-4444-9

„Jede Theologie muss Friedenstheologie sein. Jede Theologie, die keine
Friedenstheologie ist, ist keine Theologie, denn sie sieht Gott nicht."
(Anja Vollendorf)

Das hier vorgelegte Lesebuch, eine Selbstvorstellung des noch jungen
„Ökumenischen Instituts für Friedenstheologie", geht der Frage nach,
was diese Aussage inhaltlich bedeuten könnte. 22 Autorinnen und
Autoren vermitteln ihre friedenstheologischen Ansätze und Analysen.
Wie unterschiedlich die Wege des Nachdenkens über Krieg und Frieden
sich theologisch auch gestalten mögen, sie führen immer
zur Ablehnung von tötender (militärischer) Gewalt
als einem – vermeintlich legitimen – Mittel der Politik.

„Kirche ist Kirche der Versöhnung und des von der Versöhnung
her verstandenen Friedens, oder sie ist nicht." (Martin Leiner) Auch
außerhalb des theologischen Diskurses, überall dort, wo die Befreiung
zum Frieden in Gemeinden oder Friedensbewegungen gelebt wird und
sich zu bewähren hat, muss Friedenstheologie daher verständlich und
provokativ sein. Dazu dienen einige spirituelle und erzählende Texte,
die den Gang der zweiundzwanzig theologischen Aufsätze
immer wieder poetisch unterbrechen.

edition pace

John Dear
EIN MENSCH DES FRIEDENS
UND DER GEWALTFREIHEIT WERDEN
Ausgewählte Aufsätze und Reden
edition pace 1
168 Seiten; farbige Abbildungen; Taschenbuch; Preis 6,99 €
Norderstedt: BoD 2018 – ISBN: 978-3-7460-8898-3

Heinrich Missalla
„GOTT MIT UNS"
Die deutsche katholische Kriegspredigt 1914-1918
edition pace 2
132 Seiten; zahlreiche Abbildungen; Taschenbuch; Preis 5,60 €
Norderstedt: BoD 2018 – ISBN: 978-3-7528-1568-9

Christian Weisner / Friedhelm Meyer / Peter Bürger (Hg.)
„GEDENKT DER HEILIGSPRECHUNG VON OSCAR ROMERO
DURCH DIE ARMEN DIESER ERDE"
Dokumentation des Ökumenischen Aufrufes
zum 1. Mai 2011 – Zuschriften – Lesesaal
edition pace 3
268 Seiten; farbige Abbildungen; Taschenbuch; Preis 9,99 €
Norderstedt: BoD 2018 – ISBN: 978-3-7460-7979-0

Reinhard J. Voß
DIE KATHOLISCHE KIRCHE IN DER DR KONGO
IM KONTEXT VON GESELLSCHAFT UND ÖKUMENE
edition pace 4
372 Seiten; farbige Abbildungen; Taschenbuch; Preis 12,99 €
Norderstedt: BoD 2019 – ISBN: 978-3-7481-4482-3

Matthias-W. Engelke
ZELT DER FRIEDENSMACHER
Die christliche Gemeinde in
Friedenstheologie und Friedensethik
edition pace 5
464 Seiten; Abbildungen; Taschenbuch; Preis 15,90 €
Norderstedt: BoD 2019 – ISBN: 978-3-7494-3645-3

Im Sold der Schlächter
Texte zur Militärseelsorge im Hitlerkrieg
Hg. R. Schmid, Th. Nauerth, M.-W. Engelke, P. Bürger
edition pace 6
440 Seiten; farbige Abbildungen; Taschenbuch; Preis 14,99 €
Norderstedt: BoD 2019 – ISBN: 978-3-7481-0172-7

John Dear
Gewaltfrei Leben
Aus dem Englischen von Ingrid von Heiseler,
herausgegeben von Thomas Nauerth
edition pace 7
192 Seiten; farbige Abbildungen; Taschenbuch; Preis 8,90 €
Norderstedt: BoD 2019 – ISBN: 978-3-7494-5179-1

Die Seelen rüsten
Zur Kritik der staatskirchlichen Militärseelsorge
Hg. R. Schmid, Th. Nauerth, M.-W. Engelke, P. Bürger
edition pace 8
456 Seiten; farbige Abbildungen; Taschenbuch; Preis 15,99 €
Norderstedt: BoD 2019 – ISBN: 978-3-7494-6804-1

Peter Bürger
Oscar Romero, die synodale Kirche
und Abgründe des Klerikalismus
Zum 40. Todestag des Lebenszeugen aus El Salvador
edition pace 9
112 Seiten; Taschenbuch; Preis 8,90 €
Norderstedt: BoD 2020 – ISBN: 978-3-7504-9377-3

Ullrich Hahn
Vom Lassen der Gewalt
Thesen, Texte, Theorien zu Gewaltfreiem Handeln heute.
Herausgegeben von Annette Nauerth & Thomas Nauerth.
edition pace 10
344 Seiten; Taschenbuch; Preis 14,80 €
Norderstedt: BoD 2020 – ISBN: 978-3-7519-4442-7

Wilhelm Wille
SIE SAGEN FRIEDE, FRIEDE …
Zwanzig Jahre Forum Friedensethik
in der Evangelischen Landeskirche in Baden (FFE)
edition pace 11
492 Seiten; farbige Abbildungen; Taschenbuch; Preis 15,90 €
Norderstedt: BoD 2020 – ISBN: 978-3-7526-2956-9

Thomas Nauerth /
Ökumenisches Institut für Friedenstheologie (Hg.):
WAS IST FRIEDENSTHEOLOGIE ? EIN LESEBUCH
edition pace 12
256 Seiten; farbige Abbildungen; Taschenbuch; Preis 9,90 €
Norderstedt: BoD 2020 – ISBN: 978-3-7526-4444-9

George Pattery S.J.
GANDHI ALS GLAUBENDER
Eine indisch-christliche Sichtweise
Aus dem Englischen von Ingrid von Heiseler.
Herausgegeben von Klaus Hagedorn & Thomas Nauerth
edition pace – Sonderausgaben 1
240 Seiten; Taschenbuch; Preis 9,90 €
Norderstedt: BoD 2021

edition pace

Die hier fortgesetzte *edition pace*,
initiiert von Thomas Nauerth und Peter Bürger,
erschließt Quellentexte, Inspirationen & Forschungsbeiträge
zu folgenden Themenschwerpunkten:

Kultur der Gewaltfreiheit und des Friedens;
Persönlichkeiten, Spiritualität und Praxis
des gewaltfreien Widerstandes;
Friedenstheologie, Kritik der Kriegsreligion;
Kirchliche Friedenslehren und Geschichte des
religiös motivierten Pazifismus;
Ökumenische und interreligiöse Lernprozesse
in der Bewegung für Gerechtigkeit, Frieden und
Bewahrung der Schöpfung.